Johannes Schilling
Rechtsfragen in der Jugendarbeit

Praxishilfen für die Jugendarbeit

Herausgegeben von Gerd Brenner

Johannes Schilling

Rechtsfragen in der Jugendarbeit

Über die rechtliche Absicherung
pädagogischer Ziele

Unter Mitarbeit von
Lothar Wölfle und Hans Rensing

2. Auflage 2006

Juventa Verlag Weinheim und München

Der Autor

Johannes Schilling, Jg. 1940, Dr. rer. soc., ist Professor im Fachbereich So-
zialpädagogik der Fachhochschule Düsseldorf.

Seine Arbeitsschwerpunkte sind Jugendarbeit, Freizeitpädagogik, Didaktik/
Methodik der Sozialen Arbeit.

Die Deutsche Bibliothek - CIP-Einheitsaufnahme

Ein Titeldatensatz für diese Publikation ist bei
der Deutschen Bibliothek erhältlich.

© 2002 Juventa Verlag Weinheim und München
Umschlaggestaltung: Atelier Warminski, 63654 Büdingen
Printed in Germany

ISBN 3-7799-0970-7

Vorwort

„Wer in der Jugendarbeit tätig ist, steht mit einem Bein bereits im Gefängnis." - „Ich würde es dir ja gerne erlauben, glaube es mir, aber ich darf nicht. Ich komme in Teufels Küche, wenn es bekannt wird." - „Das ist gesetzlich verboten, also kann ich es dir nicht erlauben." - „Die Gesetze behindern erheblich die Arbeit eines Pädagogen." - „Zuerst musst du dich rechtlich absichern, dann kannst du pädagogisch handeln."

Ähnliche Aussagen kann man in der Jugendarbeit häufig hören. Man würde ja gerne so vieles probieren, aber das Recht stehe dagegen und man habe Angst, mit dem Gesetz in Konflikt zu geraten. Sucht der Verantwortliche nach Literatur, die Fälle aus der Jugend- und Freizeitarbeit behandelt, muss er sich mit wenig Material begnügen. Diese Tatsache vergrößert die Unsicherheit der Mitarbeiter.

Worum geht es in diesem Buch?
- Mitarbeiter in der Jugendarbeit sollen über wichtige Rechtsbereiche informiert werden.
- Es soll deutlich werden, dass das Recht vielfach eine Nebenpflicht ist. Es setzt den Rahmen, den der Pädagoge auszufüllen hat.
- Der Mitarbeiter in der Jugendarbeit soll sich rechtliche Kompetenz aneignen und sich nicht hinter rechtlichen Fragen verschanzen, wenn pädagogische Entscheidungen gefordert sind. Das Gesetz darf nicht Alibifunktion für pädagogisches Versagen sein.
- Wer die rechtlichen Grundlagen kennt, kann gezielt Fragen stellen, Informationen einholen und somit für seinen Arbeitsbereich Sicherheit gewinnen.
- Das Buch möchte dem Leser Mut machen. Wer in der Jugendarbeit tätig ist, ist durch den Träger gut abgesichert, dass er sich keine Sorgen machen muss.

Zum Aufbau des Arbeitsbuches
Nach der Einführung in das Problem folgt der jeweilige Gesetzestext. Im Anschluss daran werden wichtige Inhalte kommentiert und Begriffe erklärt. Danach folgen Fragen aus der Praxis und Antworten, anhand derer der Leser die Möglichkeit hat, seine Kenntnisse und sein Wissen zu überprüfen.

Die Texte sind z.T. mit Symbolen versehen, die einer schnelleren Orientierung dienen sollen. Hier ihre Bedeutung:

Für den interessierten Leser wird weiterführende Literatur angegeben.

Zu Beginn wird der Leser eingeladen, sich zu einem konkreten Fallbeispiel seine eigene rechtliche Meinung zu bilden: „Wie würden Sie entscheiden?"

 Hier kann der Leser die relevanten Gesetzesparagraphen finden.

 Um das Lesen leichter zu machen, fasse ich am Ende eines Punktes die zentralen Gedanken zusammen: „Halten wir fest."

Die wichtigsten Überlegungen zu einem Gesetzestext werden am Schluss noch einmal zusammengefasst: „Wichtige Ergebnisse."

Nachdem ich mich mit der rechtlichen Materie als Sozialwissenschaftler und nicht als Jurist auseinander gesetzt habe, habe ich die Überzeugung gewonnen, dass das pädagogische Arbeitsfeld „Jugendarbeit" rechtlich gut abgesichert ist. In der Jugendarbeit geht es in erster Linie um pädagogische und nicht um juristische Probleme. Handlungsmaxime von Mitarbeitern in der Jugendarbeit sollte sein: Was will ich pädagogisch erreichen? Was ist mein *Ziel?* Erst danach: Wie sieht der rechtliche Rahmen aus? Sollte der Jugendarbeiter mit dem Gesetz in irgendeiner Form in Berührung kommen, folgender Rat: Bevor die Angelegenheit vor Gericht verhandelt wird, sollte der Jugendarbeiter versuchen, sich mit den betreffenden Personen gütlich zu einigen. Gelingt dies nicht, sollte man die Sache vor den *Gemeinderichter* (Friedensrichter, Streitschlichter, Mediator) bringen, den es in jeder Gemeinde gibt. Seine Aufgabe ist es, zwischen den streitenden Parteien zu vermitteln, bevor die Sache den komplizierten und kostspieligen Weg zum Gericht geht. Allen Lesern möchte ich Mut machen, ihr pädagogisches Ziel engagiert zu verfolgen und den juristischen Rahmen als wichtige Absicherung ihrer pädagogischen Ziele zu verstehen.

Bedanken möchte ich mich bei *Rechtsanwalt Lothar Wölfle* für die juristische Beratung bei der Erstellung des Manuskriptes, bei *Hans Rensing* vom Jugendhaus Düsseldorf e.V., Abt. Versicherung für seine Mitarbeit bei den schwierigen Fragen über Versicherung im kirchlichen Bereich, bei *Klaus-Walter Thiesen* von der Berufsgenossenschaft (Bez.-Verw. Köln) für seinen Rat in Fragen der gesetzlichen Unfallversicherung.

Besonders möchte ich mich bei meiner Frau bedanken, die nun schon viel Übung darin hat, meine Skripte zu lesen und zu überarbeiten. Sie achtet auf inhaltliche Stringenz und auf den Sprachstil, der frei von allzu unverständlichen Ausdrücken sein sollte, was bei einem juristischen Text nicht einfach ist. Ich danke ihr für ihr Interesse an meiner Arbeit und dass sie trotz Familie und Beruf immer wieder Zeit findet, engagiert an der Entwicklung eines Buches mitzuarbeiten.

Donaueschingen/Düsseldorf 2002 Johannes Schilling

Inhalt

1. Aufsichtspflicht

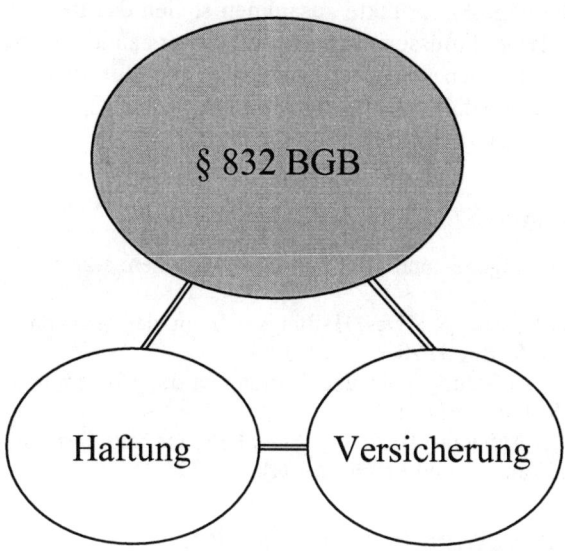

1.1 „Ich würde ja gerne, aber ich darf nicht ... ."

Aufsichtspflicht - Haftungsrecht - Versicherungsrecht: diese drei Gesetze bilden eine Einheit. Wer die Aufsichtspflicht verletzt, haftet für den entstandenen Schaden, den die Versicherung unter Umständen abdeckt. Insofern müssten hier alle drei Rechtsbereiche gleichzeitig behandelt werden. Ich trenne sie jedoch zugunsten der besseren Übersicht. Ziel der Ausführungen über die Aufsichtspflicht ist Folgendes:

* Wer in der Jugendarbeit tätig ist, soll durch das umfangreiche Gesetz nicht verunsichert werden.

* Er soll nicht das Gesetz vorschieben, wenn er keine pädagogischen Argumente mehr hat, nach dem Motto: Ich würde es ja gerne erlauben, aber ich darf es nicht, weil ich zur Aufsicht verpflichtet bin.

* Für pädagogisches Arbeiten muss man die gesetzlichen Bestimmungen gut kennen. Die beste pädagogische Absicht und das beste pädagogische Konzept wird dann zunichte, wenn das Konzept gegen geltendes Recht verstößt.

- Wenn der Gruppen- oder Clubleiter, Betreuer, Mitarbeiter etc. weiß, wie die rechtliche Situation ist, kann er mit einer viel größeren Sicherheit seine pädagogischen Ziele verfolgen. *Den Gruppenleiter sicherer zu machen, ihn nicht zu verunsichern ist erklärtes Ziel der folgenden Ausführungen.*

Die angeführten Beispiele beziehen sich jeweils nur auf einen Aspekt bzw. eine Fragestellung. Alle Punkte zusammen stellen das Recht über die Aufsichtspflicht dar und müssen auch als Einheit verstanden werden. Auf einen konkreten Fall müssen alle Überlegungen angewandt werden, denn nur so kann man im Einzelfall entscheiden, wie die Aufsichtspflicht hier und jetzt gehandhabt werden muss.

📖 Literatur

Schleicher, H.: Jugend- und Familienrecht. München: Bardtenschlager Verlag 1977.
Schmitt-Wenkenbach, R.: Das Haftungsrecht in der Jugendarbeit. Neuwied: Luchterhand Verlag 1978.
Sahlinger, U.: Aufsichtspflicht und Haftung in der Kinder- und Jugendarbeit. Münster: Votum Verlag 1999.
Storr, P.: Die Aufsichtspflicht der Sozialarbeiter und Sozialpädagogen. Regensburg: Walhalla und Praetoria Verlag 1990.

1.2 Wie würden Sie entscheiden?

Sie sind Betreuer einer Ferienfreizeit. Die Teilnehmer sind 13-16 Jahre alt. Im Team stellt sich die Frage: Wie steht's mit der Aufsicht? Müssen wir die Teilnehmer rund um die Uhr beaufsichtigen? Vor allem nachts? Das Team ist geteilter Meinung. Die einen lehnen dies ab und begründen es damit, dass es unzumutbar ist, nachts Wache zu halten. Andere sehen das anders und berufen sich auf das Gesetz der Aufsichtspflicht.

Wie ist Ihre Meinung?

_____

_____

_____

_____

Vorläufige Antwort
Beide haben Recht. Anhand der *Bestimmungsfaktoren* können Sie die Frage beantworten. Wenn Sie die Gruppe z.B. nicht kennen und ihr nicht vertrauen, kann eine Aufsicht rund um die Uhr notwendig sein.

1.3 Gesetzestext (BGB)

§§ **§ 832 BGB (Bürgerliches Gesetzbuch)**
Haftung des Aufsichtpflichtigen

(1) Wer Kraft Gesetzes zur Führung der Aufsicht über eine Person verpflichtet ist, die wegen Minderjährigkeit oder wegen ihres geistigen oder körperlichen Zustandes der Beaufsichtigung bedarf, ist zum Ersatz des Schadens verpflichtet, den diese Person einem Dritten widerrechtlich zufügt. Die Ersatzpflicht tritt nicht ein, wenn er seiner Aufsichtspflicht genügt oder wenn der Schaden auch bei gehöriger Aufsichtsführung entstanden sein würde.

(2) Die gleiche Verantwortlichkeit trifft denjenigen, welcher die Führung der Aufsicht durch Vertrag übernimmt.

1.4 Kommentar

1.4.1 Begründung

Kinder, aber auch Jugendliche können in Situationen geraten, denen sie nicht gewachsen sind, die sie nicht überschauen können, die zu komplex, für sie ungewohnt sind. In solchen Situationen begehen sie ungewollt Fehler, richten Schaden an. Damit Kinder und Jugendliche keine Angst vor neuen Situationen, Mut zum Experimentieren mit Neuem haben, sich in ihrem Verhalten und im Umgang mit solchen Situationen trainieren, bedürfen sie des Pädagogen.

Der Pädagoge muss neben seinen pädagogischen Absichten und Zielen darauf achten, dass dem Kind bzw. Jugendlichen in dieser Situation nichts zustößt und es bzw. er nichts „anstellt". Wer erzieht, übernimmt automatisch die Pflicht der Aufsicht. *Erziehungspflicht beinhaltet auch Aufsichtspflicht.* Sie bedingen sich, wobei die Erziehung die Hauptpflicht und die Aufsicht eine notwendige Nebenpflicht ist.[1] Die Aufsichtspflicht darf also Erziehung nicht einschränken oder Maßstab der Erziehung sein.

 Halten wir fest

Erziehung beinhaltet immer eine zweifache Pflicht:

1. Hilfestellung bei der Entfaltung der Persönlichkeit (Erziehungspflicht).
2. Fernhalten von schädigenden Einflüssen (Aufsichtspflicht).

Aufsichtspflicht ist der juristische Ausdruck für die pädagogische Tatsache, dass der Betreuer für seine Gruppe eine besondere Verantwortung hat.

---

1 Vgl. Schmitt-Wenkebach, R.: Das Haftungsrecht in der Jugendarbeit. Neuwied: Luchterhand Verlag 1987, S. 11.

Wer zur Aufsicht verpflichtet ist, muss selbstverständlich für den Schaden haften, der durch die Verletzung der Aufsicht entstanden ist. Diese Verletzung kann durch aktives Handeln oder durch Unterlassen geschehen. Gleich wie, es haftet zunächst der Erzieher.[2]

1.4.2 Aufsichtsbedürftige Personen

Laut Gesetz sind alle Personen bis zum vollendeten 18. Lebensjahr (also Kinder und Jugendliche) aufsichtsbedürftig. Erst mit der Volljährigkeit (18. Lebensjahr) erlischt für den Erzieher die Aufsichtspflicht über eine Person. *Ausnahme*: Wer trotz seiner Volljährigkeit noch wegen seines geistigen oder körperlichen Zustandes der Aufsicht bedarf.[3]

Auch wenn Kinder oder Jugendliche meinen, sie seien erwachsen oder selbständig genug, erübrigt sich nicht die Aufsichtspflicht des Erziehers. Sie gilt unabhängig vom Alter und Reifungsgrad eines Minderjährigen. Auch hier gibt es eine *Ausnahme*: Ist oder war ein noch nicht volljähriger Jugendlicher verheiratet, hat der Erzieher ihm gegenüber keine Aufsichtspflicht, weil auch die Personensorgeberechtigten gegenüber ihrem verheirateten Kind nicht zur Aufsicht verpflichtet sind.[4]

Halten wir fest

Jede Person unterliegt bis zu ihrer Volljährigkeit oder Heirat der Aufsicht.

1.4.3 Ziele

Aufsichtspflichtige Personen haben eine dreifache Verpflichtung. Die ihnen zur Aufsicht Anvertrauten sollen

1. selbst keinen Schaden erleiden (Eigenschaden),
2. anderen keinen Schaden zufügen (Dritt- oder Sachschaden),
3. andere nicht gefährden (Dritt- oder Personenschaden).

Ein Erzieher muss sein pädagogisches Bemühen stets darin überprüfen, ob es dem Wohle des Kindes dient, d.h. dass es selbst keinen Schaden erleidet oder anderen zufügt.[5] Das wichtigste Kriterium pädagogischen Tuns ist das Wohl des Kindes bzw. Jugendlichen. Eine Pädagogik ist also immer positiv ausgerichtet: Was ist zu tun? - nicht: Was ist zu verhindern? Aus dieser

---

2 Vgl. Claussen, H.; Vent, H.: Aufsichtspflichtverletzung unter besonderer Berücksichtigung der Situation im Heim. Hannover: Wissenschaftliche Informationsschriften der Arbeitsgemeinschaft für Erziehungshilfe (AFET) e.V. - Bundesvereinigung - Heft 9/ 1987, S. 14.
3 Vgl. Schleicher, H.: Jugend- und Familienrecht. München: Bardtenschlager Verlag 1977, S. 54.
4 Vgl. Schmitt-Wenkebach: Das Haftungsrecht ..., a.a.O., S. 8.
5 Vgl. Schleicher: Jugend- und Familienrecht. a.a.O., S. 59.

Sicht kann die Aufsichtspflicht auch nur als eine Nebenpflicht verstanden werden.

Halten wir fest

Ziel der Aufsicht ist es, Eigen- und Drittschäden zu vermeiden. Aufsicht ist auf das Wohl des Kindes bzw. Jugendlichen ausgerichtet.

1.4.4 Aufsichtspersonen

Man unterscheidet zwischen gesetzlicher und vertraglicher Aufsichtspflicht. Aufsichtspflicht kraft *Gesetz* betrifft die Eltern (§§ 1626, 1631 BGB), Aufsichtspflicht kraft *Vertrag* Gruppen- und Clubleiter, Teamer einer Freizeit, Teestube bzw. eines Bistros, Verantwortliche einer Veranstaltung, Aktion, etc.[6]

Halten wir fest

Ehrenamtlich in der Jugendarbeit Tätige sind kraft Vertrages zur Aufsicht verpflichtet.

1.4.5 Übertragung

Personensorgeberechtigte, z.B. Eltern, können für eine bestimmte Zeit bestimmten Personen die Aufsichtspflicht vorübergehend übertragen. Dies kann ausdrücklich, stillschweigend geschehen oder sich aus der Natur der Sache ergeben. Formvorschriften bestehen keine. Es muss lediglich der Wille zur Übernahme bzw. Übergabe der Aufsichtspflicht erkennbar sein.

Halten wir fest

Die Aufsichtspflicht muss nicht einmal mündlich übertragen werden, es genügt stillschweigendes Handeln oder Zulassen.[7]

1.4.6 Gefälligkeitsaufsicht

Von der Übertragung der Aufsichtspflicht auf Erzieher ist die Gefälligkeitsaufsicht zu unterscheiden. Der Bundesgerichtshof hat zu diesem Problem klargestellt, dass Gefälligkeiten des täglichen Lebens solche sind, bei denen keine Partei einen rechtsgeschäftlichen Charakter sieht, d.h. seinem Handeln rechtliche Geltung zukommen lassen will.[8] Für den Bereich der Jugendarbeit gilt diese Auffassung in der Regel nicht.[9]

---

6 Vgl. Seipp, P.: Rechts-ABC für den Jugendgruppenleiter. Neuwied: Luchterhand Verlag 1977, S. 45.
7 Vgl. a.a.O., S. 48 ff.
8 Vgl. Schleicher: Jugend- und Familienrecht. a.a.O., S. 56 ff.
9 Vgl. Schmitt-Wenkebach: Das Haftungsrecht ..., a.a.O., S. 11.

1.4.7 Vertragspartner

Man muss differenzieren: Handelt es sich um eine Jugendgruppe, die weder einem Verband noch Verein angehört, sondern sich spontan zusammengefunden hat und eigenständig, ohne jede Bindung besteht, ist der Gruppenleiter oder das Leitungsteam der Vertragspartner. Eltern übergeben dem Leiter oder dem Team unter Unständen stillschweigend durch Duldung des Besuches der Tochter oder des Sohnes der Gruppenstunde die Aufsicht. Damit ist der Leiter, das Team verantwortlich und haftet persönlich bei eintretenden Schäden.[10]

Anders ist die Situation, wenn eine Jugendgruppe oder ein Club einem rechtsfähigen Verein, Verband angehört. In diesem Fall sind die Vertragspartner grundsätzlich immer die Eltern (oder deren Vertreter) und der Träger, z.B. der Jugendverband. In Schadensfällen haftet daher auch zunächst der Verein und nicht der Gruppen- oder Clubleiter. Der Träger hat bei grober Fahrlässigkeit des Gruppenleiters selbstverständlich die Möglichkeit, diesen zur Verantwortung und damit zur Haftung des Schadens heranzuziehen (Rückgriffsrecht). Dies gilt nicht bei leichter Fahrlässigkeit, wenn die Aufsichtspflichtverletzung bei einer gefahrengeneigten Tätigkeit, z.B. einer Kanufahrt, Bergtour etc., begangen wurde.[11]

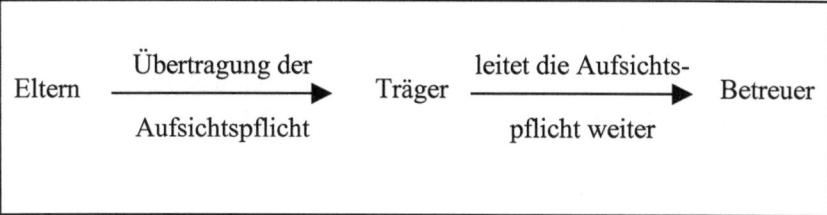

1.4.8 Übernahme

Der Träger (Verein, Verband etc.) kann in der Regel nicht die konkrete Erziehungs- und Jugendarbeit durchführen. Entsprechend hat er Mitarbeiter

---

10 Vgl. Seipp: Rechts-ABC ..., a.a.O., S. 46 ff.
11 Vgl. Claussen; Vent: Aufsichtspflichtverletzung ..., a.a.O., S. 20.

(Hauptamtliche, Ehrenamtliche, Honorarkräfte) für diese Arbeit bestellt (Verrichtungsgehilfen). Diesen Mitarbeitern überträgt der Träger die Aufsichtspflicht. Dabei muss der Träger bei der Auswahl des Personals darauf achten, dass die Mitarbeiter hinreichend *geschult, angeleitet und überprüft* werden. Kommt er dieser Pflicht nach und kann er dies beweisen, haftet bei einer Aufsichtspflichtverletzung der Mitarbeiter.

Wer eine Aufsichtspflicht übernimmt, sollte in der Regel selbst nicht aufsichtspflichtbedürftig , d.h. unter 18 Jahre alt sein. Übernimmt ein Jugendlicher z.B. mit 16 Jahren eine Kindergruppe eines Vereins, so haftet er und derjenige, der ihn geworben und angestellt hat. Der gesetzliche Vertreter muss diese Tätigkeit stillschweigend dulden oder ihr ausdrücklich zustimmen. Wird die Einwilligung z.B. durch die Eltern nicht gegeben, ist der Vertrag „schwebend unwirksam", d.h. der Geschädigte hat z.B. keinen Schadensersatzanspruch.[12] Falls der 16-jährige Gruppenleiter grob fahrlässig die Aufsichtspflicht verletzt hat, kann er unter Umständen zum vollen Schadensersatz herangezogen werden bzw. haften seine Eltern für den Schaden.

✏ **Halten wir fest**

Der Träger haftet für einen Schaden, der aus einer Aufsichtspflichtverletzung entsteht. Er kann den Gruppenleiter aber zur Rechenschaft ziehen und ihn für den entstandenen Schaden aufkommen lassen.

1.4.9 Delegation

Die Aufsichtspflicht ist prinzipiell übertragbar, sie kann an einen Dritten weitergegeben, delegiert werden. Bei der Delegation muss der Leiter beachten, dass der Betreffende:

- der Sache und Situation gewachsen ist,
- die notwendige persönliche, geistige und charakterliche Reife besitzt,
- eingewiesen und genau unterrichtet wurde,
- sich gegenüber der Gruppe durchsetzen kann,
- weiß, wo der Gruppenleiter zu erreichen ist,
- Anfang, Umfang und Ende seiner Tätigkeit kennt.

Durch die Delegation der Aufsichtspflicht ist der Delegierende nicht von seiner Haftpflicht entlastet, sondern er haftet weiter, wenn er die Aufsicht einer ungeeigneten oder unfähigen Person übertragen hat oder wenn er es an einer ordnungsgemäßen Anleitung hat fehlen lassen.[13]

---

12 Vgl. Schmitt-Wenkebach: Das Haftungsrecht ..., a.a.O., S. 27.
13 Vgl. a.a.O., S. 26 f; vgl. Schleicher: Jugend- und Familienrecht. a.a.O., S. 27.

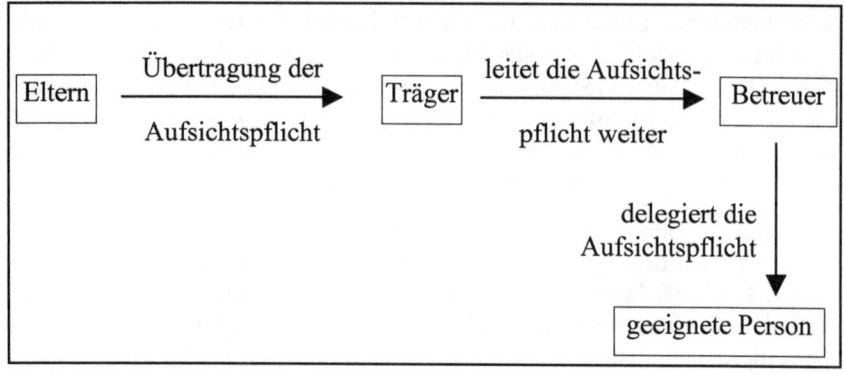

1.4.10 Teamarbeit

Wenn die Aufsichtspflicht delegiert werden kann, darf sie auch einem ganzen Team übertragen werden. In einem solchen Fall haftet das ganze Team als Gesamtschuldner (§ 840 BGB). Der Geschädigte kann sich beliebig einen an der Aufsichtspflichtverletzung Beteiligten herausgreifen, er kann sich z.B. an den „Finanzstärksten" wenden oder an einen aus dem Team, der eventuell gar nichts mit der Sache zu tun hat. Es ist dann Sache des Teams, unter sich die Frage nach dem Schuldigen zu klären.[14] Arbeiten im Team auch minderjährige Jugendliche mit, haften diese für Schäden, die durch ihre Aufsichtspflichtverletzung entstanden sind. Man kann ihnen die zur notwendigen Erkenntnis der Verantwortlichkeit erforderliche Einsicht unterstellen, da sie sonst gar nicht ins Team aufgenommen worden wären.

1.4.11 Unbestimmte Rechtsbegriffe

Bei der Aufsichtspflicht geht es um die Vermeidung von Eigenschäden und Drittschäden, d.h. darum, Kinder und Jugendliche vor Schäden jeder Art zu bewahren. Wie kann das erreicht werden? Die prägnanteste Formel lautet: „Entscheidend ist, was verständige Erzieher nach vernünftigen Anforderungen unternehmen müssen, um die Schädigung ihrer Kinder oder die Schä-

---

14 Vgl. a.a.O., S. 28.

digung Dritter durch ihre Kinder zu verhindern."[15] Für das Gericht ist wichtig, ob der Erzieher die seiner Aufsicht anvertrauten Personen „gehörig" bzw. „hinreichend" beaufsichtigt hat.[16]

Bei Formulierungen „verständige Erzieher", „vernünftige Anforderung", „gehörig", „hinreichend" handelt es sich um so genannte unbestimmte Rechtsbegriffe. Es bleibt zunächst offen, was darunter zu verstehen ist. Es sind „wertausfüllungsbedürftige Begriffe", die eine Einschätzung durch den Pädagogen erforderlich machen.[17] Bei dem Beurteilungsmaßstab kann es sich nur um einen pädagogischen Maßstab handeln. Vom Gesetzgeber werden keine konkreten inhaltlichen Hinweise oder Forderungen vorgegeben, wie die Aufsichtspflicht auszuführen ist. Es wird nur ein allgemeiner Rahmen abgesteckt. Das ist gut so, denn bei der Vielfalt der denkbaren Erziehungs- und Betreuungssituationen wäre es nicht wünschenswert, wenn der Gesetzgeber sämtliche Vorkommnisse der pädagogischen Praxis reglementieren würde. Eigeninitiative und Selbständigkeit des Erziehers wären damit unterbunden und Pädagogik von einer juristischen Betrachtungsweise abhängig. Das ist nicht die Absicht des Gesetzgebers, daher wählte er unbestimmte Rechtsbegriffe.[18]

Halten wir fest

Der Inhalt der Aufsichtspflicht ist mit unbestimmten Rechtsbegriffen umschrieben. Das ist ein Vorteil, weil auf diese Weise die Selbständigkeit des Erziehers gewahrt bleibt.

1.4.12 Pädagogik und Recht

Ziel jeder Erziehung ist die Freiheit, Selbständigkeit und Selbstverantwortlichkeit von Kindern und Jugendlichen. Im Spannungsfeld zwischen Erziehung zur Selbständigkeit und dem berechtigten Schutzinteresse des Kindes und der Allgemeinheit steht der Erzieher. „Nur durch Eröffnung eines pädagogischen Freiraums ist es möglich, Lernprozesse zu initiieren und dem Minderjährigen dadurch die Chance zu geben, mündig zu werden. Mit der Eröffnung eines solchen Freiraumes ist aber zugleich die Gefahr eines Fehlverhaltens des Minderjährigen verbunden."[19]

Durch ständiges Gängeln und Beaufsichtigen kann keine Erziehung zu Selbständigkeit und Eigenverantwortung erreicht werden. „Eine solche Art von Aufsichtspflicht stellt auch nicht etwa die sicherste Unfallverhütung

---

15 a.a.O., S. 13.
16 Vgl. Claussen; Vent: Aufsichtspflichtverletzung ..., a.a.O., S. 12.
17 Vgl. a.a.O., S. 12.
18 Vgl. Schleicher: Jugend- und Familienrecht. a.a.O., S. 60; Wagner, H.: Einführung in das Recht für Sozialarbeiter und Sozialpädagogen. Heidelberg: Müller Verlag 1985, S. 31 f.
19 Claussen; Vent: Aufsichtspflichtverletzung ..., a.a.O., S. 100.

dar. Denn gerade Kinder, die unaufhörlich mit genauen Geboten und Verboten, kurz mit ständiger Bevormundung bei Spiel und Arbeit bedacht werden, nehmen erfahrungsgemäß jede sich nur irgendwie bietende Gelegenheit wahr, um aus den aufgezwungenen Normen auszubrechen, wenn sie sich für einen Augenblick unbeobachtet glauben. Das behutsame Heranführen an die Selbständigkeit ist daher das Hauptproblem der Aufsichtspflicht. Denn der junge Mensch will und muss es rechtzeitig (aber nur allmählich und nicht abrupt) lernen, sich und andere vor Gefährdungen aller Art zu schützen und vor allem selbständig zu werden."[20]

Die Rechtsprechung hat des Weiteren darauf hingewiesen, dass durch eine ständige Beaufsichtigung den Schutzinteressen der Allgemeinheit nicht immer am besten gedient ist. Es ist eventuell besser, ein gewisses Risiko einzugehen, um das Erziehungsziel der Selbständigkeit zu erreichen, als auf die Möglichkeiten zu verzichten mit dem Ergebnis, dass Kinder bzw. Jugendliche später eine umso größere Gefahr für die Allgemeinheit werden.[21]

 Oberlandesgericht Hamburg:
Urteil vom 22.06.1965 Az: 7U 38/65

„Jede Aufsicht findet Grenzen in der Notwendigkeit, den Kindern vom Beginn des schulpflichtigen Alters ab ein ständig steigendes Maß von Freiheit zu gewähren. Ohne einen gewissen Spielraum der freien, d.h. unbeaufsichtigten Betätigung kann sich ein Mensch nicht zur Selbständigkeit entwickeln, auf die er angewiesen ist, um später im Leben bestehen zu können. Jede Freiheitsgewährung ist aber bei unausgereiften Menschen mit Gefahren verbunden. Diese müssen im Rahmen der Erziehung in Kauf genommen werden, da anderenfalls die weit schwerwiegendere Gefahr besteht, dass ein ständig beaufsichtigtes Kind, wenn es bei Erreichung der Volljährigkeit aus der Aufsicht entlassen wird, plötzlich vor Aufgaben gestellt wird, denen es in keinster Weise gewachsen ist."[22]

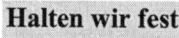 **Halten wir fest**

Der Jugendarbeiter steht zwischen dem Erziehungsziel der Selbständigkeit und dem berechtigten Schutzinteresse des Kindes und der Öffentlichkeit.

1.4.13 Erfüllung der Aufsichtspflicht, Regeln

Was muss der Erzieher tun, um seine Aufsichtspflicht so zu erfüllen, dass sie einer juristischen Überprüfung standhält? Er muss:

---

20 Schleicher: Jugend- und Familienrecht. a.a.O., S. 67 f.
21 Vgl. Claussen; Vent: Aufsichtspflichtverletzung ..., a.a.O., S.100.
22 Sahliger, U.: Aufsichtspflicht und Haftung in der Kinder- und Jugendarbeit. Münster: Votum Verlag 1999, S. 30.

1. Sich selbst gut über die zu beaufsichtigenden Personen informieren.
2. Sie vorsorglich belehren und warnen.
3. Die Anordnungen und Verbote überprüfen.
4. Sie ständig überwachen.
5. Von Fall zu Fall eingreifen.

Der erste Punkt bezieht sich auf den Jugendarbeiter und seine berufliche Qualifikation; er muss sich kompetent machen. Ohne nähere Kenntnisse über die zu beaufsichtigenden Personen kann er sie auch nicht vor Schaden schützen. Er besitzt also eine Informationspflicht.[23]

Die Hinweise 2-5 sind nützliche Faustregeln. Wenn der Erzieher nachweisen kann, danach gehandelt bzw. sie berücksichtigt zu haben, wird ihm kaum eine Aufsichtspflichtverletzung nachgesagt werden können. Was besagen diese vier Stufenregeln?

• Vorsorgliche Belehrung und Warnung

Der Erzieher muss die zu beaufsichtigenden Personen auf mögliche Gefahren hinweisen, sie belehren, wie sie sich zu verhalten haben, und gegebenenfalls vor Übertretungen der Anweisungen warnen. Pädagogisches Ziel dieser Maßnahme ist, dem Kind bzw. Jugendlichen Einsichten in die Gefährlichkeit bestimmter Situationen zu vermitteln und sie zu Verhaltensweisen zu bewegen, mit denen sie Gefahren umgehen oder meistern können.[24]

• Überprüfung von Anweisungen

Es genügt nicht, dass der Erzieher Anweisungen und Belehrungen ausspricht, er muss auch überprüfen, ob und wie die Teilnehmer sie verstanden haben. Eventuell muss er sich von den Kindern nochmals erklären lassen, worauf er hingewiesen hat und worum es ihm bei der Anweisung geht. Sie muss klar, eindeutig und nachvollziehbar sein.

• Ständige Überwachung

Unter „ständiger Überwachung" ist nicht eine totale Kontrolle zu verstehen. Der Betreuer muss nicht ständig Blickkontakt zu den Minderjährigen haben. Eine solche generelle Aufsichtspflicht gibt es nicht. Sie ist schlicht abzulehnen.[25]

Ob man Kinder bzw. Jugendliche schon einmal aus den Augen lassen darf, kann man generell nicht beantworten. Die Antwort hängt ganz von der Situation und der zu beaufsichtigenden Person ab. Auch ist es pädagogisch fragwürdig und rechtlich nicht begründbar, Kindern bzw. Jugendlichen das Gefühl zu geben, ständig überwacht und kontrolliert zu werden. Vielmehr

---

23 Vgl. Schleicher: Jugend- und Familienrecht. a.a.O., S. 61 f.
24 Vgl. Schmitt-Wenkebach: Das Haftungsrecht ..., a.a.O., S. 24; Seipp: Rechts-ABC ..., a.a.O., S. 40.
25 Vgl. a.a.O., S. 25.

sollte sich der Erzieher um einen intensiven Kontakt zu den zu beaufsichtigenden Personen bemühen. Bei einem derartigen Bemühen erfährt er, wie seine Anordnungen verstanden und eingehalten werden.[26]

- Eingreifen von Fall zu Fall

Werden die Anweisungen des Erziehers nicht eingehalten, ist er gezwungen, je nach Situation einzugreifen. Er kann den Betreffenden verwarnen und auf die Anordnungen noch einmal ausdrücklich verweisen oder je nach der begangenen Tat ihn auch bestrafen. Unter Strafe ist jedoch nicht körperliche Züchtigung zu verstehen. Dieses Recht kommt einem Betreuer, der die Erziehung und Aufsicht nur übertragen bekommen hat, nicht zu.[27]

Halten wir fest

Zur Erfüllung der Aufsicht gehört: Informationspflicht, vorsorgliche Belehrung und Warnung, Überprüfung der Anweisungen, ständige Überwachung, Eingreifen von Fall zu Fall.

1.4.14 Inhalt, Umfang, Regeln

Es gibt keine pauschalierende, rezepthafte und griffige Anweisung bezüglich der Wahrnehmung der Aufsichtspflicht. „Denn derartige Anweisungen würden die Vielfalt und den Wechsel der Lebenssituationen und damit die fallentscheidenden besonderen Umstände weitgehend außer Acht lassen. Auch den Urteilen der Gerichte sind solche Patentrezepte nicht zu entnehmen.[28] Inhalt und Umfang der Aufsichtspflicht werden von zahlreichen Faktoren bestimmt, die in einer konkreten Situation in unterschiedlicher Kombination zusammentreffen. In der Literatur und in der Rechtspflege werden folgende *Bestimmungsfaktoren* genannt:[29]

Faktoren, die sich auf die Person des Minderjährigen beziehen

- *Persönliche Daten*
– Alter, Eigenart, Charakter
– Körperliche, seelische und soziale Entwicklung
– Verhaltensauffälligkeiten

- *Gruppenverhalten*
– Gruppengröße
– Gruppendynamische Gesetzmäßigkeiten

- *Gefährliche Beschäftigung*
– Art der Spiele

---

26 Vgl. a.a.O., S. 25.
27 Vgl. a.a.O., S. 25; 40.
28 Claussen; Vent: Aufsichtspflichtverletzung ..., a.a.O., S. 101.
29 Vgl. Schmitt- Wenkebach: Das Haftungsrecht ..., a .a O., S. 12 f.

22

- Art der Spielgeräte
- Ausflüge, Wettkämpfe, Besichtigungen
- Baden, Schwimmen

- *Örtliche Umgebung*
- Abgeschlossenheit des Geländes
- auf dem Weg
- auf dem Spielplatz
- Nähe von Gewässern
- sonstige Gefahren (Steinbrüche, Hochgebirge, Schnee)
- Großstadt, Kleinstadt, Dorf

Faktoren, die sich auf die Person des Erziehers beziehen

- *Pädagogische Qualifikation*
- Kenntnisse, Fertigkeiten
- Pädagogische Erfahrung

- *Verhältnis zwischen Erzieher und Minderjährigen*
- Gruppengröße
- Dauer des Bekanntseins
- Vertrauen im Umgang miteinander

- *Erziehungsauftrag, -ziel*
- Selbständigkeit
- Eigenverantwortung
- Freiheit

- *Grundsatz der Fachlichkeit und Verhältnismäßigkeit der gebotenen Aufsicht*
- unter gleich effektiven Maßnahmen die pädagogisch sinnvollere wählen
- belehren, dann überwachen und erst dann, wenn nötig, einschreiten

- *Zumutbarkeit für den Erzieher*

Bei einer Entscheidung, was ein „verständiger" Jugendarbeiter unter „vernünftigen" Anforderungen tun würde, können grundsätzlich alle Bestimmungsfaktoren herangezogen werden. Es gibt also keine generelle Regelung, sondern nur situationsspezifische Entscheidungen. Der Erzieher muss unter dem Aspekt seines Erziehungszieles, der vorgegebenen Situation und der Kenntnis der Bestimmungsfaktoren entscheiden, was die Aufsichtspflicht von ihm in der konkreten Situation erwartet. Einige Bestimmungsfaktoren seien näher erklärt:

Persönliche Daten: Das Alter ist kaum aufschlussreich. Vielmehr muss die persönliche Reife einer Person im Zusammenhang mit dem Alter stehen. Gleichzeitig sind die Lebenserfahrungen eines Kindes zu berücksichtigen. Ein 6-jähriges Großstadtkind kann sich unter Umständen im Stadtverkehr sicherer verhalten als ein 10-jähriges Kind vom Lande.

Gefährlichkeit der Beschäftigung: Kinder lernen nicht, mit Gefahren umzugehen, wenn man sie von jeder gefährlichen Situation fern hält: „Minderjährige lernen das richtige Verhalten in Gefahrensituationen oder den Umgang mit gefährlichen Gegenständen am besten, indem sie dieses Verhalten oder diesen Umgang selbst und weitgehend ohne aktives Eingreifen des Erziehers trainieren (learning by doing); diese Methode setzt sie besser instand, sich und andere nicht zu gefährden, als wenn sie durch Verbote vom Tun abgehalten und jahrelang nur durch Belehrungen theoretisch auf Gefahren vorbereitet würden."[30]

Bundesgerichtshof NJW 76/1684

„Nicht unbedingt das Fernhalten von jedem Gegenstand, der bei unsachgemäßem Umgang gefährlich werden kann, sondern gerade die Erziehung des Kindes zu verantwortungsbewusstem Hantieren mit einem solchen Gegenstand (Grillgerät, J. S.) wird oft der bessere Weg sein, das Kind und Dritte vor Schäden zu bewahren. Hinzu kommt die Notwendigkeit frühzeitiger praktischer Schulung des Kindes, das seinen Erfahrungsbereich möglichst ausschöpfen soll."[31]

Verhältnis zwischen Erzieher und Minderjährigen: Bei Wanderungen, Ausflügen, Besichtigungen etc. kommt es darauf an, die Gruppen nicht zu groß werden zu lassen. Aus Erfahrungen lassen sich für solche Unternehmungen einigermaßen gesicherte Eckwerte nennen. Sie schwanken zwischen 6-12 Personen bei zwei Betreuern. Im Normalfall, im Gruppenalltag, gelten diese Eckwerte allerdings für einen Erzieher.[32]

Halten wir fest

Die Entscheidung, wie viel Aufsicht in einer konkreten Situation notwendig ist, hängt ganz von der Beantwortung der Bestimmungsfaktoren ab. Grundsätzlich können alle Faktoren in Frage kommen.

1.4.15 Haftungsbefreiende Beweise

Normalerweise gilt der Grundsatz: Wer einen Schaden hat, muss dem Verursacher nachweisen, dass dieser schuld daran ist. Im Falle der Aufsichtspflicht gilt diese Grundregel jedoch nicht. Man spricht von einer „Umkehrung der Beweislast" und unterstellt dem Erzieher ein „vermutetes Verschulden": Dabei geht das Gesetz davon aus, dass jemand, der einen Schaden erlitten hat, die inneren Zusammenhänge einer Aufsicht nicht kennen kann. Deshalb muss er nicht den Beweis einer Aufsichtspflichtverletzung antreten, sondern zu seinen Gunsten spricht man von einer „doppelten Vermutung", nämlich:

---

30 a.a.O., S. 20.
31 Sahlinger: Aufsichtspflicht ..., a.a.O., S. 24.
32 Vgl. Schmitt- Wenkebach: Das Haftungsrecht ..., a.a.O., S. 22.

- dass eine Verletzung der Aufsicht vorliegt
- und diese kausal für den eingetretenen Schaden war.[33]

Der Erzieher muss diese Vermutung widerlegen. Dies kann er, indem er seinerseits nachweist:

- dass er seiner Aufsicht genügt hat oder
- dass der Schaden auch bei *gehöriger* Aufsichtsführung entstanden wäre.[34]

Bei dem Entlastungsbeweis des Betreuers genügt nicht der Hinweis auf die bloße Möglichkeit oder Wahrscheinlichkeit, dass der Schaden auch bei gehöriger Aufsicht eingetreten wäre, sondern dies muss als sicher feststehen.[35]

Auch hier gilt, dass zunächst der Anstellungsträger haftet und ihm ein „vermutetes Verschulden" bei der Auswahl, Schulung und Überwachung seines Personals unterstellt wird. Diese Vermutung kann der Träger jedoch widerlegen, wenn er nachweist, „dass er bei der Auswahl und der Überwachung des Erziehers die im Verkehr erforderliche Sorgfalt hat walten lassen."[36] Nach diesem relativ leichten Entlastungsbeweis des Trägers wird der „schwarze Peter" an den betroffenen Erzieher weitergereicht.

Halten wir fest

Wenn im Zusammenhag mit der Aufsichtspflichtverletzung ein Schaden entstanden ist, gilt die Umkehrung der Beweislast, d.h. der Gruppenleiter muss beweisen, dass er die Aufsicht nicht verletzt hat bzw. der Schaden auch bei gehöriger Aufsicht entstanden wäre.

1.4.16 Schadenshaftung

Im § 832 BGB geht es darum, Dritte vor Schädigung (Personen- und Sachschaden) zu schützen.

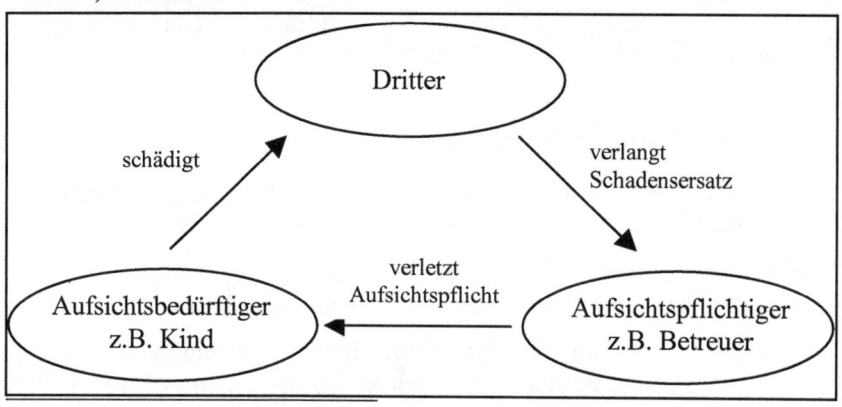

---

33 Vgl. Schleicher: Jugend- und Familienrecht. a.a.O., S. 71.
34 Vgl. a.a.O., S. 72 ff; Claussen; Vent: Aufsichtspflichtverletzung ..., a.a.O., S. 12.
35 Vgl. Salinger: Aufsichtspflicht ..., a.a.O., S. 63.
36 Claussen; Vent: Aufsichtspflichtverletzung ..., a.a.O., S. 17.

Der Betreuer selbst kann nach § 832 BGB nicht Dritter sein, wie auch die Person nicht, die sich selbst schädigt. Dritter kann allerdings ein anderes Kind sein, das der Aufsicht des gleichen Betreuers unterliegt wie der geschädigte Aufsichtsbedürftige.

Die Rechtsfolge des § 832 BGB besteht in der Verpflichtung, den Schaden wieder gutzumachen, d.h. allerdings nicht unbedingt, den früheren Zustand herzustellen, stattdessen kann man auch den zur Herstellung erforderlichen Geldbetrag verlangen.[37] § 832 BGB ist die einzige zivilrechtliche Vorschrift, die ausdrücklich als Haftungsgrund die Verletzung der Aufsichtspflicht nennt. Mit § 832 haben wir daher den „erziehertypischen gesetzlichen" Haftungstatbestand.[38]

Halten wir fest

Der Erzieher hat die Beweislast zu tragen. Ihm wird zunächst unterstellt, die Aufsichtspflicht verletzt zu haben.

1.4.17 Beginn und Ende der Aufsichtspflicht

Die Aufsichtspflicht beginnt, wenn das Kind bzw. der Jugendliche das Haus oder den Raum betritt. Sie endet, wenn die Person das Gebäude wieder verlassen hat.

Der Weg zu der Veranstaltung wie z.B. der Heimweg, unterliegt nicht der Aufsichtspflicht. Sie obliegt im Allgemeinen der Aufsichtspflicht der Personensorgeberechtigten.[39] *Ausnahme*: Gehört zum Programm das Abholen von Zuhause bzw. einem Treffpunkt und Zurückbringen zu diesem, unterliegt auch die Fahrt (Weg) der Aufsichtspflicht.

Halten wir fest

In der Regel bezieht sich die Aufsichtpflicht nicht auf den Weg zur und auf den Heimweg nach der Veranstaltung.

1.5 Wichtige Ergebnisse

Jede Person unterliegt bis zu ihrer Volljährigkeit oder Heirat der Aufsichtspflicht. Bei der Aufsichtspflicht geht es darum,

- Kinder bzw. Jugendliche vor Schaden zu bewahren,
- zu verhindern, dass Kinder bzw. Jugendliche einen Schaden anrichten.

Um zu wissen, wie viel Aufsicht in einer konkreten Situation erforderlich ist, orientiert sich ein Betreuer am besten an den *Bestimmungsfaktoren*.

---

37 Vgl. Sahlinger: Aufsichtspflicht ..., a.a.O., S. 61.
38 Vgl. Schmitt-Wenkebach: Das Haftungsrecht ...,a.a.O., S. 33.
39 Vgl. a.a.O., S. 6 f.

- Faktoren, die sich auf die Person des Minderjährigen beziehen:
1. Persönliche Daten
2. Gruppenverhalten
3. Gefährlichkeit der Beschäftigung
4. Örtliche Umgebung

- Faktoren, die sich auf die Person des Pädagogen beziehen:
5. Pädagogische Qualifikation
6. Verhältnis zwischen Pädagogen und Minderjährigen
7. Erziehungsauftrag und -ziel
8. Grundsatz der Fachlichkeit und Verhältnismäßigkeit der gebotenen Aufsicht
9. Zumutbarkeit für den Pädagogen

1.6 Überprüfen Sie Ihr Wissen

Frage: Ich bin Gruppenleiter und habe eine Gruppe von 15 Jungen im Alter von 10-12 Jahren. Wenn ein Schaden eintritt, d.h. wenn die Jungen etwas anstellen, muss ich dann den Schaden selbst bezahlen?

Antwort: *Grundsätzlich muss jeder in der Jugendarbeit, ob hauptberuflich oder ehrenamtlich tätig, wissen, dass er mit seiner Tätigkeit gleichzeitig die Aufsichtspflicht übernommen hat.*

Frage: Mit meiner Gruppe mache ich recht spannende und abenteuerliche Dinge. Wenn da etwas passiert, hafte ich dann persönlich für den Schaden?

Antwort: *Die Erziehungspflicht ist der Aufsichtspflicht vorgeordnet. Also darf der Gruppenleiter auch abenteuerliche Angebote oder Freizeiten durchführen. Es geht nicht darum, Kinder und Jugendliche vor jeder gefährlichen Situation zu schützen. Sie sollen auch lernen, mit Gefahren umzugehen. Nur erfordert ein solches Ziel eine weit größere Aufsicht und Sorgfalt.*

Frage: Kann ich überhaupt riskante, abenteuerliche Unternehmungen wagen, wenn ich unter Umständen am Ende der Dumme bin?

Antwort: *Falls der Gruppenleiter fahrlässig oder grob fahrlässig seine Aufsichtspflicht verletzt und dadurch ein Schaden entsteht, kann er für den entstandenen Schaden haftbar gemacht werden.*

Frage: Wir machen jedes Jahr mit Jugendlichen ein Ferienlager in den Bergen mit Bergtouren etc. Wenn dabei etwas passiert, bin ich dafür haftbar? Kann man dann überhaupt noch solche Fahrten durchführen?

Antwort: *Bergtouren sind besonders gefährlich. Oft ist es ratsam, solche Unternehmungen zusätzlich zu versichern, damit im Schadensfall nicht der Gruppenleiter oder das Leitungsteam haftet. Eine Zusatzversicherung ent-*

hebt den Betreuer jedoch nicht von einer erhöhten Aufmerksamkeit und Aufsichtspflicht.

Frage: Ich leite einen Jugendclub. Die jugendlichen Besucher sind 14-17 Jahre alt. Bin ich verpflichtet, die Jugendlichen zu beaufsichtigen?

Antwort: *Kinder und Jugendliche bis zum 18. Lebensjahr unterliegen der Aufsichtspflicht. Der Clubleiter ist aufsichtspflichtig. Nur wer volljährig, also 18 Jahre alt oder verheiratet ist, bedarf keiner Aufsicht.*

Frage: Manche Jugendlichen sagen mir, sie sind erwachsen genug, sie brauchen keine Aufsicht. Kann ich mich daran halten oder muss ich sie dennoch beaufsichtigen?

Antwort: *Kinder und Jugendliche können noch so selbständig sein, das enthebt den Gruppen- bzw. Clubleiter grundsätzlich nicht von der Aufsichtspflicht. Nach gründlicher Prüfung ihrer Aussage kann er ihnen aber größere Freiheiten einräumen.*

Frage: Wenn mir ein 17-Jähriger sagt, er sei schon für volljährig erklärt, darf ich das glauben?

Antwort: *17-Jährige sind nie volljährig und werden auch nicht für volljährig erklärt, außer sie sind oder waren verheiratet.*

Frage: Gelten bei einem internationalen Jugendcamp unterschiedliche Altersgrenzen bezüglich der Volljährigkeit und damit auch der Aufsichtspflicht?

Antwort: *Die Volljährigkeit wird in den Ländern nicht einheitlich geregelt. Deshalb gilt das Recht des Heimatlandes oder des Gastlandes. So können bei einem internationalen Jugendcamp recht unterschiedliche Regelungen bezüglich der Volljährigkeit und des Rechts auf Aufsicht Einzelner bestehen.*

Frage: Ich spiele mit meiner Gruppe gern „Räuber und Gendarm". Dabei geht es manchmal ganz schön rau zu. Wenn sich ein Kind verletzt, kann ich dafür zur Verantwortung gezogen werden?

Antwort: *Der Gruppenleiter kann zum Schadensersatz verpflichtet werden, wenn sich die Kinder bei dem Spiel verletzen. Er weiß, dass es grob zugeht, die Kinder Stöcke und manchmal sogar Messer benutzen. Den Kindern muss er dieses Vorgehen verbieten und sein Verbot überwachen, sonst macht er sich der Aufsichtspflichtverletzung schuldig.*

Frage: Wir bieten jeden Monat eine Tanzveranstaltung an, zu der jeder Jugendliche kommen kann. Oft beschädigen Jugendliche Autos von Nachbarn oder treten einen Gartenzaun ein usw. Müssen wir für den Schaden aufkommen?

Antwort: *Bei einer offenen Veranstaltung beschränkt sich die Aufsicht auf den Bereich und Raum, in dem die Veranstaltung stattfindet. Wenn Jugendliche außerhalb dieses Raumes oder dieser Einrichtung einen Schaden anrichten, haften sie persönlich, d.h. ihre private Haftpflichtversicherung kommt für den Schaden auf, sofern die Betreffenden bzw. ihre Eltern eine Versicherung abgeschlossen haben.*

Frage: Wenn ich mit meiner Gruppe eine Wanderung mache, beobachte ich des Öfteren, dass die Jungen im Wald kleine Tannen ausreißen. Kann ich deswegen angezeigt werden?

Antwort: *Wenn der Gruppenleiter großzügig darüber hinwegsieht, dass Kinder einem Dritten Schaden zufügen, also z.B. kleine Tannen ausreißen, kann ihn dieses Wegsehen sehr teuer zu stehen kommen.*

Frage: Woher weiß ich eigentlich, dass ich zur Aufsicht verpflichtet bin?

Antwort: *Durch die Übernahme eines Amtes in der Jugendarbeit ist jeder automatisch kraft Vertrages zur Aufsicht verpflichtet. Denn die Übernahme einer Tätigkeit bedeutet stets ein Zweifaches: Wer Jugendarbeit betreibt, übernimmt die Aufgabe der Erziehung/Bildung und der Aufsicht.*

Frage: Muss ich eigens auf meine Rechte und Pflichten hingewiesen werden oder wie überträgt man mir die Aufsichtspflicht?

Antwort: *Der Träger bzw. der für die Jugendarbeit Zuständige (Pfarrer, Diakon, Jugendarbeiter etc.) muss denjenigen, den er für die Jugendarbeit engagiert, auf die rechtlichen Bedingungen hinweisen, sie ihm erklären und muss sicher sein, dass sie verstanden wurden. In jedem Grundkurs, der z.B. von Jugendverbänden oder Jugendämtern durchgeführt wird, werden die rechtlichen Belange erklärt. Aber auch ohne ausdrückliche Einweisung gilt bei tatsächlicher Übernahme die Haftung des Aufsichtspflichtigen.*

Frage: Kann ich nicht einfach so die Leitung einer Teestube übernehmen? Bei uns geht das in der Regel so: Wenn einer keine Lust mehr hat, als Teamer mitzuarbeiten, geht er. Ein Nachfolger wird angesprochen und schon ist er im Team. Da wird nichts von Aufsichtspflicht gesprochen. Wer müsste dies eigentlich tun? Wer ist letztendlich dafür verantwortlich?

Antwort: *Wer einfach so in die Leitung einer jugendpflegerischen Einrichtung „rutscht", muss von dem verantwortlichen Leiter über die Aufsichtspflicht informiert und für eine Schulung angemeldet werden. Jugendarbeit ist eine dritte Erziehungs- und Bildungseinrichtung, in der man nicht ohne jede Einweisung in die Ziele, Rechte und Pflichten arbeiten sollte. So genannte „fliegende Wechsel" sollte man nicht zulassen.*

Frage: Wenn Kinder in meine Gruppe kommen, bin ich dann automatisch verpflichtet, sie zu beaufsichtigen?

Antwort: *Wenn die Eltern von dem Gruppenbesuch wissen und ihn erlauben, übertragen sie damit stillschweigend die Aufsicht an den Gruppenleiter.*

Frage Gilt die Aufsichtspflicht nur den Gruppenmitgliedern, d.h. für solche, die Mitglied sind und ihren Beitrag bezahlt haben?

Antwort: *Nicht in jeder Gruppe wird die Frage nach der Mitgliedschaft sehr ernst genommen. Wenn Kinder mitten im Jahr in die Gruppe kommen, werden sie in der Regel erst mit dem neuen Jahr als Mitglied dem Jugendverband gemeldet. Dennoch gehören sie zur Gruppe und unterstehen damit der Aufsicht des Gruppenleiters.*

Frage: Muss die Aufnahme in eine Gruppe immer schriftlich erfolgen?

Antwort: *Vielfach ist es ratsam, die Aufnahme in eine Gruppe oder in einen Club durch eine förmliche, schriftliche Erklärung der Eltern bestätigen zu lassen, z.B.:*
„Hiermit erklären wir uns einverstanden, dass unser(e) Tochter/Sohn ... regelmäßig die Gruppenstunde des Gruppenleiters ... am ... besucht (oder: Mitglied in dem Jugendverband ... wird und die Gruppenstunden des Gruppenleiters ... am ... besucht)."
Datum   Unterschrift eines Elternteils

Frage: Wenn Kinder ausnahmsweise einmal ihre Freunde in die Gruppe mitbringen, bin ich auch für diese Kinder verantwortlich?

Antwort: *Bringt ein Kind seinen Freund oder seine Freundin in die Gruppenstunde mit, gehört dieses Kind für diese einmalige Situation zur Gruppe und damit untersteht es automatisch der Aufsicht des Gruppenleiters. Ist dem Gruppenleiter ein weiteres Kind, aus welchen Gründen auch immer, zu viel (z.B. weil er sie nicht alle im Auge behalten kann, weil ihm das Kind unsympathisch ist, zu wild etc.), muss er dem Kind ausdrücklich sagen, dass es nicht an der Gruppenstunde teilnehmen darf. Ein stillschweigendes Dulden besagt die Übernahme der Aufsicht.*

Frage: Wenn ich meinen Freund bitte, ausnahmsweise einmal meine Gruppenstunde zu übernehmen, ist er dann auch zur Aufsicht verpflichtet? Und müsste ich ihm das erklären?

Antwort: *Auch wer kurzfristig und nur vorübergehend in der Jugendarbeit einspringt, übernimmt die Pflicht der Aufsicht. Denn die Aufgabe ist eine erzieherische und damit aufsichtspflichtige. Im Bereich der Jugendarbeit gibt es keine Gefälligkeitsaufsicht.*

Frage: Im Ferienlager kommt es häufig vor, dass man einen Teilnehmer vorübergehend bittet, auf die Gruppe aufzupassen. Z.B.: Ich gehe mit meiner Gruppe durch die Stadt. In einem Tabakwarengeschäft möchte ich mir Zigaretten kaufen. Vorher sage ich jedoch zu einem Kind, es soll so lange auf die anderen aufpassen. Darf ich das im Hinblick auf die Aufsichtspflicht?

Antwort: *Die Aufsichtspflicht kann auch Kindern übertragen werden. Dies sollte jedoch nur in dringenden Fällen geschehen. Da das Kind unter Umständen für angerichteten Schaden mithaftet, sollte sich der Gruppenleiter eine Übertragung auf Kinder gut überlegen und sorgfältig dabei vorgehen.*

Frage: Wir sind eine Mopedgruppe, die keinem Verein angeschlossen ist. Die Gruppe ist so mit der Zeit entstanden. Alle Mopedfahrer aus unserem Ort haben einmal zusammen eine Tour gemacht. Daraus ist dann ganz spontan ein Club entstanden. Wir haben einen Vorsitzenden, Kassierer, Schriftführer; es gibt einen Mitgliedsbeitrag und Ausweise. Im Ort ist unser Club bekannt. Die Eltern wissen davon und haben nichts dagegen. Gilt hier auch die Aufsichtspflicht?

Antwort: *In einem Club, der organisiert ist, einen Leiter hat und als solcher von den Eltern akzeptiert wird, sind die Vertragspartner der Clubleiter und die Eltern. Ihm übergeben die Eltern die Aufsicht, folglich muss er für einen entstandenen Schaden zunächst selbst haften.*

Frage: Ich bin Gruppenleiter. Meine Gruppe und ich sind Mitglied in einem Jugendverband. Übernimmt der Verband auch eine gewisse Funktion bezüglich der Aufsichtspflicht oder haftet letztendlich immer der Gruppenleiter?

Antwort: *Der Jugendverband ist der Vertragspartner und nicht der Gruppenleiter. Somit haftet zunächst immer der Verband. Der Gruppenleiter wird durch den Verband geschützt. Je nach Schwere der Aufsichtspflichtverletzung kann sich der Verband wegen Schadensersatzes an den Gruppenleiter wenden.*

Frage: Wir machen jedes Jahr eine Kanufahrt mit Kindern aus unserer Gemeinde. Solch ein Unternehmen ist nicht ganz ungefährlich. Wenn etwas passiert, wer kommt für den Schaden auf?

Antwort: *Ein nicht ungefährliches Unternehmen muss immer zusätzlich versichert werden. Wenn der Träger ein Jugendverband oder eine andere Einrichtung ist, die eine Kanufahrt genehmigt, übernimmt der Träger auch die Verantwortung für die „gefahrengeneigte" Tätigkeit. Sollte sich der Leiter jedoch grob fahrlässig verhalten haben, kann sich der Träger an ihn wenden und Schadensersatz verlangen.*

Frage: Ich wurde vom Pfarrleitungsteam angesprochen, ob ich Gruppenleiterin werden möchte. Man hat mich eigentlich mehr überredet, und ich habe nicht nein sagen können. Ich leite jetzt eine Gruppe. Eine Schulung oder so etwas soll ich auch mitmachen, die findet aber erst in einem guten halben Jahr statt. Dass ich bei dem Jugendverband gemeldet und Mitglied bin, nehme ich einmal an; ich weiß es aber nicht genau. Bin ich jetzt eigentlich offiziell Gruppenleiterin und wer hat mir die Aufsichtspflicht übertragen?

Antwort: *In manchen Gemeinden geht man recht lässig (mitunter fahrlässig) mit der Anmeldung und Schulung neuer Mitarbeiter um. Gleichwohl übernimmt die neue Gruppenleiterin mit dem Beginn ihrer Gruppenstunde auch die Aufsichtspflicht. Vertragspartner ist der Jugendverband oder, falls die Gruppenleiterin noch nicht angemeldet ist, der zuständige Jugendarbeiter, der Leiter der Einrichtung oder der Pfarrer etc. Wenn er nichts gegen das Engagement der neuen Gruppenleiterin einwendet, kann man von einer Zustimmung ausgehen. Er erwartet vom Pfarrleitungsteam genügend Sorgfalt bei der Auswahl und Anleitung. Der Leiter hat die Aufsichtspflicht an das Team delegiert und dieses delegiert sie weiter an die Gruppenleiterin (Subdelegation).*

Frage: Mit 16 Jahren habe ich eine Kindergruppe übernommen. Meine Eltern sehen das gar nicht gerne. Sie meinen, ich hätte seitdem zu wenig Zeit für die Schularbeiten. Wie ist das: Als 16-Jähriger unterstehe ich doch selbst noch der Aufsicht? Kann ein selbst Aufsichtsbedürftiger Aufsichtspflicht übernehmen?

Antwort: *Erst wenn sich die Eltern ausdrücklich gegen die Betätigung als Gruppenleiter aussprechen und sie verbieten, brauchen sie auch für ihren minderjährigen Jugendlichen nicht mitzuhaften. Der 16-jährige Gruppenleiter haftet gemeinsam mit dem Träger oder Jugendarbeiter, der ihn engagiert hat. Der Jugendarbeiter ist mitverantwortlich für das, was der 16-jährige Gruppenleiter unternimmt. Einem 16-jährigen Gruppenleiter kann man jedoch persönliche Reife unterstellen, denn sonst hätte man ihm diese Aufgabe wohl kaum übertragen. Aus diesem Grunde kann man auch annehmen, dass er die Aufsicht so ausüben kann, dass kein Schaden entsteht.*

Frage: Könnte eventuell der Fall eintreten, dass meine Eltern für einen Schaden haftbar gemacht werden, den Kinder aus meiner Gruppe angerichtet haben?

Antwort: *Bei grober Verletzung der Aufsichtspflicht haftet zunächst der Träger; dieser kann in einem solchen Fall einen minderjährigen Gruppenleiter zur Verantwortung heranziehen. Da der jugendliche Gruppenleiter in der Regel noch nicht über ein eigenes Einkommen verfügt, müssen unter Umständen seine Eltern für den entstandenen Schaden aufkommen.*

Frage: Wir sind mit einer Seilbahn auf einen Berg gefahren. Ich bin unten bei meiner Gruppe geblieben und als Letzter hinaufgefahren. Die Kinder auf dem Berg waren eine Zeit lang ohne Aufsicht. Was hätte ich anderes tun sollen?

Antwort: *Kann der Betreuer nicht ständig bei der Gruppe bleiben oder muss er sich trennen, ist er verpflichtet, einen geeigneten Teilnehmer aus-*

zuwählen, der für ihn stellvertretend die Aufsicht übernimmt. Bei der Auswahl des Teilnehmers muss er die oben genannten Kriterien berücksichtigen.

Frage: Bei einem Geländespiel bekam ein Kind einen Stein an den Kopf. Es hatte eine offene Wunde, und ich habe es sofort ins Krankenhaus gefahren. Der Gruppe habe ich den Auftrag gegeben, allein in die Hütte zurückzugehen. Habe ich die Aufsichtspflicht verletzt?

Antwort: *Ohne einen Teilnehmer vorher zu bestimmen, vorübergehend die Aufsicht über die Gruppe zu übernehmen, kann der Betreuer die Gruppe nicht allein zur Hütte zurückschicken.*

Frage: Jugendliche wollen im nahe gelegenen Wald für ein Lagerfeuer Holz sammeln. Kann ich sie allein gehen lassen?

Antwort: *Auch wenn Jugendliche selbständig eine Aktion durchführen, muss der Betreuer Weisungen geben, wie sie sich zu verhalten haben, wo er zu erreichen ist und wer von ihnen für das konkrete Unternehmen verantwortlich ist.*

Frage: Sind in einem Team von Rechts wegen alle gleichberechtigt oder muss einer die Hauptverantwortung, Leitung haben? Wenn ein Team keinen Leiter hat, wer haftet dann bei einer Aufsichtspflichtverletzung?

Antwort: *In einem Team muss nicht einer die Leitung inne haben. Das gesamte Team ist verantwortlich und haftet in Schadensfällen als Gesamtschuldner. Es ist dann Sache des Teams, wie es unter sich den Schadensfall klärt.*

Frage: Wenn 16-jährige Jugendliche in einem Team mitarbeiten, tragen sie die gleiche Verantwortung wie die volljährigen Teamer?

Antwort: *Alle im Team sind gleich verantwortlich, also auch Minderjährige, d.h. Jugendliche unter 18 Jahren.*

Frage: Ist § 832 BGB nicht viel zu allgemein formuliert? Was sich darunter alles verbirgt, versteht ein Laie nur schwer.

Antwort: *Der Gesetzgeber hat bewusst unbestimmte Rechtsbegriffe gewählt, damit der Selbständigkeit des Pädagogen nicht von vornherein Grenzen gesetzt sind. Die Begriffe bedürfen der Interpretation und Definition. Die Unklarheit der Begriffe garantiert die Freiheit des Erziehers.*

Frage: Muss ein Gruppenleiter die recht komplizierte Sprache der Juristen lernen? Viele juristische Kommentare verstehen doch nur Juristen.

Antwort: *Es wäre wünschenswert, wenn in den Kommentaren die juristische Sprache etwas verdeutscht würde. Es gibt aber bereits einige gut lesbare Bücher über die Aufsichtspflicht (vgl. Literaturhinweise).*

Frage: Kann man irgendwo nachlesen, was der Gesetzgeber unter „Aufsichtspflicht" genau versteht?

Antwort: *Man kann in Gesetzesbüchern nicht nachlesen, was man unter Aufsichtspflicht exakt und konkret versteht. Der Gesetzgeber wählt bewusst die offene Form. Es muss jeder Einzelfall in Bezug auf die Aufsichtspflicht immer wieder neu bedacht werden. Die Offenheit des Gesetzestextes mag bei einzelnen Jugendarbeitern Unsicherheit auslösen, sie hätten lieber einen klar vorgegebenen Rahmen. Es mag vielleicht verwundern, dass der Gesetzgeber ein Gesetz vorlegt, das er immer wieder neu interpretieren muss.*

Frage: Verhindert das Gesetz über die Aufsichtspflicht nicht jedes pädagogische Arbeiten?

Antwort: *Erziehung ist Hauptpflicht, Aufsicht ist Nebenpflicht. Die Aufsichtspflicht darf die erzieherischen Erkenntnisse und Absichten nicht unmöglich machen. Wenn ich weiß, was ich will, muss ich anschließend fragen, ob mein Ziel nicht gegen gültiges Recht verstößt.*

Frage: Ziel meiner Clubarbeit ist das Lernen von Selbständigkeit und Eigenverantwortung. Wie können die jugendlichen Clubmitglieder das aber lernen, wenn man sie ständig beaufsichtigen muss?

Antwort: *Selbständigkeit ist ein übergeordnetes Ziel allen pädagogischen Bemühens. Das wird auch von rechtlicher Seite anerkannt und unterstützt. Wenn der Betreuer bestimmt Punkte berücksichtigt, kann er Kinder wie Jugendliche zeitweise ohne Aufsicht lassen.*

Frage: Kinder, die ständig beaufsichtigt werden, sind mit der Zeit sehr unselbständig. Muss ich deshalb nicht aus pädagogischen Überlegungen heraus Kinder auch unbeaufsichtigt lassen?

Antwort: *Kinder und Jugendliche müssen im Allgemeinen nicht rund um die Uhr beaufsichtigt werden. Das verlangt der Gesetzgeber nicht. Es kann jedoch Situationen, z.B. bei einem Ferienlager, geben, wo dies gefordert ist. Jede Situation muss jeweils konkret entschieden werden.*

Frage: Läuft nicht alles auf eine billige Entschuldigung hinaus: Ich würde das ja gerne erlauben, aber es ist einfach verboten. Ich darf das nicht erlauben. Wo bleibt da noch Raum für pädagogisches Arbeiten?

Antwort: *Wenn ein Erzieher das Recht als Begründung für sein Tun vorschiebt, hat er das Recht nicht verstanden, er weiß wahrscheinlich selbst nicht, was er will, und kann als Pädagoge wenig überzeugen. Wer verstanden hat, worum es bei der Aufsichtspflicht geht, darf so nicht argumentieren.*

Frage: Ich arbeite in einem Jugendhaus als Honorarkraft. Der Leiter ist der Meinung, er müsse mich über alle Einzelheiten eines Jugendlichen informieren. Ich dagegen möchte eigentlich gar nichts wissen, sondern möglichst unbefangen mit den Jugendlichen umgehen. Hat der Gesetzgeber zu dieser Frage irgendwie Stellung bezogen?

Antwort: *Ich kann dem Anderen nur helfen, sich weiterzuentwickeln, wenn ich weiß, auf welcher Entwicklungsstufe er steht. Gleichfalls kann ich die Aufsicht nur dann flexibel gestalten, wenn ich weiß, wie selbständig der andere ist. Ich benötige also Informationen. Der Gesetzgeber erklärt, dass der Erzieher eine Informationspflicht besitzt.*

Frage: Wir fahren schon seit Jahren in den Ferien immer in das gleiche Ferienhaus. Besonders beliebt ist der Bach, der direkt hinter dem Haus vorbeifließt. Wenn es geht, spielen die Kinder an und im Bach. Das ist aber gar nicht so ungefährlich. Die Steine im Bach sind sehr glatt und die Böschung ist an einigen Stellen recht steil. Muss ich den Kindern das Spielen am Bach verbieten?

Antwort: *Es geht nicht darum, Kinder von jeglichen Gefahren fern zu halten. Pädagogisches Ziel muss es unter anderen sein, den Umgang mit Gefahren zu lernen. Dies besagt, auf die Gefahren des Baches hinzuweisen und zu zeigen, wie sie sich dort verhalten können. Des Weiteren muss der Erzieher den Kindern zuschauen und eventuell einzelnen noch einmal zeigen, welche Gefahren die Situation birgt und wie sie sich verhalten sollen.*

Frage: Kinder hören oft gar nicht richtig zu, wenn man ihnen etwas sagt, vor allem, wenn sie in einer Gruppe sind. Manchmal habe ich das Gefühl, ich hätte mir meine Worte sparen können, weil niemand zuhört. Sagt das Gesetz etwas darüber, wie ich meine Anweisungen zu geben habe, wenn ich die Aufsichtspflicht nicht verletzen möchte?

Antwort: *Man sollte davon ausgehen, dass ein Gruppenleiter keine unwichtigen Anweisungen gibt. Folglich muss er sich auch so Gehör verschaffen, dass seine Anweisungen vernommen werden. Im Zweifel muss er sich davon überzeugen, dass jeder Teilnehmer verstanden hat, worum es ihm ging. Wenn der Gruppenleiter z.B. eine Bergwanderung unternimmt und den Kindern erklärt, dass sie keine Steine herunterwerfen dürfen, weil es für andere Wanderer lebensgefährlich sein könnte, dann handelt es sich hier um eine so wichtige Anweisung, die alle Kinder nicht nur gehört, sondern auch verstanden haben müssen.*

Frage: Muss ich mit den zu beaufsichtigenden Kindern ständig Blickkontakt haben oder ist das nicht gefordert? Wenn ich mit meiner Gruppe schwimmen gehe, darf ich mich etwas abseits zum Bräunen hinlegen?

Antwort: *Man muss Kinder nicht ständig überwachen, das widerspricht jeder pädagogischen Zielvorstellung. Es gibt aber Situationen - und das Schwimmen gehört dazu, bei denen sich der Betreuer nicht abseits aufhalten darf. Die Situation ist zu gefährlich, also muss er beim Geschehen sein*

und z.B. immer wieder einmal überprüfen, ob sich die Kinder an die abge-
sprochenen Grenzen halten.

Der Gruppenleiter sollte die genauen Regelungen kennen, die für Baden
und Schwimmen von den jeweiligen Bundesländern herausgegeben werden.
Für Nordrhein-Westfalen z.B. gelten die „Sicherheitsmaßnahmen beim
Schwimmen im Rahmen des Schulsport". Runderlass des Kultusministeri-
ums vom 29.03.1993 (IV B 3-8244-71/93) und das Schreiben vom
19.03.1986 „Schwimmangebote und Wassersportaktivitäten im Rahmen der
Jugendhilfe".

- *Die „pädagogischen" Begleitpersonen bleiben auch bei Anwesenheit des*
  Aufsichtspersonals der Bäder aufsichtspflichtig.
- *Die Begleitung setzt die Rettungsfähigkeit im Sinne des DLRG-Rettungs-*
  schwimmabzeichens in Bronze voraus.
- *Die Beaufsichtigung von Schwimmangeboten außerhalb der Schwimm-*
  bäder und die Begleitung von Wassersportaktivitäten (Kanu, Segeln,
  Surfen) erfordert eine Rettungsfähigkeit im Sinne des DLRG-Rettungs-
  schwimmabzeichens in Silber (Schwimmangebote ...)
- *Die Lehrkraft muss ihren Platz so wählen, dass sie alle im Wasser*
  befindlichen SchülerInnen sehen kann. Sie soll sich nicht gleichzeitig mit
  SchülerInnen im Wasser aufhalten, sofern dies nicht in besonderen Fäl-
  len aus pädagogischen bzw. methodischen Gründen erforderlich ist. (Si-
  cherheitsmaßnahmen ...)

Frage: Ich finde es pädagogisch nicht gut, wenn Kinder stets unter Aufsicht
und Anleitung spielen. Sie müssen auch für sich allein spielen dürfen. Das
funktioniert in meiner Gruppe sehr gut. Liege ich da aus rechtlicher Sicht
mit meiner Meinung falsch?

Antwort: *Das freie Spielen ist ein wichtiges pädagogisches Ziel, das der*
Betreuer unbedingt verfolgen sollte. Er muss jedoch von Fall zu Fall nach-
schauen und eventuell eingreifen, wenn er den Eindruck hat, die Kinder
seien überfordert bzw. sie hätten die Anweisungen oder den gesteckten
Rahmen vergessen. Freies Spielen besagt nicht, dass der Pädagoge sich
völlig zurückziehen darf. Hat er den Eindruck, dass die Kinder sich schon
sehr selbständig in der Situation bewegen, kann er sich natürlich weitge-
hend zurückhalten.

Frage: Ich möchte mit meiner Gruppe im Ferienlager ein Stadterkundungs-
spiel durchführen. Kann ich die 9-10-jährigen Kinder allein in die Stadt gehen lassen?

Antwort: *Was man Kindern zutrauen kann, hängt ganz von der Beantwor-*
*tung der Fragen nach den **Bestimmungsfaktoren** ab. Sie gelten praktisch*
als Checkliste, die ich im Geiste durchgehen muss:

- *Persönliche Daten: Das Alter allein besagt noch nicht viel. Wie ist ihre persönliche Reife? Gibt es bestimmte Verhaltensauffälligkeiten? Können alle Kinder ohne weiteres die Situation bestehen? Werden es einige Kinder nur schwer schaffen?*

- *Gruppenverhalten: Kennt die Gruppe sich schon länger, so dass die Kinder sich gegenseitig helfen und unterstützen? In welcher Gruppenphase befindet sich die Gruppe (in der Machtkampfphase oder Harmoniephase)?*

- *Gefährlichkeit der Beschäftigung: Wie gefährlich ist ein solches Spiel in der Stadt? Beachten die Kinder den Straßenverkehr, wenn sie um die Wette nach Erkundigungspunkten laufen? Sind sie solche Situationen gewohnt?*

- *Örtliche Umgebung: Gibt es Fußgängerwege? Ist der Gruppenleiter mit den Kindern den Weg schon einmal gegangen? Hat er ihr Verhalten beobachtet und sie auf Gefahren hingewiesen?*

- *Pädagogische Qualifikation: Wie lange ist der Gruppenleiter bereits in der Jugendarbeit? Hat er genügend Erfahrung im Einschätzen seiner Gruppe?*

- *Verhältnis zwischen Gruppenleiter und Kindern: Wie bekannt sind dem Gruppenleiter die Kinder? Wie lange kennt er sie? Wie ist sein Verhältnis zu ihnen?*

- *Erziehungsauftrag: Welche Ziele verfolgt der Gruppenleiter? Was will er mit dem Spiel erreichen?*

- *Grundsatz der Verhältnismäßigkeit: In welchem Verhältnis steht das angestrebte Ziel zu den mögliche Gefahren?*

- *Zumutbarkeit: Kann den Kindern das Risiko zugemutet werden?*

Die Checkliste ist kein lästiges Übel, sondern Hilfe für ein begründetes pädagogisches Handeln. Auch Richter gehen bei der Urteilsfindung nach solchen Kriterien bzw. Faktoren vor. Daher ist es sehr hilfreich, wenn man seine Entscheidung anhand dieser Faktoren fällt.

Frage: Wir fahren mit Jugendlichen (14-16 Jahre) in eine Ferienfreizeit. Können wir ihnen einen freien Tag einräumen, an dem sie gehen können, wohin sie wollen?

Antwort: *Ob Jugendliche an ihrem freien Tag ohne Aufsicht hingehen können, wohin sie wollen, kann generell nicht beantwortet werden. Die Antwort hängt von der Klärung der **Bestimmungsfaktoren** ab. Ratsam ist es auf jeden Fall, wenn Jugendliche nie allein, sondern immer zu dritt gehen. Zu dritt deswegen, damit einer, wenn einem etwas passiert, bei dem Betreffenden bleiben und der dritte Hilfe holen kann.*

Frage: In unserer Ferienfreizeit wollen wir mit den Kindern (9-13 Jahre) ein Floß bauen und damit ein Stück den Fluss hinunterfahren. Ist das nicht zu gefährlich bzw. mit zu hohem Risiko verbunden, so dass allzu leicht ein Schaden entstehen kann?

Antwort: *Ein Floß zu bauen ist gefährlich. Kinder müssen dabei mit Messern oder sogar mit einer Axt umgehen können. Auch die Floßfahrt ist gefährlich. Ob man solch ein Unternehmen durchführen kann, hängt ganz von der Beantwortung der **Bestimmungsfaktoren** ab. Welches pädagogische Ziel verfolge ich? Wie steht dieses Ziel im Verhältnis zu den Gefahren? Was kann ich der Gruppe zutrauen? Welche Erfahrungen habe ich mit der Gruppe etc.? Die Checkliste hilft bei der Entscheidungsfindung und sollte dem Betreuer ein gutes Gefühl geben, wenn er sich auf Grund der positiven Beantwortung dieser Punkte für eine Floßfahrt entscheidet.*

Frage: Ich bin Gruppenleiterin. Zu den Gruppenstunden kommen etwa 18 Mädchen (9-12 Jahre). Manchmal finde ich die Gruppe zu groß. Gibt es im Hinblick auf die Aufsichtspflicht genaue Zahlen, wie groß eine Gruppe sein darf?

Antwort: *Eine Gruppe mit 18 Teilnehmerinnen ist für eine Gruppenleiterin zu groß. Aus pädagogischen wie rechtlichen Überlegungen heraus sollte eine solche Gruppe geteilt oder eine weitere Gruppenleiterin engagiert werden. Aus der Sicht der Aufsichtspflicht gibt es nur Eckwerte und die besagen: nicht mehr als höchstens zwölf Kinder für einen Gruppenleiter, 18 Kinder pro Gruppe sind für einen Leiter nicht verantwortbar.*

Frage: Während einer Gruppenstunde spielten die Kinder meiner Gruppe draußen vor dem Jugendhaus „Verstecken". Einige Kinder haben sich im Treibhaus des Nachbarn versteckt. Der Besitzer des Gartens will jetzt gegen mich und die Kinder Anzeige erstatten, denn sie haben nachweislich Tomatensetzlinge zertreten. Ich bin mir keiner Schuld bewusst, denn ich habe den Kindern gesagt, wo sie sich verstecken dürfen, zudem bin ich ständig herumgegangen und habe versucht, so weit es bei diesem Spiel möglich war, die Kinder im Auge zu behalten. Also lasse ich die Klage gelassen auf mich zukommen. Der Nachbar muss erst beweisen, dass ich meine Aufsichtspflicht verletzt habe. Liege ich da richtig?

Antwort: *Auch wenn der Gruppenleiter ein gutes Gewissen hat, kann er nicht warten, bis ihm eine Schuld nachgewiesen wird. Es gilt die Umkehrung der Beweislast, d.h. er muss nachweisen, dass er die Aufsicht nicht verletzt hat, was ihm in diesem Fall sicher nicht schwer fallen dürfte. Er hat das Gebiet abgegrenzt, wo die Kinder sich verstecken durften; zudem hat er sie beaufsichtigt, so gut wie es bei diesem Spiel nur ging.*

Frage: Im letzen Ferienlager ist ein Kind nachts aus dem oberen Etagenbett gefallen, dabei hat es sich das Schlüsselbein gebrochen und sich eine dicke Beule am Kopf zugezogen. Das Kind musste nach Hause gebracht werden.

Wir sind uns keiner Schuld bewusst. Bei der Anmeldung für die Freizeit teilten wir an die Eltern einen Fragebogen aus, auf dem u.a. die Frage stand, ob ihr Kind im oberen Etagenbett schlafen dürfe, was die Eltern bejaht haben. Zum anderen sind die Betreuer jeden Abend, bevor sie selbst schlafen gingen, durch alle Zimmer gegangen, haben die Kinder zugedeckt, falls notwendig, sie auch gerade hingelegt oder von der vorderen Bettkante nach hinten zurückgelegt. Mehr hätten wir nicht tun können.

Antwort: *Das Kind ist bei gehöriger Aufsicht aus dem Bett gefallen und hat sich verletzt. Mangelnde Aufsicht kann nicht als Ursache für den Schaden genannt werden. Mehr hätten die Betreuer nicht tun können. Es kommt aber immer auf den konkreten Fall an: Hätten z.B. die Betreuer bemerkt, dass das Kind einen sehr unruhigen Schlaf hat und bei jedem abendlichen Rundgang gefährlich vorne an der Bettkante liegt, dann hätten sie die Gefahr erkennen und das Kind in das untere Etagenbett verlegen müssen. Hier zeigt sich: Es gibt keine Rezeptantworten, sondern jeder Fall muss für sich gesondert bedacht werden. „Gehörige" Aufsichtspflicht ist ein unbestimmter Rechtsbegriff, der, auf eine konkrete Situation angewandt, zu unterschiedlichen Ergebnissen bzw. Beurteilungen führen kann.*

Frage: Eltern beklagen sich öfter bei mir, dass ihre Kinder nach der Gruppenstunde nicht sofort nach Hause gehen, sondern noch in der Stadt herumbummeln. Bin ich auch noch für die Zeit nach der Gruppenstunde zur Aufsicht verpflichtet?

Antwort: *In der Regel unterliegt der Weg zur Gruppenstunde wie auch der Heimweg nicht der Aufsichtspflicht. Es ist vielmehr eine pädagogische Frage, wie der Gruppenleiter auf die Heimgehgewohnheiten der Kinder Einfluss nehmen kann.*

Frage: Wir verbringen mit unserem Club ein Wochenende in einer Hütte. Ab wann beginnt die Aufsichtspflicht: am Zielort oder schon beim Treffen am Heimatort?

Antwort: *Die Fahrt zu einer Wochenendhütte oder in ein Ferienlager wie auch die Rückfahrt gehören bereits zum Programm. Folglich beginnt die Aufsichtspflicht bereits beim Treffpunkt und endet dort auch wieder.*

Frage: Manchmal fahre ich nach der Gruppenstunde einige Kinder in meinem Auto nach Hause. Gilt für diese Kinder die Aufsichtspflicht bis zu dem Punkt, wo sie mein Auto verlassen haben?

Antwort: *Es handelt sich hierbei um eine Gefälligkeit, die nicht mit dem Programm der Gruppenstunde verbunden ist, daraus ist eine Aufsichtspflicht nicht abzuleiten. Sollte den Kindern z.B. bei einem Verkehrsunfall etwas zustoßen, ist das keine Frage der Aufsichtspflicht, sondern des Versicherungsschutzes. Der Gruppenleiter sollte in jedem Fall eine Insassenversicherung abgeschlossen haben.*

Frage: Gruppenleiter Thomas macht mit seinen 10-12-jährigen Jungen eine Pfeiljagd. Thomas geht mit zwei Kindern voraus und macht die verabredeten Pfeilzeichen. Die anderen Kinder aus der Gruppe sitzen in der Schonung eines Waldes und warten. Als ihnen die Zeit zu lange wird, spielen sie in der Schonung Fangen. Dabei wird eine Reihe junger Tannen umgeknickt und herausgerissen. Von diesem Vorfall erfährt Thomas erst am nächsten Tag, als die Polizei vorfährt und eine Anzeige des Försters überreicht. Hat Thomas seine Aufsichtspflicht verletzt? Wer kommt für den Schaden auf? Wer muss die Schadenssumme über 2.500 € bezahlen?

Antwort: *1. Variante: Thomas ist losgezogen und hat den wartenden Gruppenmitgliedern lediglich gesagt, dass sie in einer halben Stunde aufbrechen sollten. Weitere Anweisungen, wie sie sich zu verhalten haben, gab er ihnen nicht. Er argumentierte später: Das schien mir nicht nötig, die Kinder sind alt genug, um zu wissen, dass man keine Tannen ausreißen darf. Zudem wäre ich gar nicht auf die Idee gekommen, dass die Kinder dies tun würden.*

Ergebnis: Thomas hat seine Aufsichtspflicht grob verletzt. Er haftet entsprechend für den Schaden. Eine offene Frage ist, ob sein Träger eventuell die Bezahlung ganz oder teilweise übernimmt. Das liegt in dessen freiem Ermessen.

2. Variante: Thomas wählt, bevor er geht, ein Kind aus der Gruppe aus, von dem er meint, es sei vernünftig und besitze Autorität in der Gruppe. Diesem Kind und der ganzen Gruppe erklärt Thomas, wie sich jeder zu verhalten habe, dass das betreffende Kind seine Vertretung übernimmt und die Gruppe auf es zu hören hat.

Ergebnis: Thomas hat die Aufsichtspflicht nicht verletzt. Er hat das geeignetste Kind ausgewählt, es und die ganze Gruppe informiert und gewarnt. Die Aufsicht hat er ordnungsgemäß delegiert. Zu klären bleibt: War das Kind mit der Aufsicht überfordert? Hat Thomas sich in ihm verschätzt? Kann man das annehmen, haftet der Betreuer. Ist das nicht der Fall, haftet das Kind. Wenn Thomas sonst zuverlässig ist, dann liegt das im Ermessen des Trägers, ob er die Zahlung des Schadens ganz oder teilweise übernimmt.

Frage: Daniel ist Gruppenleiter. Er liegt krank im Bett. Seine Gruppenstunde möchte er dennoch nicht ausfallen lassen, denn die Gruppe besteht erst kurze Zeit. Er ruft seinen Freund Peter an und bittet ihn, ausnahmsweise einmal seine Gruppe zu übernehmen. Er versäumt es nicht, Peter einige Informationen über einzelne Kinder in der Gruppe zu geben. Darf Daniel seine Aufsichtspflicht an Peter weitergeben? Haftet Peter für den Schaden, der auf Grund einer Aufsichtspflichtverletzung entsteht?

Antwort: *Daniel darf seine Aufsichtspflicht an Peter delegieren. Wenn er Peter so informiert, dass sich dieser gut auf die Gruppe einstellen kann, hat* *er seine Sorgfaltspflicht erfüllt. Verletzt Peter seine Aufsichtspflicht, obwohl er von Daniel ausdrücklich darauf hingewiesen wurde, haftet er für einen entstandenen Schaden. Es handelt sich hier also nicht um eine Gefälligkeitsaufsicht. Wird in der Jugendarbeit Aufsicht delegiert, muss sich der bzw. die Betreffende gut überlegen, was er/sie dem Anderen damit an Verantwortung übergibt und dass dieser für einen eventuellen Schaden haftet. Dies wird in der Regel den Betreffenden nicht klargemacht, so dass sie gar nicht wissen, worauf sie sich einlassen.*

Frage: Auf einer Ferienfreizeit treten die Mädchen (12-14 Jahre) aus Sabines Gruppe mit der Bitte an sie heran, allein einen Stadtbummel machen zu dürfen. Sabine lehnt ab und begründet ihre Entscheidung mit ihrer Aufsichtspflicht: „Wenn etwas passiert, bin ich dran." Welche Grenzen setzt die Aufsichtspflicht einem Gruppenleiter?

Antwort: *Das Recht sollte nie für eine billige pädagogische Entscheidung herhalten. Unter bestimmten Bedingungen dürfen die Kinder allein in die Stadt gehen. Sabine hat sich folgende Fragen zu stellen: Sind die Mädchen verantwortungsbewusst genug? Welche Stadterfahrung haben sie? Haben die Eltern die Erlaubnis schriftlich erteilt? Ist ein Stadtbummel gefährlich? Würde es ausreichen, wenn sie in kleinen Gruppen gehen? Kann sie jemand aus den Kleingruppen die Verantwortung übertragen?*

Frage: Ferienfreizeit mit Jugendlichen (13-17 Jahre) in Italien. An einem Abend bittet eine Clique der Jugendlichen (fünf Jungen im Alter von 16 und 17 Jahren) das Leitungsteam um Ausgang. Die Betreuer erkundigen sich nach Ziel und Art des geplanten Unternehmens. Die Jungen wollen in eine Wirtschaft gehen und ein Glas Wein trinken. Das Team hat nichts einzuwenden und entlässt die Clique mit guten Ratschlägen, z.B.: Trinkt nicht zu viel! Fangt keine Schlägerei an! Lasst fremde Mädchen in Ruhe! Kommt pünktlich zurück! Als wenn die Teamer es gewusst hätten. Einige aus der Clique trinken zu viel, es kommt zu einer Schlägerei. Bei dieser werden Gegenstände demoliert und ein italienischer Gast verletzt. Haben die Teamer ihre Aufsichtspflicht verletzt? Müssen sie für den Schaden aufkommen?

Antwort: 1. *Variante: Das Leitungsteam kennt die Clique recht gut. Es ist mit ihr schon oft in eine Gaststätte gegangen. Das Verhalten der Clique ist bekannt, ebenso ihr Alkoholkonsum. Deshalb werden auch gegen den Abendausflug keine Bedenken erhoben. Umso überraschender kommt für das Team die Nachricht von der Schlägerei unter großem Alkoholeinfluss. Dem Team kann eine Aufsichtspflichtverletzung nicht nachgesagt werden, da es die Clique gut kannte und sie bereits in ähnlichen Situationen (Wirtschaft und Wein) erlebt hat.*

2. *Variante: Dem Team war bekannt, dass die Clique gerne etwas über den Durst trinkt und schon öfter in eine Schlägerei verwickelt war. Die Teamer*

wussten auch, dass die Clique schon mehrmals mit der Polizei zu tun hatte. Das Team hat aber diese Clique bewusst mit in ein Ferienlager genommen, um einen Kontakt aufzubauen, der es ermöglichen sollte, der Clique zu helfen. Um den Kontakt nicht zu verlieren und die Einflussmöglichkeit nicht einzubüßen, hat das Team der Clique manche Dinge erlaubt, obwohl es sich dabei nicht ganz wohl fühlte. So auch diesen Ausgang. In einem ähnlich gelagerten Fall entschied der Bundesgerichtshof (1979): „So kann es unter Umständen angezeigt sein, um den Kontakt zum Jugendlichen und die Einflussmöglichkeit auf ihn nicht zu verlieren, keine allzu große Strenge walten zu lassen und nicht auf strikter Einhaltung elterlicher Weisungen oder Empfehlungen zu bestehen. Auch kann die vorauszusehende Erfolglosigkeit einer Maßnahme deren Anordnung untunlich machen. Insgesamt wird der Richter bei der Haftbarmachung der Eltern oder sonstiger Erziehungsberechtigter aus § 832 BGB diesen einen gewissen Freiraum vertretbarer pädagogischer Maßnahmen lassen müssen.“[40] Entsprechend kann man sagen, dass die Teamer ihre Aufsichtspflicht nicht verletzt haben. Bei Abwägung der pädagogischen Ziele mit den Rechtsfolgen konnten sie sich für einen Ausgang der Clique entscheiden. Allerdings muss man hier anmerken: Die Entscheidung des Teams ist sehr riskant, weil man sich der richterlichen Entscheidung nicht so sicher sein darf, da kein Fall dem anderen völlig gleicht. Jedoch werden zwei Dinge deutlich:

- *Das Team muss wissen, was es will, d.h. es muss ein pädagogisches Konzept haben.*

- *Das Team ist gut beraten, wenn es sich im Gesetz gut auskennt.*

---

40 Claussen; Vent: Aufsichtspflichtverletzung ..., a.a.O., S. 88.

2. Haftung

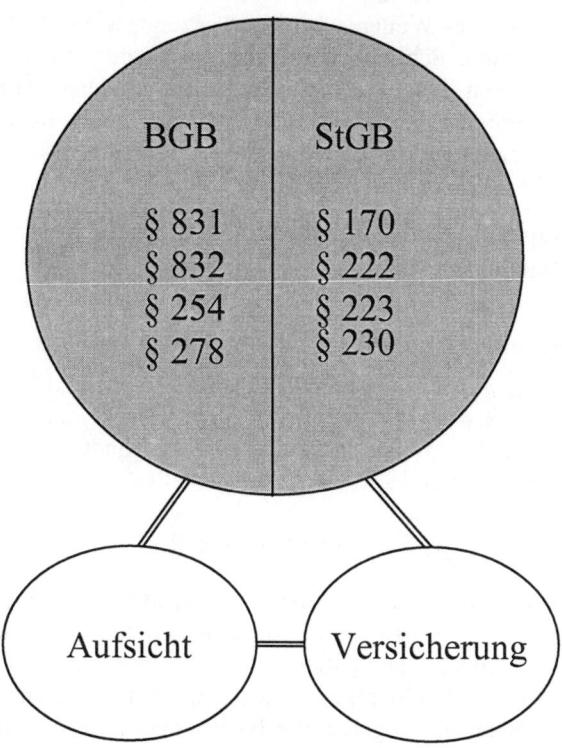

2.1 Mitarbeiter sind in guten Händen

Im vorausgegangenen Kapitel wurde im Zusammenhang mit der Aufsichtspflicht bereits mehrfach darauf verwiesen, dass der Aufsichtspflichtige für Schäden seiner Schützlinge zu haften hat. In diesem Kapitel soll das Thema „Haftung" des Erziehers und des Trägers ausführlich behandelt werden. Der größte Teil der Ausführungen beschäftigt sich mit den *zivilrechtlichen* Folgen einer Aufsichtspflichtverletzung. Dies ist der für die Jugendarbeit besonders relevante Bereich. Demgegenüber nehmen sich die Überlegungen über die *strafrechtlichen* Folgen gering aus, da sie in der Jugendarbeit relativ selten vorkommen.

Die Überlegungen dieses Kapitels haben zum *Ziel,* einerseits den Erzieher nicht leichtsinnig werden zu lassen. Er hat die Gefahren seiner erzieherischen Tätigkeit genau zu erkennen und sich entsprechend zu verhalten; andererseits soll mit diesen Ausführungen dem Erzieher die Angst davor genommen werden, dass er für einen Schaden nicht nur haftet, sondern sogar bestraft werden kann. Es geht darum, dem Erzieher die Wichtigkeit seines erzieherischen Tuns und die möglicherweise schädigenden Wirkungen vor Augen zu führen, ihn also davor zu warnen, seine Tätigkeit zu locker und lässig aufzufassen. Des Weiteren wird ihm gezeigt, wie er sich gegen Vorwürfe schützen kann. Schließlich soll ihm das Gefühl vermittelt werden, dass er durch seinen Träger und dessen Haftpflichtversicherung in guten Händen ist. Ich erinnere in diesem Zusammenhang an die im 1. Kapitel angestellten Überlegungen zur Erziehungs- und Aufsichtspflicht. Sie gelten uneingeschränkt in Bezug auf die Haftung.

Die beiden Kapitel bilden eine Einheit und wurden nur der besseren Übersicht wegen geteilt.

 Literatur

Schmitt-Wenkebach, R.: Das Haftungsrecht in der Jugendarbeit. Neuwied: Luchterhand Verlag. 1978.
Sahlinger. U.: Aufsichtspflicht und Haftung in der Kinder- und Jugendarbeit. Münster: Votum Verlag 1999.

2.2 Wie würden Sie entscheiden?

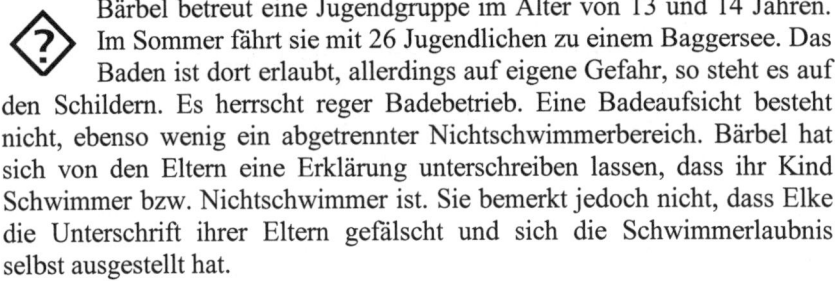 Bärbel betreut eine Jugendgruppe im Alter von 13 und 14 Jahren. Im Sommer fährt sie mit 26 Jugendlichen zu einem Baggersee. Das Baden ist dort erlaubt, allerdings auf eigene Gefahr, so steht es auf den Schildern. Es herrscht reger Badebetrieb. Eine Badeaufsicht besteht nicht, ebenso wenig ein abgetrennter Nichtschwimmerbereich. Bärbel hat sich von den Eltern eine Erklärung unterschreiben lassen, dass ihr Kind Schwimmer bzw. Nichtschwimmer ist. Sie bemerkt jedoch nicht, dass Elke die Unterschrift ihrer Eltern gefälscht und sich die Schwimmerlaubnis selbst ausgestellt hat.

Bevor die Gruppe ins Wasser geht, belehrt Bärbel die Jugendlichen ausdrücklich, wo sich Schwimmer und Nichtschwimmer aufhalten dürfen. Die mitgebrachten Luftmatratzen dürfen ebenfalls nicht ohne vorherige Absprache im Wasser benutzt werden.

Elke und ihre Freundin stören sich an dem Verbot nicht und paddeln mit ihrer Luftmatratze heimlich auf den See hinaus. Durch eine unglückliche Bewegung verliert Elke das Gleichgewicht und fällt ins Wasser. Da sie nicht schwimmen kann, geht sie sofort unter. Ihre Freundin ruft nach Hilfe, doch die zu Hilfe eilenden Badegäste können Elke nicht finden. Erst eine Stunde später wird sie von einer Tauchergruppe etwa fünf Meter vom Ufer entfernt in einer Tiefe von drei Metern ertrunken aufgefunden.

Ist Bärbel für den Unfall verantwortlich?

_____

_____

_____

_____

Vorläufige Antwort
Das Oberlandesgericht Köln (OLG Köln, NJW 86/1947) hat Bärbel wegen
fahrlässiger Tötung (§222 StGB) zu einer Geldstrafe von 30 Tagessätzen zu
40 € verurteilt. Das Gericht stellt fest, dass die Auswahl des Baggersees als
Ausflugsziel pflichtwidrig war, weil dort die Sicherheit der Kinder nicht in
dem erforderlichen Maße gewährleistet war.

Allerdings könnte der Gruppenleiterin nicht vorgeworfen werden, dass sie
bei der von Elke vorgelegten Bescheinigung nicht an die Möglichkeit einer
Fälschung gedacht hat. Es ist ihr nicht zuzumuten, den Gruppenmitgliedern
ein solches Misstrauen entgegenzubringen.[1]

Bade- und Schwimmregeln
Des Weiteren ist ihr vorzuwerfen, dass sie es mit 26 Jugendlichen gewagt
hat, schwimmen zu gehen. Hier gibt es Regeln, die ein Gruppenleiter kennen sollte.

Die Landesverbände der Deutschen Lebens-Rettungs-Gesellschaft e.V. haben Baderegeln entwickelt, die wegen der generell gesteigerten Gefährlichkeit dieses Tuns besondere Aufsichtsgrundsätze beinhalten:

- Am Baden dürfen Minderjährige nur dann teilnehmen, wenn die Personensorgeberechtigten eine schriftliche Einverständniserklärung abgegeben haben.
- Die Erzieher müssen über bestimmte, am angeführten Ort näher bezeichnete Schwimmfähigkeiten verfügen.
- Es darf nur in überschaubaren Gruppen gebadet werden.
- Die Aufsichtspflicht des Erziehers besteht weiter neben der Aufsichtspflicht durch den Bademeister.
- Der Erzieher hat dem Bademeister die Anwesenheit der Kinder- und Jugendgruppe zu melden und sich als Gruppenleiter vorzustellen.

Aus dem Nebeneinander der Aufsicht einerseits des Erziehers und andererseits des Bademeisters folgt für den Erzieher die Verpflichtung, sich lau-
fend zu vergewissern, was für ihn neben der Aufsicht des Bademeisters
noch zu tun bleibt. Er darf sich also nicht zu einem Sonnenbad auf einen
abseits gelegenen Platz der Badewiese zurückziehen.

_____

1 Vgl. Sahlinger, U: Aufsichtspflicht und Haftung in der Kinger- und Jugendarbeit.
  Münster: Votum Verlag 1999, S. 89 f.

Eine Weigerung des Bademeisters, die Gruppe zu beaufsichtigen, ist unwirksam, solange der Bademeister oder die Leitung des Schwimmbades die Anwesenheit der Gruppe duldet.

Viele Bundesländer haben speziell für das Baden und Schwimmen von Kinder- und Jugendgruppen Ausführungsvorschriften erlassen.

2.3 Gesetzestexte (BGB)

2.3.1 Gesetze, die den Träger betreffen

§§ **§ 831 BGB**
Haftung für den Verrichtungsgehilfen

(1) Wer einen anderen zu einer Verrichtung bestellt, ist zum Ersatz des Schadens verpflichtet, den der andere in Ausführung der Verrichtung einem Dritten widerrechtlich zufügt. Die Ersatzpflicht tritt nicht ein, wenn der Geschäftsherr bei der Auswahl der bestellten Personen und, sofern er Vorrichtungen oder Gerätschaften zu beschaffen oder die Ausführung der Verrichtung zu leiten hat, bei der Beschaffung oder der Leitung die im Verkehr erforderliche Sorgfalt beobachtet oder wenn der Schaden auch bei der Anwendung dieser Sorgfalt entstanden sein würde.

(2) Die gleiche Verantwortlichkeit trifft denjenigen, welcher für den Geschäftsherrn die Besorgung eines der im Absatz 1, Satz 2 bezeichneten Geschäfte durch Vertrag übernimmt.

§§ **§ 278 BGB**
Verschulden des Erfüllungsgehilfen

Der Schuldner hat ein Verschulden seines gesetzlichen Vertreters und der Personen, deren er sich zur Erfüllung seiner Verbindlichkeiten bedient, in gleichem Umfange zu vertreten wie eigenes Verschulden. Die Vorschrift des §276, Absatz 2 findet keine Anwendung.

2.3.2 Gesetze, die den Erzieher betreffen

§§ **§ 832 BGB**
Haftung des Aufsichtspflichtigen

Vgl. Kapitel I: Aufsichtspflicht

§§ **§ 823 BGB**
Schadensersatzpflicht

(1) Wer vorsätzlich oder fahrlässig das Leben, den Körper, die Gesundheit, die Freiheit, das Eigentum oder ein sonstiges Recht eines anderen widerrechtlich verletzt, ist dem Anderen zum Ersatz des daraus entstehenden Schadens verpflichtet.

(2) Die gleiche Verpflichtung trifft denjenigen, welcher gegen ein den Schutz eines anderen bezweckendes Gesetz verstößt. Ist nach dem Inhalt des Gesetzes ein Verstoß gegen dieses auch ohne Verschulden möglich, so tritt die Ersatzpflicht nur im Falle des Verschuldens ein.

§§ § 276 BGB
Haftung für eigenes Verschulden

Der Schuldner hat, sofern nicht ein anderes bestimmt ist, Vorsatz und Fahrlässigkeit zu vertreten. Fahrlässig handelt, wer die im Verkehr erforderliche Sorgfalt außer Acht lässt. Die Vorschriften der § 827, 828 finden Anwendung.

2.3.3 Gesetze, die den Beaufsichtigten betreffen

§§ § 254 BGB
Mitverschulden

(1) Hat bei der Entstehung des Schadens ein Verschulden des Beschädigten mitgewirkt, so hängt die Verpflichtung zum Ersatz sowie der Umfang des zu leistenden Ersatzes von den Umständen, insbesondere davon ab, inwieweit der Schaden vorwiegend von dem einen oder dem anderen Teil verursacht worden ist.

(2) Dies gilt auch dann, wenn sich das Verschulden des Beschädigten darauf beschränkt, dass er unterlassen hat, den Schuldner auf die Gefahr eines ungewöhnlich hohen Schadens aufmerksam zu machen, die der Schuldner weder kannte noch kennen musste, oder dass er unterlassen hat, den Schaden abzuwenden oder zu mindern. Die Vorschrift des § 278 findet entsprechende Anwendung.

§§ § 828 BGB
Minderjährige, Taubstumme

(1) Wer nicht das siebente Lebensjahr vollendet hat, ist für einen Schaden, den er einem anderen zufügt, nicht verantwortlich.

(2) Wer das siebente, aber nicht das achtzehnte Lebensjahr vollendet hat, ist für einen Schaden, den er einem anderen zufügt, nicht verantwortlich, wenn er bei Begehung der schädigenden Handlung nicht die zur Kenntnis der Verantwortlichkeit erforderliche Einsicht hat. Das Gleiche gilt für einen Taubstummen.

2.3.4 Strafgesetzbuch (StGB)

§§ § 170 d StGB
Verletzung der Fürsorge- oder Erziehungspflicht

Wer seine Fürsorge- oder Erziehungspflicht gegenüber einer Person unter sechzehn Jahren gröblich verletzt und dadurch den Schutzbefohlenen in die Gefahr bringt, in seiner körperlichen oder psychischen Entwicklung erheblich geschädigt zu werden, einen kriminellen Lebenswandel zu führen oder

der Prostitution nachzugehen, wird mit Freiheitsstrafe bis zu drei Jahren oder mit Geldstrafe bestraft.

§§ **§ 222 StGB**
Fahrlässige Tötung

Wer durch Fahrlässigkeit den Tod eines Menschen verursacht, wird mit Freiheitsstrafe bis zu fünf Jahren oder mit Geldstrafe bestraft.

§§ **§ 223 StGB**
Körperverletzung

Wer einen anderen körperlich misshandelt oder an der Gesundheit beschädigt, wird mit Freiheitsstrafe bis zu drei Jahren oder mit Geldstrafe bestraft.

§§ **§ 230 StGB**
Fahrlässige Körperverletzung

Wer durch Fahrlässigkeit die Körperverletzung eines anderen verursacht, wird mit Freiheitsstrafe bis zu drei Jahren oder mit Geldstrafe bestraft.

2.4 Kommentar

2.4.1 Begründung und Ziele

Der Erziehungsauftrag, den der Gruppen- bzw. Clubleiter oder andere Personen in der Jugendarbeit übernommen haben, umfasst auch die Aufsichtspflicht. Es handelt sich hier um eine Verpflichtung des Erziehers, da Minderjährige grundsätzlich nach dem Willen des Gesetzgebers aufsichtspflichtig sind. Ein Erzieher ist jedoch nicht fehlerlos. Erziehung bedeutet auch, Fehler begehen zu dürfen. Da Erziehungspflicht Aufsichtspflicht beinhaltet, unterlaufen dem Erzieher folglich auch Aufsichtspflichtverletzungen.

Der Pädagoge wird für einen durch Minderjährige angerichteten oder selbst erlittenen Schaden verantwortlich gemacht. Er *haftet* für den entstandenen Schaden. Dabei unterscheidet man zwischen *Drittschäden,* d.h. Schäden, die einem Dritten zugefügt wurden, und *Eigenschäden,* d.h. Schäden, die Minderjährige selbst erleiden. Des Weiteren unterscheidet man zwischen *grober* und *leichter Fahrlässigkeit.* Dieser Maßstab ist für die Bemessung des Schadensersatzes von entscheidender Bedeutung.[2]

Haftungsgrund ist die Verletzung der Aufsichtspflicht.[3] Ziel der Haftung ist es, den Minderjährigen generell zu schützen und bei entstandenem Scha-

---

2 Vgl. Seipp, P: Rechts-ABC für den Jugendgruppenleiter. Neuwied: Luchterhand Verlag 1984, S.56.
3 Vgl. Claussen, H; Vent, H.: Aufsichtspflicht und Aufsichtspflichtverletzung unter besonderer Berücksichtigung der Situation im Heim. Hannover: Wissenschaftliche

den, diesen Schaden entweder auszugleichen oder den ursprünglichen Zustand wieder herzustellen. Das Haftungsrecht ist auch aus der Sicht des Geschädigten zu sehen und zu begründen. Hat jemand einen Schaden erlitten, muss er wissen, wer für den Schaden aufkommt, welche Rechte er hat.

Halten wir fest

Für einen Schaden, der auf mangelnde Aufsicht zurückzuführen ist, haftet der Erzieher.

2.4.2 Haftung des Trägers nach § 278 BGB

In der Jugendarbeit handelt es sich um eine Aufsichtspflicht kraft Vertrages. Der Vertrag wird zwischen dem Träger und den Personensorgeberechtigten (Eltern, Vormund) geschlossen. Folglich haftet bei einem Schaden, der auf Grund der Verletzung dieses Vertrags entstanden ist, zunächst grundsätzlich der Träger.

Nach § 278 BGB haftet der Träger für jede Vertragsverletzung, die durch den Erzieher begangen wird, auch dann, wenn keine der in § 823 BGB genannten Folgen eingetreten sind. Die Rechtsgrundlage für die Ersatzansprüche ist im Aufsichtsvertrag selbst zu sehen. Die Juristen sprechen hier von positiver Vertragsverletzung. Die Regelung des § 278 BGB hat zur Folge, dass für diese Vertragsverletzung des Erziehers auch der Träger einzustehen hat.

Hierbei geht es um eine schärfere Haftung des Trägers, da eine Entlastungsmöglichkeit wie in § 831 BGB nicht besteht. Nach § 278 BGB kann kein Schmerzensgeld verlangt werden.

Halten wir fest

Für einen Schaden, der im Zusammenhang mit einer vertraglich geregelten Aufsichtspflicht entstanden ist, haftet nach § 278 BGB grundsätzlich der Träger.

2.4.3 Haftung des Trägers nach § 831 BGB

Liegt ein wie in § 823 BGB genannter Schaden vor (z.B. Eigentumsverletzung), richtet sich die Haftung des Trägers nach § 831 BGB. Juristisch spricht man vom „Geschäftsherrn", dem Träger, und vom „Verrichtungsgehilfen", dem Erzieher. Auch wenn der Geschäftsherr grundsätzlich für alle Schäden haftet, die infolge von Aufsichtspflichtverletzung der Verrichtungsgehilfen entstanden sind, kann er einen relativ leichten *Entlastungsbeweis* führen. Er muss nachweisen können, dass er

---

Informationsschriften der Arbeitsgemeinschaft der Erziehungshilfe (AFET) e.V. - Bundesvereinigung 1987, Heft 9, S 11.

- qualifiziertes Personal eingestellt hat,
- die Mitarbeiter zu Fortbildungen schickt,
- die Betreuer, falls notwendig, selbst beaufsichtigt,
- die Räume so einrichten ließ, dass kein Schaden entstehen kann,
- die Arbeit so organisiert und eingeteilt hat, dass die Mitarbeiter optimal eingesetzt und nicht überfordert sind.[4]

Der Träger kommt seiner allgemeinen Aufsichtspflicht auch dann nach, wenn er sich der ehrenamtlichen Hilfe von pädagogisch nicht voll ausgebildeten, aber verantwortungsbewussten und im Umgang mit Kindern erfahrenen Erwachsenen bedient (OLG Hamburg, VersR 73/828).

Träger sind auf die Mithilfe von ehrenamtlichen Mitarbeitern angewiesen. Es kann daher nicht von ihnen verlangt werden, voll ausgebildete Pädagogen einzusetzen.[5]

Der Unterschied zwischen beiden Paragraphen ist Folgender: Nach § 831 BGB kann sich der Träger recht leicht seiner Verpflichtung entziehen. Die notwendigen Entlastungsbeweise kann er in der Regel leicht erbringen. § 278 BGB fasst die Haftung des Trägers weit schärfer. Ihm wird zunächst das Verschulden angerechnet, unterstellt. Aus der Sicht des Mitarbeiters in der Jugendarbeit ist dieser Paragraph der wichtigere und interessantere.

Der Nachteil von § 278 BGB liegt jedoch darin, dass der Geschädigte kein Schmerzensgeld verlangen kann, da eine Vertragshaftung keine Rechtsgrundlage für Schmerzensgeld bietet, sondern nur eine deliktische Haftung (§ 831). Im konkreten Fall sind jedoch beide §§ sehr oft nebeneinander anwendbar, je nachdem, ob der Geschädigte Beweise eines Verschuldens anführen kann oder nicht.[6]

Der Träger hat jedoch seinerseits gegenüber dem Erzieher die Möglichkeit eines Regressanspruchs. Die Art des Regresses ist jedoch im Gesetz nicht geregelt. Es gibt aber Regeln, die den Regressanspruch des Trägers einschränken, z.B.

- wenn es sich um eine „schadensgeneigte" Tätigkeit handelt,
- wenn es sich bei einer Aufsichtspflichtverletzung um „leichte" Fahrlässigkeit handelt.

Es hängt jedoch stark vom „Betriebsklima" ab, ob der Träger Regress beansprucht oder nicht.[7]

---

4 Vgl. Jacobi, V.: Haftungs- und Versicherungsfragen in Einrichtungen der Wohlfahrtspflege. Freiburg: Lambertus Verlag 1984, S. 12f.
5 Vgl. Sahlinger: Aufsichtspflicht ..., a.a.O., S. 71.
6 Vgl. Schmitt-Wenkebach, R.: Das Haftungsrecht in der Jugendarbeit. Neuwied: Luchterhand Verlag 1978, S. 40 f.
7 Vgl. a.a.O., S. 48 f.

2.4.4 Gefahrengeneigte Tätigkeit

Was ist eine „gefahrengeneigte" Tätigkeit? Dieser Gedanke ist im Arbeitsrecht entwickelt worden: „Der Arbeitgeber soll dem Arbeitnehmer nicht eine Belastung mit solchen Schäden und Schadensersatzansprüchen zumuten dürfen, die dadurch entsehen, dass die Eigenart der vom Arbeitnehmer zu leistenden Arbeit eine besonders hohe Wahrscheinlichkeit mit sich bringt, dass dem Arbeitnehmer einmal ein Versehen unterläuft. Schäden, die der Arbeitnehmer in diesem Zusammenhang weder vorsätzlich noch grob fahrlässig verursacht, gehören zum Betriebsrisiko des Arbeitgebers mit der Folge, dass sie von ihm allein zu tragen sind.

Hinsichtlich der Frage, wann eine gefahrengeneigte Tätigkeit vorliegt, ist die Rechtsprechung von einer ursprünglich typisierenden Beurteilung zu einer situationsbezogenen Betrachtungsweise übergegangen."[8]

Nach der Rechtsprechung der Arbeitsgerichte wurden Situationen als „gefahrengeneigt" bezeichnet, wenn z.B. der Betreuer auf Grund der Größe seiner Gruppe unter Zeitdruck pädagogisch angemessene Entscheidungen treffen musste.[9] Sicher gehören auch viele Aktionen und Unternehmungen in der Jugendarbeit zur Kategorie gefahrengeneigter Tätigkeiten, z.B. Ferienlager, Bergtouren, Schwimmen, Geländespiele, Lagerfeuer etc. Vielfach ist die Zielgruppe, die von Gruppenleitern in der Jugendarbeit betreut wird, nicht unproblematisch, z.B. Kinder und Jugendliche mit Entwicklungsdefiziten, sozialen Störungen, aus sozialen Brennpunkten etc. Die Arbeit mit diesen Minderjährigen kann als gefahrengeneigte Tätigkeit bezeichnet werden[10].

Die mögliche Haftungsentlastung des Erziehers gilt nur für das „Innenverhältnis" zwischen Arbeitgeber und Arbeitnehmer und nicht für das „Außenverhältnis", d.h. gegenüber dem geschädigten Dritten. Der Geschädigte kann ohne weiteres den Erzieher verklagen. Den Prozess, die Prozesskosten, den Schadensersatz muss dann zunächst der Erzieher bezahlen. Intern kann der Erzieher die Freistellung von der Haftung verlangen und sich die aufgewandten Unkosten vom Träger erstatten lassen bzw. der ganze Fall wird von der Versicherung bearbeitet und abgewickelt.

---

8 Sahlinger: Aufsichtspflicht ..., a.a.O., S. 75.
9 Schmitt-Wenkebach : Das Haftungsrecht ..., a.a.O., S. 20.
10 Vgl. a.a.O., S. 20.

Auf Grund dieser für den Erzieher unter Umständen sehr unangenehmen Situation, die sowohl auf die Attraktivität des Berufes wie auch auf das pädagogische Engagement der Erzieher hemmend wirken kann, gehört es zur allgemeinen *Fürsorgepflicht* des Arbeitgebers, das berufliche Haftungsrisiko durch den Abschluss einer Versicherung abzusichern. Für die Träger von Jugendarbeit ist es inzwischen allgemein üblich, eine *Haftpflichtversicherung* wegen der Verletzung der Aufsichtspflicht für seine Mitarbeiter abzuschließen.

Halten wir fest

Handelt es sich um eine „gefahrengeneigte Tätigkeit", haftet bei leichter Fahrlässigkeit des Erziehers der Träger. Nicht alle Situationen in der Jugendarbeit sind „gefahrengeneigte Tätigkeiten". Eine Haftpflichtversicherung deckt das Haftungsrisiko ab.

2.4.5 Haftung des Erziehers nach § 823 BGB (Eigenschäden)

§ 823 BGB regelt alle Schäden, die der zu beaufsichtigende Minderjährige infolge unzureichender Aufsicht selbst erleidet (Eigenschäden). Im § 823 BGB wird von „vorsätzlich" und „fahrlässig" gesprochen. *Vorsätzlich* ist eine Schädigung, wenn der Erzieher

- vorausgesehen hat, dass sein Verhalten zu irgendwelchen Schäden führen würde,
- die Pflichtwidrigkeit seines Verhaltens gekannt hat,
- den Eintritt des Schadens will oder billigend in Kauf nimmt.[11]

Dieser Fall dürfte in der Jugendarbeit wohl kaum vorkommen. *Fahrlässig* handelt jemand, der die im Verkehr erforderliche Sorgfalt (versehentlich) außer Acht lässt. Man unterscheidet

- grobe Fahrlässigkeit: Der Erzieher verletzt seine Aufsichtspflicht in ungewöhnlich großem Maße.
- leichte Fahrlässigkeit: Der Erzieher unterlässt die gebotene Sorgfalt.

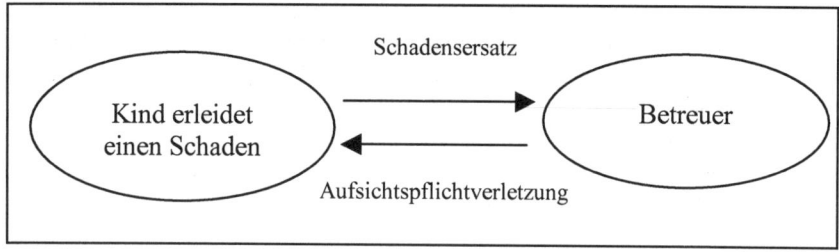

11 Vgl. a.a.O., S. 30.

Ein Schaden kann auch durch „Unterlassen" eintreten. Der Erzieher ist daher zum aktiven Handeln in Bezug auf seine Aufsichtspflicht gehalten. Juristen sprechen von „Garantenstellung" des Betreuers.

Im Unterschied zu § 832 BGB, bei dem die Vermutung zu Lasten des Erziehers geht und dieser den Entlastungsbeweis führen muss, gilt bei § 823 BGB, dass der Geschädigte nachweisen muss, dass der Erzieher fehlerhaft und vorwerfbar gehandelt hat. Dabei kommt dem Geschädigten allerdings die Regel des Beweises des ersten Anscheins (prima-facie-Beweis) zu Hilfe. Diese besagt: Ist ein aufsichtsbedürftiger Minderjähriger geschädigt worden, weist dies nach den „Erfahrungen des Lebens" darauf hin, dass dieser Schaden durch eine schuldhafte Verletzung der Aufsichtspflicht entstanden ist. Das Recht steht zunächst auf Seiten des Geschädigten.

Der Anscheinsbeweis gilt jedoch nur für *typische* Geschehensabläufe. Der Erzieher muss den Beweis des ersten Anscheins entkräften, indem er nachweist, dass der Verlauf des Geschehens atypisch war. Er muss Tatsachen vorbringen, die ihn entlasten.[12] „Vorsätzliche" und „fahrlässige" Verletzung der Aufsichtspflicht bezieht sich nicht nur auf § 823 BGB, sondern dieser Tatbestand wird bei jeder Art der Aufsichtspflichtverletzung erfragt.

Halten wir fest

Der Erzieher muss darlegen, dass er seinen Aufsichtsverpflichtungen nachgekommen ist. Er ist grundsätzlich beweispflichtig (prima-facie-Beweis).

2.4.6 Mitverschulden des Geschädigten nach §§ 254, 828 BGB

Man kann davon ausgehen, dass in vielen Haftungsfällen nicht nur der Aufsichtspflichtige allein verantwortlich ist, sondern dass auch eine Mitschuld des Minderjährigen in Betracht gezogen werden kann. Es ist auch die Frage nach dem Mitverschulden und Mitverursachen zu stellen. Es geht also darum, ob jemand für eine Handlung, die er unter Verstoß gegen die Rechtsordnung begeht (Delikt), selbst zur Verantwortung gezogen werden kann.

„Mitverschulden liegt dann vor, wenn der Geschädigte die Sorgfalt außer Acht gelassen hat, die nach Auffassung des Verkehrs ein ordentlicher und verständiger Mensch anwendet, um sich tunlichst vor Schaden zu bewahren."[13]

„Das Gesetz hält nicht alle Personen für in diesem Sinne verantwortlich, da nicht jede Person fähig ist, bei Begehung eines Deliktes zu erkennen, dass diese Handlung einen anderen schädigt und die Rechtsordnung das missbil-

---

12 Vgl. a.a.O., S.36; Schleicher, H.: Jugend- und Familienrecht. München: Bardtenschlager Verlag 1977, S. 74.
13 Sahlinger : Aufsichtspflicht ..., a.a.O., S. 80.

ligt. Fehlt der handelnden Person die hierzu *erforderliche Einsichtsfähigkeit,* so wird sie für ihr Handeln im konkreten Einzelfall für *nicht deliktfähig* gehalten."[14] Sonst wird die handelnde Person als deliktfähig betrachtet und haftet somit für den Schaden mit.

Das Gesetz (§ 828 BGB) unterscheidet bei der Deliktfähigkeit drei Personengruppen:

- *Deliktunfähige Personen:* Kinder, die noch nicht das 7. Lebensjahr vollendet haben.
- *Bedingt deliktfähige Personen:* Minderjährige zwischen 7 und 18 Jahren. Bei diesen Personen kommt es darauf an, ob sie nach ihrer individuellen Entwicklung das Unrecht ihrer Handlung einsehen und erkennen konnten. Dabei werden nicht nur die Gesamtentwicklung der Person, sondern auch die konkreten Umstände berücksichtigt, die zur Tat führten.
- *Deliktfähige Personen,* schuldhaftes Handeln: Im Deliktrecht wird grundsätzlich nur für Verschulden gehaftet. Schuldhaft handelt, wer vorsätzlich oder fahrlässig den Schaden verursacht hat.[15]

Schuld und Mitschuld werden nach den besonderen Umständen und dem Maß der Verursachung beurteilt. Richter bilden in der Regel Quoten, z.B. hat der geschädigte oder schädigende Minderjährige einen Mitverschuldensanteil von einem Drittel, der Erzieher und der Träger einen Schuldanteil von zwei Drittel zu zahlen. Es kommt aber auch vor, dass die Mitschuld so erheblich ist, dass der Geschädigte oder Schädigende den gesamten Schaden selbst tragen muss.

Halten wir fest

Bedingt deliktfähige Personen können schadensersatzpflichtig gemacht werden, wenn zwei Voraussetzungen erfüllt sind: 1. individuelle Verantwortlichkeit, 2. schuldhaftes Verhalten.[16]

2.4.7 Strafrechtliche Folgen nach § 170 d StGB

Delikte können *zivilrechtliche* und/oder *strafrechtliche* Folgen haben. So spricht man von zivilrechtlicher und strafrechtlicher Deliktfähigkeit.

Die Verletzung der Aufsichtspflicht kann auch strafrechtliche Konsequenzen haben, wenn z.B. ein mangelhaft beaufsichtigter Minderjähriger sich selbst schädigt oder Rechtsgüter anderer verletzt, die durch Strafandrohung geschützt sind. Man unterscheidet zwischen

- *bedingter Deliktfähigkeit* (Minderjährige zwischen 7 und 18 Jahren) und

---

14 Schleicher: Jugend- und Familienrecht. a.a.O., S. 39.
15 Vgl. a.a.O., S. 41f.
16 Vgl. a. a.O., S. 42f.

- *bedingter Strafmündigkeit* (Jugendliche zwischen 14 und 18 Jahren): „Sie sind strafrechtlich nur dann verantwortlich, wenn sie zur Tatzeit nach ihrer sittlichen und geistigen Entwicklung reif genug sind (ethische und verstandesmäßige Reife), das Unrecht der Tat einzusehen (Einsichtsreife) und nach dieser Einsicht zu handeln (Handlungs- und Steuerungsfähigkeit)."[17]

Kinder unter 14 Jahren sind also schuldunfähig. Was auch immer sie anstellen, sie können auf keinen Fall gerichtlich dafür zur Rechenschaft gezogen werden.

§ 170 d StGB bezieht sich auf Personen unter 16 Jahren und besagt, dass *der Erzieher gröblich* seine Aufsichtspflicht verletzt hat, wenn er deutlich von den Grundsätzen pädagogischen Verhaltens abgewichen ist und ein erhebliches Maß an Verantwortungslosigkeit erkennen ließ. Es muss also immer ein *Vorsatz* vorliegen. Rechtsprechung, Literatur und Praxis gehen jedoch davon aus, dass ein Vorsatz selten nachgewiesen werden kann. Der Erzieher muss also eine Bestrafung nach § 170 d StGB kaum befürchten.[18]

Das Schwergewicht der strafrechtlichen Haftung wegen Aufsichtspflichtverletzung liegt vielmehr bei den *Fahrlässigkeitsdelikten*. Unter einer fahrlässigen Straftat versteht man, wenn der Erzieher die Möglichkeit von Schäden zwar sieht, aber hofft, dass sie nicht eintreten mögen: „Es wird schon gut gehen." Die Begriffe „vorsätzlich" und „fahrlässig" werden im strafrechtlichen Zusammenhang enger gefasst als im zivilrechtlichen.

Für die Jugendarbeit kommen eigentlich nur die *fahrlässige Körperverletzung* (§ 230 StGB) und *fahrlässige Tötung (§* 222 StGB) in Betracht.[19] Zur Körperverletzung muss man erklären, dass nur Erziehungsberechtigte das Recht der körperlichen Züchtigung haben, nicht aber ein Jugendarbeiter oder in der Jugendarbeit Tätiger. Auch eine *Ohrfeige* erfüllt den Tatbestand einer Körperverletzung; sie ist dem Gruppenleiter nicht erlaubt.

Die Strafverfolgung wird nur auf Antrag eingeleitet, es sei denn, dass die Strafverfolgungsbehörde wegen des besonderen öffentlichen Interesses an der Strafverfolgung ein Einschreiten von Amts wegen für geboten erachtet.

Antragsberechtigt sind für Minderjährige die Personensorgeberechtigten oder der gesetzliche Vertreter.[20] Die Antragsfrist beträgt drei Monate.

---

17 a.a.O., S. 246.
18 Vgl. Schmitt-Wenkebach: Das Haftungsrecht ..., a.a.O., S. 64; Claussen; Vent: Aufsichtspflicht ..., a.a.O., S. 23.
19 Vgl. a.a.O., S.25; Sahlinger: Aufsichtspflicht ..., a.a.O., S. 87 f; Schmitt-Wenkebach: Das Haftungsrecht ..., a.a.O., S. 64 ff.
20 Vgl. Schleicher: Jugend- und Familieienrecht ..., a.a.O., S. 88 f.

2.4.8 Ärztlicher Heileingriff

Im Sinne der Rechtssprechung ist der ärztliche Heileingriff ohne Einwilligung der Eltern eine Körperverletzung.

„Ein Minderjähriger kann nur dann selbst wirksam einwilligen, wenn er fähig ist, die Bedeutung und Tragweite des Eingriffs und des Verzichts auf den Schutz des Rechtsgutes voll zu erfassen. Diese Fähigkeit richtet sich nach dem Einzelfall und hängt maßgeblich von der Schwere des Eingriffs bzw. dessen Folgen ab. Bei einem Kind (bis 14 Jahre) muss grundsätzlich davon ausgegangen werden, dass auch bei leichteren Heileingriffen der gesetzliche Vertreter einzuwilligen hat (Bayerisches Oberlandesgericht JR 61/73). In Ferienfreizeiten, Zeltlagern u.Ä. ist es daher erforderlich, dass eine schriftliche Einwilligung der Eltern des Kindes in notwendige ärztliche Eingriffe vorliegt."[21]

2.5 Wichtige Ergebnisse

Der Arbeitgeber (Träger) soll dem Mitarbeiter keine Tätigkeiten zumuten, bei denen aller Wahrscheinlichkeit nach Fehler unterlaufen werden. Schäden, die der Betreuer in diesem Zusammenhang weder vorsätzlich noch grob fahrlässig verursacht, gehören zum Betriebsrisiko des Arbeitgebers. Sie sind von ihm allein zu tragen. Dies gilt auch für ehrenamtlich tätige Mitarbeiter.

2.6 Überprüfen Sie Ihr Wissen

Frage: Erziehen ist doch immer mit einem gewissen Risiko verbunden. Ich habe 15 Mädchen in meiner Gruppe, da passiert immer etwas. Ich kann sie doch nicht alle ständig im Auge haben. Einige machen hinter meinem Rücken immer Unsinn. Muss ich meinen Kopf hinhalten für das, was meine Mädchen anstellen?

Antwort: *Mit 15 Mädchen hat eine Gruppenleiterin es schwer, will sie pädagogisch arbeiten und die Kinder ausreichend beaufsichtigen. Eine so große Gruppe sollten zwei Betreuerinnen leiten, dadurch vermindert sich das Risiko und die Möglichkeiten pädagogischen Arbeitens steigen. Gruppenleiter/innen zu finden ist jedoch nicht so einfach, deshalb entspricht die-*

---

21 Sahlinger: Aufsichtspflicht ..., a.a.O., S. 87 f.

se Situation oft der Realität. Geht die Gruppenleiterin das Risiko ein, eine so große Gruppe zu leiten, muss sie sich dessen bewusst sein, dass sie damit ein erhöhtes Risiko trägt. Sie muss die Mädchen nicht ständig im Auge haben. Aber sie muss sie so weit kennen, um zu wissen, auf wen sie besonders zu achten hat. Sie muss ein Gespür dafür haben, was hinter ihrem Rücken geschieht. Meistens kennt die Gruppenleiterin ihre „Pappenheimer" und ist in der Lage, die einzelnen Kinder richtig anzufassen. Erziehung ist immer eine Frage der Autorität. Ist die Gruppenleiterin für ihre Mädchen Autorität, ist das Risiko kleiner, dass diese hinter ihrem Rücken etwas anstellen.

Frage: Bei unserem letzten Fußballturnier haben sich einige Mannschaften in den Spielpausen auf die dem Fußballplatz angrenzende Wiese gesetzt, einige haben dort auch noch etwas trainiert. Jetzt bekamen wir vom Besitzer eine Anzeige, dass wir den Schaden an seiner Wiese ersetzen sollen, da er ein ganzes Stück davon nicht mehr mähen und dementsprechend weniger Heu ernten könne. Wir fragen uns, was haben wir mit dem Bauern und seiner Wiese zu tun? Wir haben bei dem Turnier auf unsere Kinder aufgepasst, dass sie sich nicht verletzen. Was sie darüber hinaus machen, geht uns doch nichts an.

Antwort: *Die Aufsichtspflicht erstreckt sich auf zwei Bereiche: Verhinderung von Drittschäden und Eigenschäden. Die Veranstalter des Fußballturniers haben nur darauf geachtet, dass die Teilnehmer selbst keinen Schaden erlitten. Dies ist jedoch nur ein Teil der Aufsichtspflicht. Sie hätten den Kindern das Betreten der Wiese verbieten und ihr Verbot überprüfen müssen. So aber haften die Veranstalter für den entstandenen Schaden.*

Frage: Ich bin Mitarbeiter in einem Team. Wir betreuen ein Bistro. Diese Arbeit macht uns Spaß; sie kostet aber auch ganz schön Zeit und Nerven. Wenn wir uns schon für die Jugendlichen und die Gemeinde engagieren, sehe ich eigentlich nicht ein, dass wir auch noch für Schäden haften sollen, die die Besucher des Bistros verursacht haben. Ich bin der Meinung, dass der Pfarrer, die Gemeinde oder der Jugendreferent oder wer auch immer haften muss, aber nicht wir vom Team.

Antwort: *Vertragspartner in Bezug auf die vertragliche Aufsichtspflicht sind der Träger (Gemeinde, Pfarrer, Verein, Einrichtung etc.) und die Personensorgeberechtigten (Eltern). Folglich haftet auch zuerst der Träger für einen Schaden. Der Träger kann sich allerdings je nach Situation an das Betreuungsteam wenden, wenn dieses z.B. grob fahrlässig mit der Aufsichtspflicht umgegangen ist. In der Regel wird der Träger das Engagement seiner ehrenamtlichen Mitarbeiter schützen und die Haftung für einen Schaden übernehmen.*

Frage: Wenn ich überlege, wie ich Clubleiter geworden und wie wenig ich für diese Tätigkeit ausgebildet worden bin, empfinde ich das eigentlich alles als sehr leichtsinnig. Wer haftet, wenn etwas passiert? Ich gehe nur nach dem „gesunden Menschenverstand" vor. Was Aufsicht und Haftung eigentlich bedeuten, davon habe ich wenig Ahnung.

Antwort: *Der Gesetzgeber spricht zwar allgemein davon, dass der Träger relativ leicht einen Entlastungsbeweis führen kann, für den Bereich der Jugendarbeit muss man dies allerdings in Frage stellen. Bei der Auswahl der Mitarbeiter in der Jugendarbeit wird oft sehr leichtsinnig und fahrlässig vorgegangen. Manche Träger werden gar nicht über den Wechsel oder den Einsatz eines neuen Mitarbeiters informiert. Das geschieht oft unter der Hand. In solchen Fällen haftet der Träger ganz allgemein. Gibt es nun in der Gemeinde ein Leitungsteam, das der Träger (z.b. der Pfarrer) eingesetzt bzw. akzeptiert hat, und vertraut er diesem Team die Leitung offiziell an, dann ist dieses Team für die qualifizierte Auswahl und die gehörige Schulung der Mitarbeiter verantwortlich. In diesem Fall haften die Teamer als Gesamtschuldner. Sie müssen den Entlastungsbeweis nun ihrerseits antreten, dass sie die Kriterien erfüllt haben. Als Regel gilt jedoch festzuhalten: Grundsätzlich haftet der Träger. Er sollte hinter seinen ehrenamtlich tätigen Mitarbeitern stehen und für einen eventuell entstandenen Schaden aufkommen. Meistens ist dies auch der Fall. Durch eine Haftpflichtversicherung kann der Träger das Risiko seiner Mitarbeiter zudem absichern.*

Wenn es hier darum geht, den pädagogischen Mitarbeitern ihre Verantwortung zu verdeutlichen, die sie im Zusammenhang mit der Erziehungs- und Aufsichtspflicht übernommen haben, dann muss jedoch auch mit vielleicht noch größerer Deutlichkeit dem Träger von Jugendarbeit gesagt werden, welche Sorgfalt er bei der Auswahl der Mitarbeiter zu erfüllen hat. Es ehrt z.B. manchen Pfarrer, wie selbständig er Jugendarbeit von Jugendlichen durchführen lässt. Er sollte sich jedoch seiner Fürsorgepflicht bewusst sein und die Mitarbeiter durch entsprechende Versicherungen absichern, damit ihnen aus ihrem Engagement kein Schaden entsteht. Hier habe ich den Eindruck, dass viele Träger ihre Fürsorgepflicht aus Unkenntnis teilweise grob fahrlässig vernachlässigen.

Frage: Steht das Gesetz nicht zu sehr auf Seiten des Trägers? Er kann sich leicht aus der Verantwortung stehlen. Verlangt das Gesetz vom ehrenamtlichen Mitarbeiter nicht zu viel? Verhindert es nicht letztendlich ehrenamtliche Tätigkeit?

Antwort: *Durch § 278 BGB wird der Träger streng in die Pflicht genommen. Er kann sich nicht entschuldigen. Es wird ihm deutlich gemacht, dass er der Vertragspartner ist und grundsätzlich haftet. Dies muss deutlich unterstrichen werden, wenn es sich um ehrenamtliche Mitarbeiter handelt. Hier hat der Träger eine große **Fürsorgepflicht**. Man kann davon ausgehen, dass der Träger diese Pflicht kennt. Jugendarbeit wird weitgehend von ehrenamtlichen Mitarbeitern getragen. Deshalb steht der Träger nach § 278 BGB noch weit mehr in der Pflicht. Da der Träger auf die Tätigkeiten* *der ehrenamtlichen Mitarbeiter angewiesen ist, wird er diese wohl nur in wenigen Ausnahmen regresspflichtig machen.*

Frage: Wenn ich in der Jugendarbeit eine Tanzveranstaltung anbiete, eine Radtour unternehme, schwimmen gehe, ein Ferienlager durchführe usw., riskiere ich doch jedes Mal recht viel. Es kann immer etwas schief gehen. Solche Angebote gehören aber zur Jugendarbeit. Kinder und Jugendliche sollen etwas erleben. Wenn ich jedoch an die Verantwortung denke, kann ich das am besten gleich sein lassen. Warum soll ich für die Kinder anderer Gefängnis riskieren?

Antwort: *Der Gesetzgeber spricht von „schadensgeneigten Tätigkeiten", für solche Tätigkeiten haftet der Träger. Viele Programmangebote in der Jugendarbeit wird man unter diese Kategorie der „schadensgeneigten" Tätigkeiten zählen müssen. Sie sind typische Angebote in der Jugendarbeit. Wenn der Träger sie zulässt und nicht eigens verbietet, haftet er auch für Schäden, die aus diesen Angeboten entstehen. Insofern riskiert der Betreuer nicht zu viel.*

Frage: Wir haben in unserer Gemeinde innerhalb der Jugendarbeit eine Judogruppe gegründet. Wir gehören keinem Sportverein an. Beim Training geht es ziemlich rau zu, d.h. Verletzungen sind nicht ausgeschlossen. Müssen die Teilnehmer Mitglied im Jugendverband sein, um versichert zu sein?

Antwort: *Zu dieser Frage wird in Kapitel 3 (Versicherungen) ausführlich Stellung bezogen. Bestimmte Sportarten gelten von Natur aus als gefährlich und müssen gesondert versichert werden. Hier genügt nicht der Rechtsgrundsatz einer „schadensgeneigten Tätigkeit", auch die Versicherung durch die Mitgliedschaft in einem Jugendverband deckt die hieraus entstandenen Schäden nicht.*

Frage: Im Sommer gehe ich gerne mit meiner Gruppe zum Sportplatz. Dort machen wir Ballspiele. In der letzten Gruppenstunde ist das große Fenster des Clubhauses versehentlich zertrümmert worden. Der Platzwart kam sofort auf mich zu und verlangte von mir, dass ich die Scheibe ersetze. Ich stritt lange mit ihm. Wieso soll ich den Schaden ersetzen? Ich habe den Ball doch gar nicht gespielt? Schließlich war ich Schiedsrichter.

Antwort: *Der Schaden ist nicht auf eine Aufsichtspflichtverletzung zurückzuführen, denn der Betreuer war bei seiner Gruppe und hat sogar sehr sorgfältig als Schiedsrichter aufgepasst. Der Schaden muss allerdings ersetzt werden. In diesem Fall haften die Jugendlichen selbst. Für den Schaden muss die Haftpflichtversicherung der Jugendlichen bzw. der Eltern aufkommen.*

Frage: Bei einer Bergwanderung haben einige aus der Gruppe eine Abkürzung gewählt und sind durch eine Bergwiese gegangen. Der Bauer hat das beobachtet und kam direkt zu mir und verlangte 100 € Schadensersatz. Ich habe ihn gefragt, warum er sich an mich wendet, ob er mich beim Überqueren seiner Wiese gesehen hätte? Doch das interessierte ihn nicht. Ich sei für die Gruppe verantwortlich, also müsse ich auch bezahlen. Stimmt das?

Antwort: *Der Bauer hat Recht. Er kann sich an den Leiter der Gruppe wenden, denn er ist für sie verantwortlich. Der Geschädigte kann es sich in der Tat sehr einfach machen, ohne nach den inneren Zusammenhängen zu fragen. Er hat einen Schaden, also wendet er sich an den Verantwortlichen. Ob der Betreuer die betreffenden Jugendlichen zum Schadensersatz heranholt, braucht ihn nicht zu kümmern.*

Frage: Bei uns im Club ist das Spielen mit Darts der große Renner. Mir ist allerdings nicht ganz wohl dabei, wie die Jungen mit den Pfeilen umgehen. Wenn jemand durch einen Pfeil verletzt wird, bin ich dann mitschuldig?

Antwort: *Mit Darts zu spielen ist gefährlich. Das weiß der Clubleiter.*

I. Variante: *Der Clubleiter hat das Spielen mit Darts im Club generell verboten. Während er im Keller Getränke holt, machen die Besucher ein „kleines Spielchen" mit Darts. Dabei wird ein Jugendlicher am Auge verletzt. In diesem Fall trifft den Clubleiter keine Schuld.*

2. Variante: *Obwohl der Clubleiter kein gutes Gefühl beim Spiel hat, lässt er es zu und macht sogar manchmal mit. Wenn ein Jugendlicher am Auge verletzt wird, handelt es sich um grobe Fahrlässigkeit, denn der Clubleiter hat die erforderlichen Sicherheitsvorkehrungen außer Acht gelassen oder hintangestellt. Da es sich um ein als gefährlich einzustufendes Sportgerät handelt, hätte er z.B. für dieses Spiel ganz strenge Regeln, Sicherheitsvorkehrungen etc. treffen und bei dem Spiel selbst die Aufsicht führen oder einen Schiedsrichter bestellen müssen.*

Frage: Im Sommer gehe ich mit meiner Gruppe gerne ins Schwimmbad. Die Kinder amüsieren sich im Wasser und ich kann mich schön bräunen. Ich muss doch nicht auch im Wasser sein und aufpassen? Im Übrigen kann ich nicht schwimmen.

Antwort: *Der Gruppenleiter darf sich nicht vom Geschehen zurückziehen und sich an einem ruhigen Platz sonnen. Er muss bei der Gruppe bleiben, auch wenn er selbst nicht schwimmen kann, und einen Schwimmer mitnehmen, der die Verantwortung übernimmt. Der Gruppenleiter kann sich von den Eltern eine schriftliche Bade- und Schwimmerlaubnis geben lassen. Diese Erlaubnis befreit jedoch keinesfalls von der Aufsichtspflicht, die generell weiter besteht. Sie erfordert in dieser konkreten Situation sogar erhöhte Aufmerksamkeit. Als Nichtschwimmer handelt er auf jeden Fall grob fahrlässig.*

Frage: Wir machen jedes Jahr ein Zeltlager mit Jugendlichen (14-17 Jahre). Da der Zeltplatz sehr einsam und abgelegen vom nächsten Ort liegt und wir nur ein Auto dabei haben, kommt es oft vor, dass die Jugendlichen abends ins Dorf trampen. Vorher machen wir allerdings aus, wo und wann wir uns im Dorf treffen. Die Leute kennen uns auch schon und nehmen uns gerne mit. Ist gegen Trampen etwas einzuwenden?

Antwort: *Trampen ist eine gefährliche Tätigkeit, die bei den meisten Trägern von der Haftung ausgeschlossen ist. Wer dies dennoch zulässt, handelt grob fahrlässig und haftet für den Schaden. Dabei ist zu beachten, dass bei grober Fahrlässigkeit auch die Haftpflichtversicherung nicht zahlt. Man sollte das Trampen in der Jugendarbeit generell verbieten. Wenn man es dennoch in Erwägung zieht, sollte man sich von den Eltern schriftlich die Einwilligung geben lassen. Wenn Eltern diese in Einzelfällen verweigern, darf der Betreuer diesen Jugendlichen das Trampen auf keinen Fall erlauben.*

Frage: Gruppenleiter Michael macht mit seiner Gruppe ein Lagerfeuer. Als das Feuer schon leicht heruntergebrannt ist, machen die Jungen Mutproben: Wer springt über das Feuer? Michael will nicht eingreifen, weil er der Meinung ist, die Kinder sollten das unter sich ausmachen; und etwas abenteuerlich sollte es auch zugehen. Beim Springen fängt der Anorak eines Kindes Feuer. Das Kind erleidet Brandverletzungen im Gesicht und an den Händen; die Haare sind erheblich verbrannt. Kann man Michael einen Vorwurf machen? Muss er Schadensersatz leisten?

Antwort: *Michael handelt grob fahrlässig. Er müsste eigentlich aus Erfahrung wissen, dass beim Springen über Feuer schnell etwas passieren kann. Vielfach sind Kleidungsstücke aus Kunststoff und daher leicht entflammbar. Michael muss für den Schaden, eventuell auch für den Krankenhausaufenthalt aufkommen.*

Frage: Am letzten Tag vor der Abreise aus dem Ferienlager wäscht Franziska mit den Mädchen ihrer Gruppe noch die ganze Wäsche. Sie wollen den Eltern eine Freude machen. Da die Wäsche jedoch nicht mehr ganz trocken wird, müssen die Mädchen sie noch etwas klamm einpacken. Zu Hause angekommen, hat sich ein Teil der Wäsche verfärbt. Wer kommt für den Schaden auf?

Antwort: *Franziska handelt leicht fahrlässig. Sie hätte sich eigentlich denken können, dass die Wäsche abfärbt. Für den Schaden haftet die Versicherung, soweit eine besteht.*

Frage: Wenn ich die Ausführungen über die Haftung lese, empfinde ich es als sehr ungerecht, dass immer der Gruppenleiter haften soll. Macht man es sich da nicht zu einfach?

Antwort: *Der Gesetzgeber geht grundsätzlich vom Schutz des Minderjährigen aus. Wenn ein Schaden eintritt, unterstellt der Gesetzgeber dem Gruppenleiter wiederum grundsätzlich, dass er einen Fehler begangen hat.*

Auf diese Rechtslage muss sich der Gruppenleiter einstellen. Im konkreten Fall muss er also nachweisen, dass er keine Schuld hat.

Frage: Was ist „grobe" und „leichte" Fahrlässigkeit?

Antwort: *Die Frage kann man nur an konkreten Einzelfällen beantworten.*

- **Grobe Fahrlässigkeit**: *Der Betreuer missachtet seine Verantwortung im großen Maße:*

- *Im Schwimmbad: Der Betreuer ist nicht bei seiner Gruppe, sondern sonnt sich abseits.*
- *Bei einer Bergtour: Der Betreuer geht zügig an der Spitze der Gruppe und kümmert sich nicht um die am Schluss Wandernden.*
- *Beim Spielen mit Feuer, gefährlichen Geräten, Waffen, Feuerwerkskörpern etc.: Der Betreuer ist nicht vorsichtig genug.*
- *Beim Spielen in gefährlichen Gegenden (Wald, Steinbruch, Berg, Wasser): Der Betreuer passt nicht besonders auf.*
- *Bei großen Gruppen: Der Betreuer führt mit zu großen Gruppen „gefahrengeneigte Tätigkeiten" durch.*

- **Leichte Fahrlässigkeit**: *Der Gruppenleiter ist nicht sorgfältig genug:*

- *Im Schwimmbad: Der Betreuer ist im Wasser und beobachtet die Gruppe. Er kann aber nicht im Schwimmer- und Nichtschwimmerbecken zugleich sein. Er hätte einen zweiten Gruppenleiter mitnehmen sollen.*
- *Bei einer Bergtour: Der Betreuer weist darauf hin, dass nur diejenigen mitgehen dürfen, die Bergschuhe tragen. Trotzdem lässt er einen Teilnehmer ohne Bergschuhe mitgehen. Er muss seine Anordnung und sein Verbot kontrollieren und konsequent sein.*
- *Beim Geländespiel: Der Gruppenleiter erklärt das Spiel und das Gelände, weist auf Gefahren hin und wie sich die Kinder verhalten sollen. Während des Spiels sitzt er an einem abgesprochenen Platz und nimmt die gefundenen „Schätze" in Empfang. Er muss beim Spiel herumgehen und beobachten, ob die Kinder seine Anordnungen einhalten; es sollten zwei Gruppenleiter dabei sein.*

Frage: Ich habe den Eindruck, wer in der Jugendarbeit tätig ist, steht mit einem Bein bereits im Gefängnis. Wie schnell kann etwas passieren. Wie ist der Gruppenleiter diesbezüglich abgesichert?

Antwort: *Der Gruppenleiter steht nicht so schnell mit einem Bein im Gefängnis. Diese Angst braucht er nicht zu haben. Die meisten seiner Tätigkeiten sind versichert. Nur wenn er grob fahrlässig handelt, kann er belangt werden, wenn nicht auch in diesem Fall der Träger sogar für ihn einspringt. Jugendarbeit ist vielfach eine „gefahrengeneigte Tätigkeit", für diese Situationen haftet der Träger bei leichter Fahrlässigkeit.*

Frage: Ich denke, der Träger haftet grundsätzlich. Wieso bekommt man dann oft gesagt, man selbst hafte für einen Schaden?

Antwort: *Der Geschädigte kann beliebig wählen, an wen er sich wegen Schadenersatz wendet, also auch an den Gruppenleiter. Deshalb muss man auch darauf hinweisen.*

Frage: Viele Tätigkeiten in der Jugendarbeit sind nicht ganz ungefährlich. Wenn der Träger sie duldet oder zumindest nichts dagegen einzuwenden hat, kann man dann davon ausgehen, dass er auch das erhöhte Risiko zu tragen bereit ist?

Antwort: *Ich glaube, viele Träger sind sich dieser Tatsache gar nicht so recht bewusst. Sie lassen vieles in der Jugendarbeit zu, ohne zu wissen, dass damit ein erhöhtes Risiko verbunden ist. Aber dies nicht zu wissen entschuldigt den Träger nicht. Als Dienstherr haftet er besonders für „gefahrengeneigte Tätigkeiten" in der Jugendarbeit. Für die Betreuer gilt: Wenn sie ein Programm anbieten, das nicht ungefährlich ist, sollten sich erstens immer mehrere Betreuer zusammentun, zweitens wird von ihnen erhöhte Aufmerksamkeit verlangt und drittens sollten sie sich von den Eltern die Erlaubnis für die Teilnahme schriftlich geben lassen.*

Frage: Ich arbeite mit Kindern aus einem so genannten „sozialen Brennpunkt". Die Arbeit ist nicht einfach. Ich bin nie ganz sicher, ob die Kinder nicht hinter meinem Rücken etwas anstellen, was ich ihnen verboten habe. Da ich nicht an allen Orten gleichzeitig sein kann, passiert logischerweise manchmal auch etwas. Steht für diese Schäden mein Träger ein? Kann ich mich auf ihn verlassen? Oder bin ich auf sein Wohlwollen angewiesen?

Antwort: *Wenn der Träger ehrenamtliche oder Honorarmitarbeiter für diese Arbeit engagiert, muss er um die Problematik der Arbeit wissen und sie entsprechend absichern. In der Regel kann man davon ausgehen, dass dem Mitarbeiter keine Nachteile aus seiner Tätigkeit entstehen.*

Frage: Unser letztes Ferienlager haben wir mit Kindern auf einem Bauernhof verbracht. Die Attraktion, deretwegen wir dieses Haus gemietet hatten, war, dass die Kinder dort reiten durften. Ein Kind wurde von einem Pferd so stark getreten, dass es ins Krankenhaus gebracht werden musste. Die Eltern verklagten das Team auf Schadensersatz (Krankenhauskosten, Rückzahlung des Ferienlagerbetrages). Waren wir da nicht die falsche Adresse? Hätten sich die Eltern nicht an den Träger wenden müssen, denn dieser hat schließlich das Lager mit dem Ponyreiten erlaubt?

Antwort: *Die Eltern hätten sich auch an den Träger wenden können. Vielfach ist es jedoch so, dass sie sich eher an den unmittelbaren Partner wenden. Der Träger ist für sie oft eine anonyme Einrichtung. Die Betreuer haben zwar die Möglichkeit, die Eltern auf den Träger zu verweisen, letztlich bleibt es den Eltern jedoch offen, wen sie zum Schadensersatz heranziehen.*

Frage: Bin ich als Gruppenleiter immer und für alle Situationen versichert? Was geschieht, wenn der Träger es vergessen hat, mich zu versichern?

Antwort: *Der Träger hat die Fürsorgepflicht und muss jeden Mitarbeiter versichern. Hat er dieses vergessen, haftet dessen persönliche oder berufliche Versicherung. Insofern kann man sagen: Jeder Mitarbeiter in der Jugendarbeit ist versichert.*

Frage: Können Kinder eigentlich auch zum Schadensersatz herangezogen werden?

Antwort: *Kinder ab vollendetem 7. Lebensjahr sind grundsätzlich bedingt deliktfähig. Wenn sie die zur Tat notwendige Einsicht haben, haften sie als Mitschuldner. Das kann für Kinder unter Umständen schlimme Folgen haben.*

Frage: Jugendliche dürften wohl alt genug sein, um für den Schaden selbst zu haften, den sie angerichtet haben?

Antwort: *Es hängt nicht vom Alter ab, sondern von der notwendigen Einsicht in eine Situation. Wenn dies im konkreten Fall von Jugendlichen angenommen werden kann, haften sie als Mitschuldner.*

Frage: Wenn der Gruppenleiter für einen Schaden haftet, kann er nicht auch die Verursacher, d.h. Kinder oder Jugendliche zur Mitverantwortung heranziehen?

Antwort: *Im konkreten Einzelfall wird der Richter prüfen, wieweit ein Mitverschulden vorliegt, und den zu leistenden Ersatz auf den betreffenden Jugendlichen bzw. das Kind, den Betreuer und/oder Träger verteilen.*

Frage: Im Sommer gehe ich mit meiner Gruppe (9-10 Jahre) gerne in den Park und mache dort Spiele. Bei einer solchen Gruppenstunde ist bei einem Fangspiel Folgendes passiert: Wer gefangen wurde, musste ausscheiden. Ein Durchgang dauerte besonders lange. Die ausgeschiedenen Kinder langweilten sich. Sie erfanden ein neues Spiel: mit Steinen in einen öffentlich angebrachten Abfallkorb zu zielen. Da ich mit der Fanggruppe sehr beschäftigt war, habe ich erst am Schluss bemerkt, was die Restgruppe angerichtet hatte: Der Abfallkorb war total zerbeult. Müssen die Kinder für den Schaden aufkommen, wenn uns jemand anzeigt?

Antwort: *Der Gruppenleiter hat seine Aufsichtspflicht verletzt. Er muss beide Gruppen im Auge behalten. Kann er das nicht, muss er der wartenden Gruppe klare Anweisungen geben, wie sie sich verhalten soll. Die Kinder wiederum zeigen keine besonderen Verhaltensauffälligkeiten, sie haben auch keine Entwicklungsdefizite, sondern sind ganz normal entwickelte Kinder. Sie konnten erkennen, dass ihr Spiel nicht erlaubt ist und sie für den angerichteten Schaden einstehen müssen. In diesem Fall wird der*

Schadensersatz auf beide Teile, den Gruppenleiter und die Teilgruppe, an-
teilsmäßig aufgeteilt.

Frage: Wir lassen uns jedes Mal bei unseren Ferienlagermaßnahmen von den Eltern unterschreiben, dass wir für Trampen, eigene Ausflüge und freien Spaziergang in der Stadt keinerlei Aufsicht und auch entsprechend keine Haftung übernehmen. Das ist doch rechtlich in Ordnung?

Antwort: *Das Vorgehen ist juristisch in Ordnung. Man kann Unternehmungen von der Aufsicht und Haftung herausnehmen. Wenn es einige Eltern jedoch nicht erlauben, müssen die Betreuer die Kinder bzw. Jugendlichen beaufsichtigen.*

Frage: Im letzten Ferienlager haben wir erlebt, dass Eltern ihrem Kind erlaubt haben, allein in die Stadt zu gehen. Das Team hatte jedoch den Eindruck, dass das Kind völlig überfordert war. Es fand sich in der Stadt gar nicht zurecht, verlief sich und war sehr verängstigt. Hätten wir dieses Kind trotzdem beaufsichtigen müssen, obwohl wir von den Eltern die schriftliche Erlaubnis hatten, das Kind allein gehen zu lassen?

Antwort: *Die Eltern haben das Kind offensichtlich überschätzt. Sie haben das Verhalten ihres Kindes in einer fremden Umgebung nicht richtig eingeschätzt. Wenn die Betreuer hier eine bessere Einsicht haben, müssen sie das tun, was für das Kind am besten ist und Schaden von ihm fern hält. Sie müssen trotz schriftlicher Erlaubnis das Kind beaufsichtigen. Sie können die Eltern über das Verhalten ihres Kindes informieren und werden von ihnen vermutlich hören, dass sie ihre Einverständniserklärung unter diesen Umständen zurückziehen, d.h. nicht in jedem Fall befreit eine Erklärung der Eltern die Betreuer von der Aufsichtspflicht.*

Frage: Florian und Lutz machen mit Jugendlichen (15 Jugendliche im Alter von 16-18 Jahren) eine Abenteuerfreizeit. Zu ihrem Programm gehört u.a., einen reißenden Fluss zu überqueren, eine Felswand zu erklettern sowie eine Sternwanderung. Die Jungen sind sehr unternehmungslustig und mutig. Bei der Klettertour hat sich die Gruppe verstiegen; sie fand den gekennzeichneten Weg nicht mehr. Florian und Lutz entschieden, auf eigene Faust einen Abstieg zu wagen. Das fanden alle sehr spannend. Obwohl es äußerst gefährlich war, sagten sich Florian und Lutz: „Es wird schon (schief) gut gehen. Das werden wir schon schaffen." Bei dieser Tour verletzten sich zwei 17-jährige Jugendliche so schwer, dass sie mit dem Rettungshubschrauber aus der Wand geholt werden mussten. Wer bezahlt den Einsatz des Hubschraubers und die Bergungskosten?

Antwort: *Der Fall einer gröblichen oder vorsätzlichen Aufsichtspflichtverletzung ist hier nicht gegeben. Denn die beiden Betreuer haben nicht vorsätzlich den Schaden herbeigeführt. Eine grob fahrlässige Körperverletzung haben die beiden Betreuer jedoch zu verantworten. Sie haben um die Gefährlichkeit des Abstiegs gewusst und ihre Gruppe in eine Situation ge-*

bracht, die sie alle nicht mehr beherrschen konnten. Für den Schaden müssen die beiden Betreuer aufkommen. Wären die beiden Jugendlichen jedoch unter 16 Jahren gewesen, wäre es eine gröbliche Aufsichtspflichtverletzung. Das Argument, dass es sich hier um eine „gefahrengeneigte Tätigkeit" handelt, kann keine Anwendung finden, denn die beiden Betreuer haben alle Sicherheitsvorkehrungen und Überlegungen außer Acht gelassen. Sie sind ein erhöhtes Risiko eingegangen, das nicht zu ihrem Programm gehörte.

Frage: Es gibt in der Gruppenstunde Situationen, da kommt man in Versuchung, einem Kind eine Ohrfeige zu geben. Wie ist da die rechtliche Situation? Darf ich ein Kind „schlagen"?

Antwort*: Jede körperliche Züchtigung, zu der auch eine Ohrfeige gehört, ist dem Erzieher in der Jugendarbeit grundsätzlich verboten.*

Frage: Stimmt der Satz: Wo kein Kläger, da kein Richter? Wenn man nicht angezeigt wird, kann einem dann auch nichts passieren?

Antwort*: Der Satz stimmt. Wenn die Eltern keine Strafverfolgung beantragen, ist der Gruppenleiter noch einmal davongekommen. Es sei denn, der Fall wäre so brisant, dass die Staatsanwaltschaft Anklage erhebt. Dies dürfte allerdings wohl nur in ganz wenigen Fällen geschehen.*

Frage: Worin besteht der Unterschied zwischen einer zivilrechtlichen und einer strafrechtlichen Verfolgung wegen Aufsichtspflichtverletzung?

Antwort*: Der Unterschied zwischen zivilrechtlicher und strafrechtlicher Verfolgung bei einer Aufsichtspflichtverletzung:*

Die zivilrechtliche Haftung regelt, wie der Geschädigt den ihm entstandenen Schaden wieder ersetzt bekommt und an wen er sich halten kann.

Strafrechtlich kann jemand nur dann zur Verantwortung gezogen werden, wenn er einen genau bestimmten Straftatbestand erfüllt hat. Dabei geht es darum, den Täter persönlich zur Verantwortung zu ziehen.

Frage*:* Tobias spielt mit seiner Gruppe „Der Kaiser schickt Soldaten aus". Jeweils ein Soldat muss gegen die Reihe der Gegengruppe laufen und versuchen, die gebildete Kette zu durchbrechen. Stefan bleibt bei einem solchen Versuch hängen. Der Aufprall ist so gewaltig, dass ihm dabei die beiden Schneidezähne ausgeschlagen werden. Können die Eltern vom Gruppenleiter Schadensersatz verlangen?

Antwort: *Tobias weiß, dass dieses Spiel nicht ungefährlich ist und dass sich schon öfter ein Kind verletzt hat. Er hatte gehofft, dass nichts passieren würde. Er hat die Kinder auf die Gefahren hingewiesen und sie angehalten, nicht zu hart mit den Soldaten umzugehen. Zudem hat er als Schiedsrichter aufgepasst. Es handelt sich um eine Körperverletzung auf Grund leicht fahrlässiger Verletzung der Aufsichtspflicht. Für den Schaden haftet zu-*

nächst der Träger, es sei denn, die Eltern hätten Tobias persönlich zum Schadensersatz herangezogen. In diesem Fall muss er den Schaden ersetzen und sich den Betrag vom Träger bzw. seiner Versicherung zurückerstatten lassen oder die Versicherung begleicht den Schaden.

Frage: Petra geht mit ihrer Gruppe zum Rodeln. Den Mädchen macht es großen Spaß, alle Schlitten aneinander zu binden und gemeinsam den Berg hinabzufahren. Bei einer solchen Fahrt kippt der erste Schlitten um, alle anderen prallen mit den Gestürzten zusammen, einige überfahren sie sogar. Es gibt eine Reihe Verletzter: Arm- und Beinbruch, Kopfverletzungen, Verstauchungen. Haftet Petra für den Schaden?

Antwort: *Die Körperverletzung der Mädchen kann man Petra anlasten. Sie hätte solch ein gefährliches Unternehmen nicht erlauben dürfen. Es handelt sich um eine leicht fahrlässige Handlung, denn Petra hat ihre Aufsichtspflicht besonders ernst genommen und ist mit den Kindern gefahren, um sie so vor Schaden zu schützen. Dennoch haftet sie bzw. der Träger, je nachdem wer verklagt wird, für den Schaden.*

Frage: Dominik geht mit seiner Gruppe ins Schwimmbad. Dort trifft er zwei Klassenkameraden, die ihn zum Skatspielen einladen. Dem kann Dominik nicht widerstehen. Die drei Spieler ziehen sich in ein ruhiges Eckchen zurück. Zwischendurch wirft Dominik von weitem einen Blick ins Schwimmbecken, wobei ihm nichts Ungewöhnliches auffällt. Umso überraschter ist er, als einige Gruppenmitglieder hilferufend gelaufen kommen. Ein Kind hat vom Beckenrand einen Kopfsprung gemacht und ist mit dem Kopf auf dem Beckenboden aufgeschlagen. Muss Dominik für diesen dummen und schließlich auch verbotenen Kopfsprung haften?

Antwort: *Dominik hat seine Aufsichtspflicht grob fahrlässig verletzt. Er muss für den Schaden aufkommen.*

1. Variante: Dominik hat den Kindern eingeschärft, vom Beckenrand keinen Kopfsprung zu machen; er hat sie gewarnt und auch überprüft, ob alle seine Anweisungen verstanden wurden, er hätte die Kinder trotzdem nicht allein lassen dürfen. Bei einer solchen „gefahrengeneigten" Tätigkeit wird von ihm erhöhte Aufmerksamkeit verlangt. Er muss sich im Schwimmbecken oder am Beckenrand oder in unmittelbarer Nähe aufhalten.

2. Variante: Wenn Dominik ein Gruppenmitglied zur Aufsicht bestimmt hat, muss er sich dennoch fragen, ob er das Kind mit der Aufsicht nicht überfordert hat. Er haftet auf jeden Fall auch neben dem Kind als Gesamtschuldner.

3. Variante: Dominik ist davon ausgegangen, die Kinder wüssten, wie sie sich im Schwimmbad zu verhalten haben. Sie gehen ja auch privat dorthin, also braucht er sich keine Sorgen zu machen. Das Skatspielen ist für ihn ein guter Zeitvertreib. Diese Einstellung ist unangebracht und lässt wenig pädagogische Verantwortung erkennen. Er handelt grob fahrlässig.

Frage: Teilnehmer eines Ferienlagers machen eine Wanderung zu einem 6 km entfernten Baggersee. Einigen Teilnehmern wird das Wandern in der heißen Sonne zu mühselig. Sie versuchen immer wieder, vorbeifahrende Autos anzuhalten. Als endlich eines hält, steigen drei Kinder ein und fahren schadenfroh winkend an den schwitzenden Kindern und Betreuern vorbei. Dürfen Betreuer das Trampen erlauben? Wer haftet, wenn etwas passiert?

Antwort: *Betreuer sollten Trampen grundsätzlich verbieten, da es viel zu gefährlich ist. Die Betreuer tragen bei einem Schaden die Beweislast, dass sie die Aufsichtspflicht nicht verletzt haben. Dies dürfte ihnen beim Trampen nicht gelingen, denn sie können die trampenden Kinder ja gar nicht beaufsichtigen. Also haften sie, weil sie ihre Aufsichtspflicht grob fahrlässig vernachlässigt haben. Hätten alle Eltern eine schriftliche Erklärung abgegeben, dass ihre Kinder trampen dürfen und die Betreuer für eventuelle Schäden nicht haften, wird diese Tätigkeit aus dem Vertrag ausgeklammert, und die Eltern haften für Schäden ihrer Kinder. Liegt eine solche Einwilligung der Eltern nicht vor, müssen die Betreuer das Trampen nicht nur verbieten, sondern auch dafür sorgen, dass das Verbot eingehalten wird. Sie hätten sich z.B. so unter die Kinder verteilen müssen, dass sie jedes Anzeichen von Trampen hätten erkennen und entsprechend unterbinden können.*

Frage: Nicht selten fallen in der Jugendarbeit Gruppenstunden aus, weil die Betreuer aus irgendwelchen Gründen verhindert sind. Die Kinder sind in vielen Fällen nicht informiert, warten auf den Gruppenleiter und gehen nach einer gewissen Wartezeit nach Hause. Dem Gruppenleiter Marc ist Folgendes geschehen: Es war ein sehr schöner Sommertag, zu schön, um im Haus zu bleiben. Er geht um 14 Uhr ins Freibad, nimmt sich jedoch vor, sich nur kurz abzukühlen, denn um 16 Uhr hat er Gruppenstunde. Während er seine Bahnen im Schwimmbad zieht, vergisst er völlig die Gruppenstunde. Um 16.30 Uhr fällt es ihm ein. Er denkt, die Kinder werden bestimmt nach Hause gegangen sein. Er weiß nicht, dass die Kinder gewartet haben. Als es ihnen zu lange dauerte und langweilig wurde, spielten sie vor dem Gruppenheim auf dem Gehweg Fangen. Dabei ist ein Kind, als es dem Jäger ausweichen wollte, auf die Straße und in ein Auto gelaufen. Mit schweren inneren Verletzungen wurde es ins Krankenhaus gebracht. Die Eltern erstatteten gegen den Gruppenleiter Anzeige. Muss Marc für den Schaden aufkommen?

Antwort: *Dieses Beispiel soll alle Gruppenleiter warnen und abschrecken. Wer die Leitung einer Gruppe übernommen hat, darf die Gruppenstunde nie ausfallen lassen, ohne die Gruppenmitglieder vorher davon zu unterrichten. Entweder er ruft sie alle an oder er sagt nur einem Bescheid (der verlässlich ist), der die anderen zu informieren beauftragt wird. Auf keinen Fall darf so eine Situation eintreten, wie sie hier geschildert wurde. In diesem Fall gibt es keinerlei Argumente für Marc. Er haftet, weil er grob fahrlässig gehandelt hat. Wenn es schlimm kommt, muss er unter Umständen* *dem verletzten Kind eine Lebensrente zahlen. Die Eltern des verletzten Kindes können sich an den Autofahrer und dieser kann sich an den Gruppenleiter wenden. Ob in diesem Fall der Träger für ihn einspringt, ist zu bezweifeln. Die Versicherung haftet bei grober Fahrlässigkeit gleichfalls nicht. Der Schwimmbadausflug kommt Marc sehr teuer zu stehen. Deshalb hier noch einmal die Warnung: Nie eine Gruppenstunde ausfallen lassen, ohne die Mitglieder vorher in irgendeiner Form zu informieren. Anders läge der Fall, wenn Marc durch so genannte „Organisationsschwächen" zu spät zur Gruppenstunde käme. Schwächen, die er erklären und begründen kann, z.B. dass er mit dem Auto im Stau stecken geblieben oder aufgehalten worden ist. In einem solchen Fall handelt er nicht schuldhaft.*

Frage: Gabi feiert mit ihrer Gruppe (8-10jährige Mädchen) eine Geburtstagsfete. Sie hat für die Kinder ein tolles Spielprogramm vorbereitet. Während sie das Aufsteh-Singspiel „Liebe Laurentia" vorbereitet, spielen die Mädchen noch mit den Tennisbällen, die beim vorherigen Spiel gebraucht wurden. Gabi bittet sie, die Bälle wegzulegen und sich um sie zu versammeln. Die Mädchen hören jedoch nicht auf sie und spielen mit den Bällen weiter. Dabei trifft ein Mädchen ein Glas, das zersplittert. Die herumfliegenden Scherben verletzen ein Mädchen am rechten Auge. Durch diese Verletzung verliert das Kind 70 Prozent seiner Sehkraft. Die Eltern verklagen Gabi auf Schmerzensgeld. Ist Gabi an diesem Vorfall Schuld?

Antwort: *In einem ähnlichen Fall[22] hat das Oberlandesgericht Celle den betreffenden Betreuer zu 6000 Mark Schmerzensgeld verurteilt. Die Begründung lautet: Der Betreuer hätte den Kindern die Bälle sofort abnehmen müssen, als er sah oder sehen hätte müssen, dass die Kinder seiner Aufforderung, sich zum Laurentia-Spiel um ihn zu versammeln, nicht gleich folgten. Auch die Gefahr durch noch nicht abgeräumte Gläser hätte Gabi erkennen müssen. Die Entschuldigung des Betreuers, er habe von dieser Rechtslage nichts gewusst, wurde zurückgewiesen, denn auf angebliche Rechtsunkenntnis kann man sich nicht berufen. Gabi haftet also für den Unfall.*

---

22 Es handelt sich um einen Schüler einer Berufsfachschule, der sein Praktikum in einem Haushalt machte und dort eine Kindergeburtstagsparty zu betreuen hatte (Oberlandesgericht Celle. AZ 9 U 3686).

3. Versicherungen

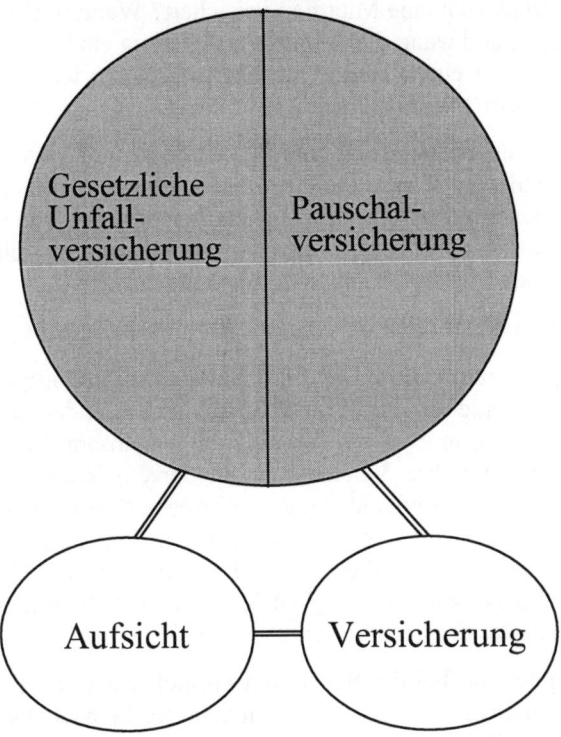

3.1 Man muss gut informiert sein

In den beiden vorausgegangenen Kapiteln wurde bereits auf den Versicherungsschutz hingewiesen, der Personen- und Sachschäden reguliert bzw. übernimmt. Man sollte nun eigentlich davon ausgehen können, dass alle Mitarbeiter, ihre Aktivitäten in der Jugendarbeit sowie alle Teilnehmer und Besucher versichert sind. Dies gilt jedoch nur in eingeschränktem Maße. Als ich mich mit Versicherungsfragen in der Jugendarbeit befasste und Sachbearbeiter von Versicherungen interviewte, entstand ein sehr verworrenes Bild. Wer und was ist wie versichert? Die Antworten fielen sehr unterschiedlich aus. Ich stellte z.B. folgende Fragen:

- Wenn ich durch den Verband/Verein versichert bin, warum soll ich noch eine Zusatzversicherung abschließen?

- Deckt die Pauschalversicherung alle Aktivitäten ab? Welche sind versichert, welche nicht? Woher weiß ich das, was versichert ist?
- Müssen einzelne Veranstaltungen gesondert versichert werden?
- Wird jeder Gruppenleiter bzw. Mitarbeiter in der Jugendarbeit über seinen Versicherungsschutz informiert?
- Wissen die Hauptamtlichen über den Versicherungsschutz Bescheid ?
- Wie ist freie, spontane Mitarbeit versichert? Wann tritt die Versicherung des Trägers und wann die private Versicherung ein?
- Wenn ich über einen Träger versichert bin, muss ich mich dennoch privat versichern ? Warum ? u.v.a.

Zu meinen Fragen erhielt ich sehr viel Material und viele Unterlagen von den verschiedenen Versicherungen und Verbänden. Manche Unterlagen vermitteln den Eindruck, in der Jugendarbeit sei alles versichert. Bei konkretem Nachfragen, ob auch diese oder jene Aktivität versichert sei, wurden vielfach jedoch Einschränkungen vorgenommen.

Mein Rat:

Die Mitarbeiter einer Einrichtung, das Leitungsteam einer Gemeinde, Gruppenleiter eines Jugendverbandes u.a. in der Jugendarbeit Tätige setzen sich zusammen und formulieren gemeinsam für ihren Arbeitsbereich Fragen über ihre Versicherung in der Jugendarbeit. Diese Fragen schicken sie an den Verband, Träger, Pfarrer oder andere zuständige Organisationen mit der Bitte um präzise Klärung. Sind bestimmte Tätigkeiten nicht versichert, bitten sie den Träger, diese zu versichern; falls er dies nicht verspricht, können sie die Tätigkeit bzw. Veranstaltung nicht mehr durchführen; dies wäre für sie zu riskant.

Dieses Kapitel soll bei der Suche und Formulierung von Fragen behilflich sein. Denn erst wenn ich Kenntnis von einer Sache habe, kann ich auch gezielt Fragen stellen.

Vielleicht hatte der Leser bei den ersten beiden Kapiteln den Eindruck, ein Engagement in der Jugendarbeit sei viel zu gefährlich und risikoreich. Warum sollte man sich das antun? Dieses Kapitel möchte Mut machen und aufzeigen, dass der Verantwortliche in fast allen Fällen versichert ist und ihm eigentlich nichts passieren kann. Nur muss er um diese Dinge wissen und informiert sein.

Das folgende Kapitel weicht in einem Punkt von dem bisher verfolgten Schema ab, indem keine Gesetzestexte z.B. der gesetzlichen Unfallversicherung (Reichsversicherungsordnung: RVO §§ 537 ff.) und des Versicherungsvertragsrechtes (VVG) vorangestellt werden. Es geht hier nicht um Versicherungsrechtsfragen, sondern um Fragen des Versicherungsschutzes.

 **Literatur**

ECCLESIA Versicherungsdienst GmbH (Hrsg.): Sonderinformationsdienst 6 Postfach 1661, 32754 Detmold.

Jugendhaus Düsseldorf e. V : (Hrsg.): Versicherungen. Carl-Mosterts-Platz 1, 40477 Düsseldorf

Jugendversicherungsmodell des Landesjugendringes Niedersachsen e.V., Versicherungsmaklerfirma: Bernhard-Assekuranz, Versicherungsmakler GmbH, Postfach 1126, 84574 Taufkirchen.

Bundesverband der Unfallversicherungsträger der öffentlichen Hand e.V. - BAGUV -, Fockensteinstr. 1, 81539 München.

3.2 Wie würden Sie entscheiden?

Wir haben in unserer Stadt ein Jugendhaus. Der Jugendarbeiter des Hauses lässt uns viel Freiheit, wir dürfen z.B. die Räume so einrichten, wie wir es wollen. Zurzeit bauen wir einen Raum zur Diskothek um. Unsere Clique arbeitet täglich mehrere Stunden in der Disko. Manchmal frage ich mich allerdings, wie das ist, wenn einem von uns bei der Arbeit etwas passiert, wenn er sich z.B. mit der Kreissäge an der Hand verletzt oder Ähnliches? Wir sind ja keine Honorarkräfte oder andere offizielle Mitarbeiter. Wir machen die Arbeit ohne Entgelt, einfach weil es uns Spaß macht. Sind wir während der Arbeit versichert?

Vorläufige Antwort
Die Clique ist im Normalfall durch die gesetzliche Unfallversicherung geschützt. Sie führt eine Arbeit aus, die vom Jugendarbeiter angeordnet, geplant und/oder geduldet wird. Entsprechend handelt es sich um eine ernstliche, dem Unternehmen dienende Tätigkeit. Falls ein Unfall passiert, tritt die gesetzliche Unfallversicherung ein. Sie zahlt allerdings kein Schmerzensgeld. Es kommt darauf an, welche weiteren Versicherungen das Jugendhaus abgeschlossen hat. Besteht auch eine Unfall- und Haftpflichtversicherung für Besucher und Teilnehmer des Hauses, können zusätzlich die Leistungen der Unfallversicherung in Anspruch genommen werden. Es würde dann z.B. Schmerzensgeld gezahlt werden.

3.3 Kommentar

3.3.1 Gesetzliche Unfallversicherung

Die gesetzliche Unfallversicherung wurde ursprünglich zur Ablösung der Unternehmer-Haftpflicht geschaffen. Sie befreit den Unternehmer von Ansprüchen seiner Beschäftigten wegen *Personenschadens* bei schuldhaft verursachten Arbeitsunfällen und gibt dem Beschäftigten unmittelbaren Anspruch gegen die Berufsgenossenschaft. Dieser Anspruch ist unabhängig davon, wer den Unfall verschuldet hat. Bei der gesetzlichen Unfallversicherung handelt es sich um einen Teil der Sozialversicherung, die aus der gesetzlichen Krankenversicherung, der gesetzlichen Unfallversicherung, der gesetzlichen Rentenversicherung und der Pflegeversicherung besteht.

Mitglied der gesetzlichen Unfallversicherung sind allein die Unternehmer bzw. Träger. Sie müssen die Beiträge für die Leistungen der Unfallversicherung aufbringen. Dabei handelt es sich um eine *Zwangsmitgliedschaft,* d.h. sie hängt weder vom Willen des Trägers ab noch davon, ob Beiträge bezahlt wurden. Die gesetzliche Unfallversicherung ist eine Versicherung für Arbeitnehmer, die automatisch über die Berufsgenossenschaft versichert sind. Bei dieser Versicherungsart geht es immer nur um *Personenschaden,* nie um *Sachschaden.* Die Versicherung tritt stets *primär* ein und nicht subsidiär wie die anderen Versicherungen. Sie gilt auch uneingeschränkt im Ausland. Unternehmen, Träger etc. haben für ihre eigene Person durch freiwillige Beitragszahlung Versicherungsschutz in der gesetzlichen Unfallversicherung.

Halten wir fest

Jeder Arbeitnehmer ist in der gesetzlichen Unfallversicherung. Es geht dabei immer um Personen-, nie um Sachschäden.

Versicherte Personen und Tätigkeiten

Jeder, der in einem Arbeits-, Ausbildungs-, Dienst- oder Lehrverhältnis steht, ist kraft Gesetzes versichert. Der Versicherungsschutz besteht ohne Rücksicht auf Alter, Geschlecht, Familienstand, Nationalität, Entgelt und auch ohne Rücksicht darauf, ob der Betrieb/Träger, in dem jemand tätig ist, die Beiträge zur Berufsgenossenschaft bezahlt hat oder nicht.

Versichert sind auch Kinder während des Besuchs von Kindergärten, Schüler während des Besuchs allgemein bildender Schulen, Studierende während der Aus- und Fortbildung. Ebenfalls sind ehrenamtlich in Hilfsorganisationen Tätige versichert.

Also kommt die gesetzliche Unfallversicherung für Jugendarbeit nicht in Frage? Sie ist auch für die Jugendarbeit von Bedeutung, und zwar in folgenden Bereichen: Den Versicherungsschutz der gesetzlichen Versicherung kann in Anspruch nehmen,

- wer eine ernste, dem Unternehmen dienende Tätigkeit ausübt, die dem wirklichen oder mutmaßlichen Willen des Unternehmers entspricht,
- wer ihrer Art nach eine Tätigkeit ausübt, die normalerweise von Personen verrichtet wird, die in einem Beschäftigungsverhältnis stehen und
- im konkreten Fall arbeitnehmerähnlich ist.

Hauptamtlich Tätige

Alle hauptamtlich Tätigen in der Jugendarbeit (Jugendarbeiter, Jugendpfleger, Jugendhausarbeiter, Gemeindereferent, Pastoralreferenten etc.) sind in der gesetzlichen Unfallversicherung versichert. Der Träger dieser Sozialversicherung ist die gewerbliche *Berufsgenossenschaft*. Der Arbeitgeber muss die Beiträge für seine Mitarbeiter leisten. Die gewerbliche Berufsgenossenschaft ist die zuständige Institution für die Leistungen bei Unfällen.

Ehrenamtlich Tätige

Wird jemand von einem hauptamtlich Tätigen in der Jugendarbeit engagiert, übt er eine in dessen Sinne und Auftrag verstandene Tätigkeit aus, ist er über den Jugendarbeiter ebenfalls durch die gesetzliche Unfallversicherung im gleichen Umfang geschützt. Er kann ihre Leistungen in Anspruch nehmen (§ 539 Abs. 1 Nr. 7 RVO).

Halten wir fest

Wer ehrenamtlich in der Jugendarbeit tätig ist, ist indirekt über den hauptamtlich Tätigen gegen Unfall gesetzlich geschützt.

Spontane Mitarbeiter und Helfer

Wird jemand vom Jugendarbeiter gebeten, ihm bei einer Arbeit zu helfen oder eine Tätigkeit, Besorgung für ihn zu erledigen, ist der Betreffende auch für die Zeit dieses spontanen Einsatzes indirekt über den Jugendarbeiter gegen Unfall gesetzlich geschützt.

Halten wir fest

Jeder, der in der Jugendarbeit eine Tätigkeit im Auftrag des Jugendarbeiters ausübt, ist über ihn indirekt gegen Unfall gesetzlich versichert.

Besucher eines Programms

Besucht jemand eine Veranstaltung oder nimmt an einer Aktion etc. teil, ist er also Besucher bzw. Teilnehmer, ist für ihn die gesetzliche Unfallversicherung generell nicht zuständig. Passiert ein Unfall, so muss die private Unfallversicherung des Betreffenden herangezogen werden, sofern er eine solche besitzt. Möglich ist auch, dass der Jugendarbeiter eine Zusatzversicherung für eine bestimmte Veranstaltung abgeschlossen hat. In diesem Fall kann ein Teilnehmer bei einem Unfall auch deren Leistung in Anspruch nehmen.

Halten wir fest

Teilnehmer oder Besucher einer Veranstaltung der Jugendarbeit sind grundsätzlich nicht durch die gesetzliche Unfallversicherung geschützt.

Leistungen

Die Leistungen der gesetzlichen Unfallversicherung beziehen sich auf:

1. *Arbeitsunfälle*
2. *Wegeunfälle*
3. *Berufskrankheiten*

Tritt ein Körperschaden (ein regelwidriger Gesundheits- oder Geisteszustand) ein, gewährt der Unfallversicherungsträger Heilbehandlung. Diese verfolgt das Ziel, die Gesundheitsstörung zu beseitigen oder zu bessern, ihre Verschlimmerung zu verhüten und die Auswirkungen der Unfallfolgen zu erleichtern. Des Weiteren kann sie durch Geldleistungen entschädigen. Schmerzensgeld ist jedoch als Leistung der gesetzlichen Unfallversicherung ausgeschlossen.

Versichert ist der direkte Hin- und Rückweg zwischen der Wohnung und dem Ort der Tätigkeit. Der Hinweg beginnt mit dem Verlassen der Außentür des vom Versicherten bewohnten Gebäudes und endet mit dem Betreten des Betriebsgeländes. Für den Rückweg gilt Entsprechendes. Dabei muss nicht unbedingt der kürzeste Weg genommen werden, es kann auch der verkehrsgünstigste Weg gewählt werden. Ausnahmsweise kann auch der Weg von einem anderen Ort als der Wohnung zur Arbeitsstätte versichert sein, wenn dieser Weg nicht wesentlich länger und nicht mit erheblich höheren Gefahren verbunden ist als der übliche Weg.

Wird der direkte Weg wegen einer privaten Angelegenheit unterbrochen, z.B. wegen Einkaufs, Gaststättenbesuchs oder wegen eines längeren privaten Gesprächs, entfällt der Versicherungsschutz für diese Tätigkeit. Er lebt wieder auf, wenn man den Weg fortsetzt. Bei nur geringfügigen Unterbrechungen bleibt der Versicherungsschutz aber ausnahmsweise bestehen. Dauert die Unterbrechung jedoch mehr als zwei Stunden, steht der restliche Weg nicht mehr unter Versicherungsschutz. Die Leistungen der gesetzlichen Unfallversicherung werden von Amts wegen geleistet, d.h. es bedarf keines Antrages. Der Unfall muss auf einem einheitlichen Vordruck der Versicherung gemeldet werden. Die Versicherung wird dann von sich aus aktiv.

Halten wir fest

Die Leistungen der gesetzlichen Unfallversicherung beziehen sich auf Arbeitsunfälle, Wegeunfälle und Berufskrankheiten. Der direkte Hin- und Rückweg zur Arbeitsstelle bzw. nach Hause ist ebenfalls versichert.

3.3.2 Sammelverträge

Die gesetzliche Unfallversicherung ist nur für *Personenschäden* in Anspruch zu nehmen, die Mitarbeiter (nicht Teilnehmer oder Besucher) in der Jugendarbeit erleiden. *Sachschäden* sind ausgeschlossen. Da der in der Jugendarbeit Tätige (Gruppen- oder Clubleiter) auf Grund seiner Aufsichtspflicht auch für Sachschäden haftet, haben in der Regel alle Jugendverbände und Jugendeinrichtungen (z.B. Jugendhaus) kombinierte Versicherungen für ihre Mitarbeiter abgeschlossen (z.B. Unfall-, Haftpflicht- und Rechtsschutzversicherung). Diese Versicherung ist nicht nur für die Mitarbeiter, sondern auch für alle Teilnehmer abgeschlossen, die einem Jugendverband als Mitglied gemeldet sind und ihren Beitrag bezahlt haben.

Die Versicherung ist gegen zivilrechtliche Folgen (Schadensersatz und Schmerzensgeld) abgeschlossen, d. h, sie schützt vor den finanziellen Folgen eines Schadens. Durch die Versicherung des Verbandes sind Nicht-Mitglieder, Besucher von Veranstaltungen in der Regel *nicht* versichert. Für den Fall eines Schadens oder Unfalls muss ihre private Versicherung einspringen. Da nur etwa 60 % aller Haushalte eine private Haftpflichtversicherung abgeschlossen haben[1], müssen sich viele Besucher darüber im Klaren sein, dass sie (was sehr teuer werden kann) für einen Schaden ganz persönlich bzw. ihre Eltern aufkommen müssen. Hier empfiehlt es sich dringend, dass jeder Haushalt privat eine kombinierte Versicherung abschließt.

Bei den Gruppenversicherungen muss man wissen, dass diese stets nur *subsidiär* eintreten, d.h. wenn eine eigene Versicherung besteht, muss diese zuerst Leistungen erbringen. Ist also eine andere Kranken-, Ersatz-, Privatoder Sozialversicherung erstattungspflichtig, tritt die Gruppenversicherung nicht ein. Bei reinen Krankenbehandlungskosten tritt stets die eigene Krankenkasse ein. Sie hat die Vorleistung zu erbringen. Ist ein Schaden der Versicherung gemeldet, handelt die Krankenkasse und die Versicherung den Fall intern ab.

Halten wir fest

Durch Zusatzversicherungen kann man sich gegen Personen- und Sachschäden versichern. Alle Mitarbeiter und Teilnehmer, die einen Mitgliedsbeitrag gezahlt haben, sind über eine Zusatzversicherung geschützt.

Die Zusatzversicherung gilt nicht für Besucher; diese müssen persönlich haften bzw. ihre private Versicherung. Die Sammelversicherung versteht ihre Leistungen stets subsidiär. Die gesetzliche oder private Krankenkasse ist immer vorleistungspflichtig in Anspruch zu nehmen.

Ausgeschlossen von einer Zusatz- bzw. Sammelversicherung sind:

* Handlungen, die unter das Strafrecht fallen und vom Gericht strafrechtlich verfolgt werden.
* Schäden, die vorsätzlich oder grob fahrlässig herbeigeführt wurden bzw. entstanden sind.
* Schäden, die im Ausland entstanden sind. Die Versicherung über den Jugendverband gilt nur für das Inland. Deshalb empfiehlt es sich, für das Ausland, z.B. bei einer Ferienfreizeit, eine Zusatzversicherung abzuschließen.
* Brillen, Augengläser, Kontaktlinsen, Zahnersatz, Zahnklammern, Prothesen, Einlagen etc. sind gegen Verlust oder Beschädigung durch eine Unfallversicherung *nicht* versichert.
* Die Versicherung gilt nur *Dritten* gegenüber, d.h. wenn ein Gruppenmitglied dem Betreuer einen Schaden zufügt oder ein Mitglied einem anderen Mitglied, ist dieser Schaden nicht versichert.

In Ausnahmefällen kann der Versicherungsschutz nicht oder nicht im notwendigen Umfang bestehen. Wer kommt dann für einen Schaden auf? In einem solchen Fall kommt im Innenverhältnis Träger - Betreuer eine Freistellung des Betreuers vor Schadensersatzansprüchen in Frage. Grundlage

---

1 Weyers, H.-L.: Versicherungsvertragsrecht. Frankfurt: Metzner Verlag 1986, S. 34.

für diesen Freistellungsanspruch ist der im Arbeitsrecht entwickelte Gedanke der gefahrengeneigten Tätigkeit „Der Arbeitgeber soll dem Arbeitnehmer nicht eine Belastung mit solchen Schäden und Schadensersatzansprüchen zumuten dürfen, die dadurch entsteht, dass die Eigenart der vom Arbeitnehmer zu leistenden Arbeit eine besonders hohe Wahrscheinlichkeit mit sich bringt, dass dem Arbeitnehmer einmal ein Versehen unterläuft. Schäden, die der Arbeitnehmer in diesem Zusammenhang weder vorsätzlich noch grob fahrlässig verursacht, gehören zum Betriebsrisiko des Arbeitgebers mit der Folge, dass sie von ihm allein zu tragen sind.

Der Bundesgerichtshof hat darüber hinaus entschieden, dass auch außerhalb eines Arbeitsverhältnisses der mit der Beaufsichtigung beauftragte Betreuer entsprechend den arbeitsrechtlichen Grundsätzen in aller Regel nicht mit dem vollen Risiko der im Interesse des Trägers ausgeübten Betreuertätigkeit belastet werden kann (entsprechend § 670 BGB). Dies gilt jedenfalls dann, wenn der Betreuer ehrenamtlich - also unentgeltlich - tätig geworden ist (BGH NJW 84/789)."[2]

3.3.3 Versicherungen in der katholischen Jugendarbeit

Personen, die ihrer laufenden Beitragspflicht nachgekommen sind und eine(n) gültige(n) Mitgliedsausweis/-karte eines Mitgliedsverbandes des Bundes der Deutschen katholischen Jugend (BDKJ) besitzen, haben für die Zeit der Mitgliedschaft Anspruch auf Versicherungsschutz.

- **Besonderheiten** einzelner Jugendverbände: Nicht alle Mitgliedsverbände des BDKJ sind über das „Jugendhaus Düsseldorf e.V., Abt. Versicherung" gleichermaßen versichert. Einige Verbände haben einen Sondertarif, andere haben eigene Versicherungssammelverträge mit anderen Versicherungen abgeschlossen. Dadurch sind eventuell auch andere Aktivitäten mitversichert oder auch ausgeschlossen (z.B. sind bei einigen Verbänden auch Gäste und Eltern, die mitarbeiten, versichert). Deshalb ist es ratsam, dass jeder Mitarbeiter eines Jugendverbandes sich genau über den Versicherungsstand und -schutz informiert. Die Versicherung schließt eine Unfallversicherung, Haftpflichtversicherung und Rechtsschutzversicherung ein. Was heißt das konkret?

- **Unfallversicherung**: Ein Unfall liegt vor, wenn ein Versicherter durch ein von außen auf seinen Körper einwirkendes Ereignis unfreiwillig eine Gesundheitsschädigung erleidet. Als Unfälle gelten auch durch plötzliche Kraftanstrengung hervorgerufene Verrenkungen, Zerrungen und Zerreißungen. Körperschäden und Todesfälle beim Baden und Schwimmen sind eingeschlossen. Neben den gewohnten Leistungen im Todes- oder Invaliditätsfall aus der Unfallversicherung werden je nach Umfang der

---

2 Sahlinger, U.: Aufsicht und Haftung in der Kinder- und Jugendarbeit. Münster: Votum Verlag 1999, S. 74 f.

für den jeweiligen Mitgliedsverband bestehenden Versicherung auch verschiedene Zusatzleistungen wie Krankenhaustage- und Genesungsgeld, Heilkosten (subsidiär) und beim Brillen- und Zahnersatz gewährt.

- **Haftpflichtversicherung:** Besteht eine Privathaftpflicht, so geht diese generell vor; da die Versicherung über den Verband ihre Leistungen stets nur subsidiär erbringt. Versichert ist:
  - das persönliche Haftpflichtrisiko der versicherten Person,
  - das Risiko der Aufsichtspflicht nach § 832 BGB,
  - der Schutz der Aufsichtsperson bei berechtigten Ansprüchen gegenüber den Kindern und Jugendlichen und deren gesetzlichen Vertretern.

Zu beachten ist unbedingt: *keine* Anerkennung eines Schadens und selbständige Schadenszahlung durch den Gruppenleiter. Er nimmt nur den Schaden auf bzw. stellt ihn fest. Wenn er den Schaden anerkennt, greift er damit der Überprüfung der Versicherung vor. In einem solchen Fall kann die Versicherung von ihrer Leistung zurücktreten. Ist ein Schaden eingetreten, muss dieser innerhalb von acht Tagen der Versicherung gemeldet werden.

Werden der Kaufbeleg oder die Reparaturkostenrechnung der Versicherung vorgelegt, ersetzt diese die entstandenen Kosten, wenn es sich um einen erstattungspflichtigen Schaden handelt. *Ausgeschlossen* aus der Haftpflichtversicherung sind:

- Schäden, die vorsätzlich oder mutwillig entstanden sind.
- Schäden und Verlust an Sachen, die der Versicherte geliehen, gemietet oder gepachtet hat (z.B. Fahrräder, Zelte, Musikanlagen, Filmvorführgerät etc.).
- Verlorene, vermisste oder gestohlene Gegenstände.
- Ansprüche der Gemeinde, des Verbandes gegenüber den Mitversicherten z.B. bei Glasbruch, Sachbeschädigung in Gruppen-, Trainings-, Übungs-, Aufenthaltsräumen etc.
- Schäden, die sich die Gruppenmitglieder gegenseitig zufügen (auf Grund des unterschiedlichen Versicherungsumfanges gilt dieser Ausschluss nur für einen Teil der Verbände).

- **Rechtsschutzversicherung:** Die Rechtsschutzversicherung sorgt nach Eintritt eines Versicherungsfalls für die Wahrnehmung rechtlicher Interessen des versicherten Mitgliedes, soweit dies notwendig ist, und trägt die hierdurch entstandenen Kosten für Rechtsanwälte, Zeugen, Gutachten, Sachverständige, Gerichte usw. Die Wahl des Rechtsanwaltes ist frei.

- **Versicherungsumfang - allgemein**
  1. Der Besuch und die Teilnahme an allen Gemeinschaftsveranstaltungen und Zusammenkünften des Verbandes z.B. Gruppenstunden, Club-

abende, Wochenend-, Zelt-, Wanderfahrten, regelmäßige Sportbetätigungen, Aktionen etc.

2. Der direkte, ununterbrochene Weg zu und von den Veranstaltungen und Zusammenkünften.

3. Die gesamte ehrenamtliche Tätigkeit als Jugend- oder Gruppenleiter, als Aufsichtsperson oder Betreuer.

4. Der kleine Grenzverkehr bis zu einer Dauer von 48 Stunden für Jugendgruppen innerhalb der Zollgrenzbezirke.

- Ausgeschlossen aus der Versicherung sind: 1. Ausübung des organisierten Leistungssportes sowie aktive Beteiligung bei allen Motorsportarten, beim Skilaufen, beim hochalpinen Bergsteigen, Surfen, Drachenfliegen, Judo, Jiu-Jitsu u.a. Hier ist eine Zusatzversicherung notwendig. 2. Die Teilnahme an Auslandsfahrten. Hier ist vor allem wegen eines ausreichenden Krankenversicherungsschutzes der Abschluss einer Zusatzversicherung, wie sie z.B. das Jugendhaus Düsseldorf mit der Ferienversicherung (vgl. unten) anbietet, dringend zu empfehlen. 3. Unterbrechung des direkten Weges. 4. Nichtmitglieder, die an einer Veranstaltung teilnehmen, sind nicht versichert. 5. Erwachsene, die sich bei einer Aktion, einem Programm engagieren, sind *nicht* versichert, d.h. nicht über die bestehende Versicherung, wohl aber durch die gesetzliche Unfallversicherung geschützt.

- **Zusatzversicherungen:** Das Jugendhaus Düsseldorf bietet viele Zusatzversicherungen an, die ganz bestimmte Programme, Aktivitäten bzw. Geräte versichert.

- **Ferienversicherung:** Das Kompaktprogramm umfasst Krankheitskostenversicherung, Unfallversicherung, Haftpflichtversicherung und Rechtsschutzversicherung. Sie gilt im In- und Ausland und kann für einen ganz bestimmten Zeitraum abgeschlossen werden.

- **Tagesversicherung:** Wenn für eine bestimmte Aktion Mitarbeiter (Erwachsene wie Nichtmitglieder) versichert werden sollen, kann man für sie eine Tagesversicherung abschließen.

- **Sonder-Versicherung:** Für Altmaterialsammlungen, Sportfeste, -turniere, Jugendtage, Umzüge, Tanzveranstaltungen, Elektrogeräte, Filmgeräte etc. kann man speziell eine Sonder-Versicherung abschließen. Unterlagen und genauere Informationen über die Versicherungen bietet: Jugendhaus Düsseldorf e.V., Abt. Versicherung, Carl-Mosterts-Platz 1, 40477 Düsseldorf, Tel. 0211/4693-135.

- **Versicherung für nicht verbandliche Pfarrgruppen:** In einigen Pfarrgemeinden bestehen Jugendgruppen und -clubs, die vom Pfarrer oder der Gemeinde organisiert wurden, aber nicht einem Jugendverband angehören. Diese Gruppen sind zum Teil über Rahmenverträge, die die Diözesen abgeschlossen haben, oder über eine Pfarr- und Sammelversicherung versichert. Diese Verträge sind jedoch eng bemessen und umfassen eigentlich nur kirchliche Veranstaltungen. In diesen Rahmenverträgen sind nur die alltäglichen Aktivitäten und Programme versichert (Standardprogramme). Würde man alle Veranstaltungen versichern, wäre die Prämie viel zu hoch. Deshalb müssen sich die Mitarbeiter in den Pfarrgruppen beim Pfarrer informieren, welche Aktivitäten versichert sind und welche nicht. Letztere müssen sie zusätzlich versichern.

- **Versicherung für Jugendhäuser:** Für die Jugendhäuser bzw. die Offene Jugendarbeit, die von Kirchengemeinden organisiert und betreut wird, bestehen Rahmenverträge, die die Diözesen mit Versicherungsträgern abgeschlossen haben.

Diese Versicherungen bieten für alle in der Offenen Jugendarbeit Tätigen Versicherungsschutz, für alle Veranstaltungen, Ferienlager, Ausflüge, Wanderungen etc. Der Versicherungsschutz bezieht sich auf hauptberuflich, nebenberuflich, gelegentlich oder ehrenamtlich tätige Personen in Ausübung der ihnen übertragenen Verrichtungen. Die Besucher der Veranstaltungen sind in der Regel nicht versichert. Bei Schäden ist die jeweilige Privatversicherung zuständig. Wenn anderweitiger Versicherungsschutz besteht, geht dieser vor, d.h. die Versicherung der Jugendarbeit versteht ihre Leistungen stets subsidiär. Für alle Mitarbeiter in solchen Einrichtungen gilt die gesetzliche Unfallversicherung.

Halten wir fest

Jeder Mitarbeiter (Gruppenleiter, Clubleiter etc.) und jedes Mitglied eines Jugendverbandes ist in der Regel durch eine Unfall-, Haftpflicht- und Rechtsschutzversicherung geschützt.

Versichert sind alle Veranstaltungen und Aktionen und der Weg zu diesen hin und zurück. Nichtmitglieder sind in der Regel nicht versichert, auch nicht Eltern, die spontan mitarbeiten. Fast alle Aktivitäten in der Jugendarbeit lassen sich durch eine Zusatzversicherung versichern.

Pfarrjugendgruppen, die keinem Jugendverband angehören, sind gewöhnlich durch Rahmenverträge über die Diözese versichert. Gleiches gilt auch für Jugendhäuser und die Offene Jugendarbeit.

3.3.4 Versicherungen in der evangelischen Jugendarbeit

Eine einheitliche Versicherung der evangelischen Jugendarbeit gibt es nicht. Jede Landeskirche hat eigene Sammelverträge abgeschlossen. Im Folgenden möchte ich auf den Sammelvertrag und den Zusatzvertrag der Evangelischen Kirche im Rheinland eingehen, der in der evangelischen Kirche wohl einmalig ist.

Versicherung der evangelischen Kirche im Rheinland.
Evangelische Jugendkammern Rheinland und Westfalen
- *Haftpflichtversicherung*: Haftpflichtversichert sind alle „mit der Leitung oder Beaufsichtigung beauftragte(n) Personen in dieser Eigenschaft, ... sämtliche übrigen Beschäftigten sowie die ehrenamtlich und nebenamtlich tätigen Personen ... aller an Veranstaltungen Teilnehmenden gegenüber Dritten, die nicht unter diesem Vertrag mitversichert sind, ... aller an Veranstaltungen Teilnehmenden gegeneinander für Personenschäden mit Ausnahme von Schmerzensgeldansprüchen." Die Versicherung gilt auch im Ausland, allerdings nicht in außereuropäischen Staaten. Der Versicherungsschutz versteht sich immer subsidiär, d.h. er tritt nur dann ein, sofern nicht ein anderer Haftpflichtversicherer zur Ersatzleistung verpflichtet ist.

- *Unfallversicherung*: Unfallversichert sind alle Personen, die zum Veranstalterkreis zählen und alle Teilnehmer an Veranstaltungen außer Veranstaltungen mit wettkampfartigem Charakter. Versichert sind auch Unfälle auf dem direkten Weg zur Veranstaltung und von dieser nach Hause.

Ergänzung des Sammelvertrages:
„Ergänzungsdeckung für außerordentliche Jugendveranstaltungen"
Neben der Haftpflicht- und Unfallversicherung wurde noch eine Rechtsschutzversicherung abgeschlossen. In den Bereich der Haftpflichtversicherung wurde ergänzend aufgenommen: „Haftpflichtschäden, die sich während außerordentlicher Jugendveranstaltungen ereignen. Der Versicherungsschutz tritt bei solchen Veranstaltungen ein, die außerhalb des Wohnsitzes der Gruppenmitglieder durchgeführt werden und/oder von der heimatlichen Jugendgruppe veranstaltet, getragen oder veranlasst worden sind (z.B. Ferien oder sonstige Veranstaltungen). Als versicherte Veranstaltungen gelten auch am Wohnsitz stattfindende, die den Rahmen der regelmäßigen gemeinschaftlichen/örtlichen Jugendarbeit übersteigen.

Zusatzversicherungen
Sofern bestimmte Veranstaltungen, Aktionen oder Unternehmungen nicht durch einen Sammelvertrag versichert sind, kann man Zusatzversicherungen abschließen. Zuständig ist: *ECCLESIA Versicherungsdienst GmbH, Postfach 133, 32754 Detmold, Tel. 05231/603-0.*

Folgende Zusatzversicherungen werden angeboten: Haftpflichtversicherung, Unfallversicherung, Versicherungsschutz des Mieterinteresses gegen Gebäude-, Feuer- und Leitungswasserschäden im In- und Ausland, Auslandsreisekrankenversicherung, Reisegepäckversicherung, Rechtsschutzversicherung, Bootskaskoversicherung, Versicherung gegen geliehene Sachen, Versicherung bei Erholungsmaßnahmen und Freizeiten.

3.3.5 Versicherungen kommunaler Jugendarbeit (Stadt, Kreis)

Die kommunalen/städtischen Träger von Jugendhäusern oder Jugendclubs haben für ihre Mitarbeiter einen Rahmenversicherungsvertrag für Unfall- und Haftpflicht abgeschlossen. Darin sind alle Mitarbeiter, also auch solche, die nur sporadisch oder ganz spontan eine Arbeit verrichten, die im Sinne oder Auftrag eines hauptberuflich Tätigen erfolgt, versichert. Sie gelten als Beauftragte der Stadt, des Kreises. Gleichfalls sind alle Aktivitäten und Programme, die vom Haus ausgehen, versichert. Besucher und Teilnehmer sind in der Regel *nicht* über die Jugendarbeit versichert.

Jugendhäuser und Jugendclubs können (Zusatz-)Versicherungen abschließen, falls sie nicht bereits anderweitig versichert sind. Ein Versicherungsträger, der sich für diesen Aufgabenbereich der Jugendpflege spezialisiert hat, ist: *Jugendversicherungsmodell des Landesjugendringes Niedersachsen e.V., Versicherungsmaklerfirma: Bernhard-Assekuranz, Versicherungsmakler GmbH , Postfach 1126, 84574 Taufkirchen, Tel. 089/6124655.*

Folgende Versicherungen kann man dort für Jugendringe und Jugendorganisationen, Kreis- und Jugendämter sowie übrige Jugendmaßnahmeträger abschließen:

– Haftpflichtversicherung: Sie schließt alle Veranstaltungsteilnehmer, auch untereinander ein.
– Unfallversicherung: Für alle Teilnehmer an Veranstaltungen und alle Besucher von Einrichtungen.
– Vereinsrechtsschutzversicherung: Dienstreisekaskoversicherung, Versicherung für elektronische Geräte und Anlagen, Inventarversicherung.

3.4 Wichtige Ergebnisse

Gegen Unfall ist jeder Mitarbeiter in der Jugend- und Ferienfreizeitarbeit durch die Unfallversicherung des Trägers automatisch versichert.

Bei Schadensersatzansprüchen kann der Versicherungsschutz des Trägers in Anspruch genommen werden. Für den Betreuer kommt eine Freistellung von Schadensersatzansprüchen in Frage, falls er nicht vorsätzlich oder grob fahrlässig gehandelt hat.

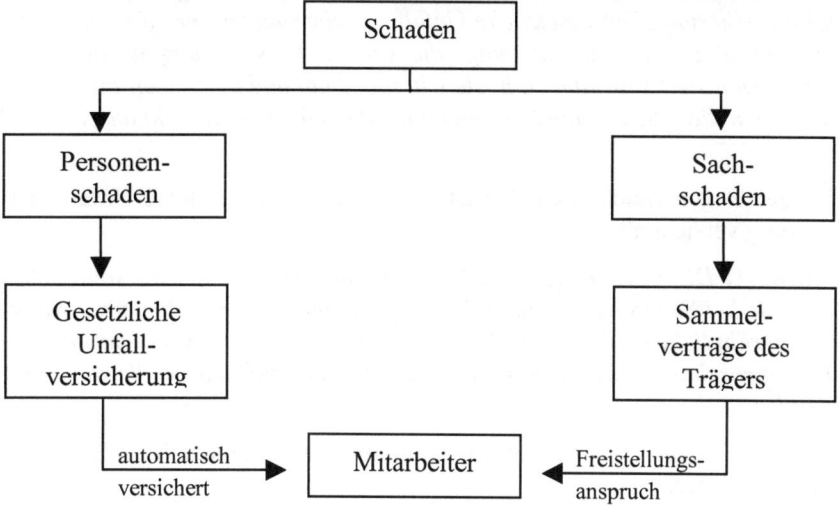

3.5 Überprüfen Sie Ihr Wissen

Frage: Ich bin durch meine Eltern in einer gesetzlichen Krankenkasse versichert. Ist die gesetzliche Krankenkasse und die gesetzliche Unfallversicherung das Gleiche?

Antwort: *Die gesetzliche Krankenversicherung (-kassen) und die gesetzliche Unfallversicherung sind nicht das Gleiche. Für die Krankenversicherung müssen z.B. die Erziehungsberechtigten, für die Unfallversicherung müssen Träger, Organisationen, Unternehmer Beiträge zahlen. Wenn man bestimmte Tätigkeiten ausübt bzw. zu einem bestimmten Personenkreis gehört, ist man automatisch (ohne es zu wissen und ohne etwas dafür getan zu haben) Mitglied der gesetzlichen Unfallversicherung.*

Frage: Ich habe von einer gesetzlichen Unfallversicherung noch nie etwas gehört. Muss man sich da anmelden und Beiträge zahlen?

Antwort: *Da es sich bei der gesetzlichen Unfallversicherung um eine Zwangsmitgliedschaft des Trägers handelt, braucht sich ein Mitarbeiter weder anzumelden noch Beiträge zu zahlen. Das ist Pflicht des Trägers.*

Selbst wenn dieser es versäumt haben sollte, Beiträge zu zahlen, sind die Mitarbeiter durch die gesetzliche Unfallversicherung geschützt und können ihre Leistungen in Anspruch nehmen.

Frage: Durch meine Eltern bin ich privat in einer Unfall- und Haftpflichtversicherung. Kann die gekündigt werden und ich der gesetzlichen Unfallversicherung beitreten? Oder wie geht das?

Antwort: *Der Abschluss einer privaten Unfall- und Haftpflichtversicherung beeinflusst und ersetzt nicht die Versicherung in der gesetzlichen Unfallversicherung. Die gesetzliche Unfallversicherung tritt primär ein, ist zuerst für eine Leistung zuständig, die private Versicherung versteht ihre Leistungen stets subsidiär, d h. sie tritt nur dann und in solchen Fällen ein, bei denen die gesetzlichen Leistungen nicht genügen bzw. nicht ausreichend sind.*

Frage: Gegen welche Schäden ist man durch die gesetzliche Unfallversicherung versichert?

Antwort: *Die gesetzliche Unfallversicherung tritt nur bei Personenschäden, nie bei Sachschäden ein und nur im Zusammenhang mit einer „arbeitnehmerähnlichen" Tätigkeit. Wenn die gesetzliche Unfallversicherung den Personenschaden regelt, muss der Sachschaden auf andere Weise geklärt werden.*

Frage: Welche Personengruppen sind durch die gesetzliche Unfallversicherung versichert?

Antwort: *Durch die gesetzliche Unfallversicherung sind alle Kinder und Jugendlichen versichert, während sie sich im Kindergarten, in der Schule, am Ausbildungsplatz oder in einer Hochschule befinden. Verunglücken sie dort, kann die Leistung dieser Versicherung automatisch in Anspruch genommen werden. Unfälle in der Freizeit werden nicht von der gesetzlichen Unfallversicherung abgedeckt.*

Frage: Ich kann mir vorstellen, dass Jugendarbeiter durch ihren Anstellungsträger gesetzlich versichert sind. Wie steht es da mit denjenigen, die ehrenamtlich tätig sind? Müssen sie sich privat gegen Unfall versichern?

Antwort: *Jeder, der in einem Anstellungsverhältnis steht, der also Gehalts- bzw. Lohnempfänger ist, ist automatisch gesetzlich gegen Unfall versichert. Das trifft also für jeden Jugendarbeiter zu. Indirekt über den Jugendarbeiter sind auch die ehrenamtlich Tätigen in der Regel gesetzlich gegen Unfall versichert, da man davon ausgehen kann, dass sie ihre Arbeit im Auftrag des Jugendarbeiters bzw. Trägers ausführen.*

Frage: Wenn der Jugendarbeiter mich bittet, eine Gruppe zu leiten, muss er dann nicht auch dafür sorgen, dass ich entsprechend versichert bin?

Antwort: *Der Gruppenleiter ist über den Jugendarbeiter gegen Unfall versichert, außerdem durch eine Zusatzversicherung, soweit eine besteht.*

Frage: Es kommt in der Jugendarbeit doch häufig vor, dass man spontan vom Jugendarbeiter angesprochen wird, ihm zu helfen z.b.: Ich kam gerade dazu, als er Bierkästen von einem Wagen ablud. Er bat mich, ihm zu helfen. Wenn mir z.b. ein Bierkasten auf den Fuß gefallen wäre oder ich mich verletzt hätte, wer würde für die Verletzung aufkommen?

Antwort: *Da es sich um eine Tätigkeit handelt, die er im Auftrag (oder auch in seinem Sinne) ausgeführt hat, handelt es sich um einen Arbeitsunfall. Alle Arbeitsunfälle sind durch die gesetzliche Unfallversicherung versichert, also auch dieser Unfall.*

Frage: Ich biete eine Tanzveranstaltung an, dabei verletzt sich ein Teilnehmer. Wie sind die Besucher versichert?

Antwort: *Kinder oder Jugendliche sind nie durch die gesetzliche Unfallversicherung geschützt, wenn sie eine Veranstaltung besuchen. Darüber sollte der Jugendarbeiter aus Fürsorgepflicht die Besucher informieren und sie eventuell durch eine Zusatz-Haft- und Unfallversicherung speziell für die Veranstaltung versichern. Unklar ist, ob der Veranstalter bzw. der Träger verklagt werden kann, wenn er die Teilnehmer nicht über die rechtliche Lage informiert hat.*

Frage: Es kommt in der Jugendarbeit doch häufig vor, dass Jugendliche bei der Renovierung eines Clubraumes helfen. Wenn bei dieser Arbeit ein Unfall passiert, wer kommt dafür auf?

Antwort: *Es handelt sich um eine ernstliche, dem Unternehmen dienliche Tätigkeit, die dem wirklichen und mutmaßlichen Willen des Unternehmers, (Jugendarbeiter, Träger, Pfarrer etc.) entspricht, also sind alle Beteiligten gegen einen Unfall gesetzlich geschützt.*

Frage: Ich habe als Betreuer an einem Ferienlager teilgenommen. Bin ich gegen Unfall versichert gewesen?

Antwort: *Wer aufgrund eines „Werkvertrags“ (Honorar) in der Jugendarbeit tätig ist, ist gleichermaßen gesetzlich unfallversichert, weil er wie ein Arbeitnehmer tätig ist.*

Frage: Manchmal bitte ich Eltern, dass sie bei einer Veranstaltung Aufsicht führen. Wie sieht es da mit dem Unfallversicherungsschutz aus?

Antwort: *Auch Eltern, die spontan mitarbeiten, unterstehen der gesetzlichen Unfallversicherung. Wenn ihnen etwas zustößt, können sie die Leistungen der Versicherung in Anspruch nehmen.*

Frage: Gruppen- und Clubleiter sind über ihren Jugendverband versichert. Wie steht es aber mit denjenigen, die sich in der Offenen Jugendarbeit engagieren und keinem Jugendverband angehören, die z.B. in einem Jugendhaus mitarbeiten?

Antwort: *Man kann folgende* Faustregel *aufstellen:*

Jeder, der sich in der Jugendarbeit engagiert (hauptamtlich, ehrenamtlich, als Honorarkraft, Zivildienstleistender, Praktikant etc.), ist durch die gesetzliche Unfallversicherung geschützt (ob Mitglied in einem Jugendverband oder nicht).

Jeder Besucher oder Teilnehmer einer Veranstaltung der Jugendarbeit ist grundsätzlich nicht durch die gesetzliche Unfallversicherung versichert.

Frage: Wenn mir ein Unfall in der Jugendarbeit zustößt, welche Kosten übernimmt die gesetzliche Unfallversicherung?

Antwort: *Der gesetzlichen Unfallversicherung muss der Unfall auf Vordrucken gemeldet werden. Sie kommt dann für die Heilbehandlung auf und zahlt Verletztengeld bei Arbeitsunfähigkeit oder eine Verletztenrente. Schmerzensgeld zahlt die Versicherung nicht.*

Frage: Ist auch der Hin- und Rückweg zur Gruppenstunde versichert?

Antwort: *Auf dem direkten Hin- und Rückweg zur „Arbeitsstelle", d.h. Gruppen-, Clubraum oder Jugendhaus ist der Gruppen- bzw. Clubleiter unfallversichert.*

Frage: Wenn ich auf dem Weg zur Gruppenstunde noch etwas für die Gruppe einkaufe, z.B. Bastelmaterial, und dafür vom direkten Weg abweiche, bin ich dann auch noch unfallversichert?

Antwort: *Zwischen dem Umweg und der Gruppenstunde besteht ein innerer Zusammenhang, der direkte Weg wird nur unwesentlich unterbrochen, deshalb ist er ebenfalls unfallversichert.*

Frage: Manchmal hole ich meinen Freund, mit dem ich die Gruppe zusammen leite, von zu Hause ab. Ist der Weg zur Gruppenstunde trotzdem versichert?

Antwort: *Ist der Umweg nicht wesentlich länger als der übliche Weg (z.B. eine Verlängerung des Gesamtweges von 2800 m um 100-150 m), so besteht der Versicherungsschutz weiter. Der Umweg darf also nur unerheblich sein.*

Frage: Nach einer Teamsitzung kann es passieren, dass wir noch lange miteinander auf der Straße diskutieren. Meinen Heimweg trete ich dann erst recht spät an. Ist der Weg trotz dieser Verspätung unfallversichert?

Antwort: *Dauern die privaten Gespräche länger an (über zwei Stunden), ist der restliche Weg nach Hause nicht mehr versichert. Sind die Gespräche jedoch kürzer, tritt beim Heimweg der Versicherungsschutz wieder ein.*

Frage: Die gesetzliche Unfallversicherung schützt vor Personenschaden. Wie bin ich als Gruppenleiter bei anderen Schäden, z.B. Sachschäden, versichert?

Antwort: *Jugendverbände oder andere Einrichtungen der Jugendarbeit haben im Normalfall für ihre Mitarbeiter - also auch die ehrenamtlich Tätigen - wie Honorarkräfte kombinierte Versicherungen abgeschlossen, die die zivilrechtlichen Folgen, d.h. die finanziellen Folgen eines Schadens, absichern. In der Regel ist jeder in der Jugendarbeit Engagierte gegen Ansprüche Dritter versichert. Sicherheitshalber sollte man sich jedoch bei seinem Träger erkundigen, gegen was und wie hoch man im Einzelnen versichert ist.*

Frage: Wer seinen Mitgliedsbeitrag bezahlt hat, ist versichert. Nun gibt es ja immer Probleme, bis der Letzte seinen Beitrag abgeliefert hat. Der vorgeschriebene Termin wird oft nicht eingehalten. Ist man für den überschrittenen Zeitraum auch versichert?

Antwort: *Eine geringfügige Verzögerung der Beitragszahlung hat in der Regel keine negativen Auswirkungen auf den Versicherungsschutz. Der Gruppenleiter sollte aber im Interesse des Versicherungsschutzes seiner Gruppenmitglieder daran interessiert sein, dass die Beiträge pünktlich gezahlt und an den Jugendverband abgeführt werden. Gleichfalls sollte er in seinem eigenen Interesse darauf achten, dass sein Beitrag termingerecht dem Jugendverband überwiesen wird. Er sollte sich darüber genau informieren. Schlamperei kann böse Folgen haben.*

Frage: Es kommt öfter vor, dass Gruppenmitglieder ihre Freunde in die Gruppenstunde mitbringen. Sind diese Gäste über den Jugendverband für diese Zeit versichert?

Antwort: *Nichtmitglieder, Besucher sind über den Jugendverband nicht versichert. Dies sollten nicht nur der Gruppenleiter, sondern auch der Besucher wie dessen Eltern wissen.*

Frage: Wir vom Jugendverband haben ein Bistro eingerichtet. Dort können sich Jugendliche treffen. Sind die Betreuer und die Besucher des Bistros versichert?

Antwort: *Die Betreuer sind über den Jugendverband versichert, die Besucher sind gar nicht oder über ihre private Versicherung bzw. die Versicherung ihrer Eltern geschützt.*

Frage: Ich weiß, dass meine Eltern für mich eine Unfall- und Haftpflichtversicherung abgeschlossen haben. Über den Jugendverband bin ich gleichfalls versichert. Warum doppelte Versicherung ? Könnte ich meine private Versicherung kündigen oder ruhen lassen, da ich über den Versicherungsschutz des Verbandes abgesichert bin?

Antwort: *In diesem Fall ist zwischen der Unfall- und der Haftpflichtversicherung zu unterscheiden. Falls mehrere Unfallversicherungen bestehen, kann ein möglicher Personenschaden auch allen Versicherungen gemeldet werden. Die entsprechenden Leistungen kommen dann auch mehrfach zur Auszahlung. Anders ist es bei der Haftpflichtversicherung. Da die Gruppen-Haftpflicht nur subsidiär eintritt, ist eine Privathaftpflicht sinnvoll. Umgekehrt tritt diese nicht ein, wenn der Schaden im Rahmen einer ehrenamtlichen Tätigkeit entstanden ist. Es empfiehlt sich also, die Versicherungen parallel bestehen zu lassen.*

Frage: Unser Ferienlager veranstalten wir jedes Jahr im Ausland. Da wir nur Mitglieder unseres Verbandes mitnehmen, müssen wir doch keine weitere Versicherung abschließen?

Antwort: *Die Versicherung des Jugendverbandes gilt in der Regel nur für das Inland. Wird ein Ferienlager im Ausland durchgeführt, muss man, auch wenn es sich nur um Mitglieder handelt, eine Zusatzversicherung abschließen. Fahren auch Nicht-Mitglieder mit, so ist auch für diese eine Zusatzversicherung abzuschließen.*

Frage: In meiner Gruppe sind Mädchen, die eine Brille tragen. Wenn wir Völkerball spielen, habe ich immer Angst, dass ihnen etwas passiert. Bin ich und sind die Brillenträger über den Jugendverband versichert?

Antwort: *Brillenträger sind bei sportlicher Betätigung in Bezug auf ihre Brille grundsätzlich und damit auch über den Jugendverband nicht versichert. Sie handeln „auf eigene Gefahr", in der Rechtssprache heißt es: Es ist eine „vorwerfbare Selbstgefährdung". Der Gruppenleiter haftet nicht für einen Schaden, den Brillenträger im Zusammenhang mit ihrer Brille erleiden, denn man kann von ihm nicht verlangen, alle Brillenträger vom Völkerballspiel auszuschließen bzw. nie Völkerball spielen zu lassen, weil ein Mitglied eine Brille trägt. Brillenträger handeln auf eigene Gefahr, ohne dass sie aus der Unfallversicherung eine Ersatzleistung erwarten können. Es gilt die Regel der gesetzlichen Krankenversicherung, die im mehrjährigen Rhythmus jeweils die Kosten bzw. einen Anteil für eine neue Brille übernimmt.*

Frage: Wenn bei einem Spiel ein Gruppenmitglied den Betreuer verletzt, bezahlt die Versicherung die Behandlung bzw. den Schaden?

Antwort: *Der Versicherungsschutz des Jugendverbandes ist immer auf Dritte bezogen. Da der Gruppenleiter die Aufsicht führt, kann er auch nicht die Versicherung in Anspruch nehmen, wenn er einen Schaden erleidet.*

Frage: Wie bin ich als Gruppenleiter durch den Jugendverband versichert?

Antwort: *Fast alle katholischen und evangelischen Jugendverbände haben eine kombinierte Versicherung für den Gruppenleiter abgeschlossen. Sie umfasst eine Unfall-, Haftpflicht- und Rechtsschutzversicherung. Über die* *genauen Leistungen dieser Versicherung und was ausgeschlossen ist, sollte sich der Gruppenleiter jedoch bei seinem Verband informieren.*

Frage: Als Gruppenleiter muss ich für einen Schaden haften, der auf Grund einer Aufsichtspflichtverletzung entstanden ist. Bin ich gegen dieses Risiko versichert?

Antwort: *Jeder Gruppenleiter ist durch die abgeschlossene Haftpflichtversicherung gegen das Risiko der Aufsichtspflicht geschützt. Allerdings darf es sich nicht um einen Schaden handeln, der durch grobe Fahrlässigkeit entstanden ist. Gegen derartige Schäden gibt es keinen Versicherungsschutz.*

Frage: Auf einer Ferienfreizeit hatten Kinder meiner Gruppe ein Auto beschädigt. Damit es mit dem Autobesitzer keinen großen Ärger gab, habe ich mich mit ihm darauf geeinigt, sofort 250,- Mark zu zahlen, damit sei alles aus der Welt. Als ich nun den Betrag von der Versicherung erstattet haben wollte, verweigerte sie die Zahlung. Wie ist das möglich? Ich denke, ich bin gegen Schadensforderungen Dritter versichert?

Antwort: *Der Gruppenleiter hat zwei Fehler begangen: 1. Er hat den Schaden anerkannt und 2. er hat selbständig den Schaden begleichen wollen. Handelt der Gruppenleiter so eigenmächtig, hat die Versicherung keine Möglichkeit, durch Überprüfung des Schadens zu einem anderen Ergebnis zu gelangen und zu einem anderen Schadensbemessungsbetrag. Für solche Fälle schließt die Versicherung ihre Leistungen aus. Merke: Nie einen Schaden anerkennen und selbständig Geld bezahlen, wenn es sich um einen Versicherungsfall handelt.*

Frage: In unseren Club bringen Jugendliche manchmal ihre eigene Stereoanlage oder andere elektronische Geräte mit und stellen sie dem Club für den Abend zur Verfügung. Sie fragen mich jedes Mal, ob die Geräte auch versichert sind bzw. ob der Club einen eventuellen Schaden ersetzt. Wie ist die Versicherungslage?

Antwort: *Geliehene Sachen sind über den Jugendverband meistens nicht versichert, es sei denn, man hat eine Zusatzversicherung für Geräte, Anlagen etc. abgeschlossen. Bei einigen Jugendverbänden sind jedoch auch geliehene Sachen mitversichert. Man muss sich also beim Jugendverband genau informieren.*

Frage: Im Jugendhaus geht immer einmal etwas kaputt z.B. Stühle, Waschbecken etc. Kann die Gemeinde bzw. der Pfarrer vom Schuldigen Schadensersatz fordern und damit die Verbandsversicherung in Anspruch nehmen?

Antwort: *Der Pfarrer kann die Privatversicherung des Betreffenden in Anspruch nehmen, aber nicht die Versicherung des Jugendverbandes, weil der beschriebene Fall von der Versicherung ausgeschlossen ist. D.h. alle Schä-*

den, die im Gruppenraum oder Jugendhaus entstehen, zählen nicht zu den Schäden Dritter. Der Besitzer des Hauses oder der Räume, der Pfarrer, ist in diesem Fall kein Dritter. Deshalb kann die Versicherung des Verbandes auch nicht zu Ersatzleistungen herangezogen werden.

Frage: Gruppenmitglieder spielen Fußball, zwei verletzen sich dabei. Zahlt die Unfallversicherung den Schaden?

Antwort: Hier zahlt die Unfallversicherung, da es sich um ein Ereignis im Sinne der Bedingungen handelt. Entschädigungszahlungen aus der Unfallversicherung werden jedoch auf mögliche Haftpflichtansprüche der unfallversicherten Personen angerechnet. Und dann ist es wiederum wichtig, ob Ansprüche der versicherten Personen untereinander eingeschlossen sind.

Frage: Wir machen jedes Jahr ein Fußballturnier, an dem nicht nur Mitglieder unseres Verbandes teilnehmen dürfen. Ist die Veranstaltung über die Sammelversicherung versichert?

Antwort: *In der Regel sind Sportveranstaltungen nicht versichert und es bedarf für die Veranstaltung einer Zusatzversicherung sowohl für die Mitglieder als auch für die Nichtmitglieder.*

Frage: Unser Ferienlager führen wir jedes Jahr im Ausland durch. Gilt die Versicherung auch im Ausland?

Antwort: *Der Versicherungsschutz der Sammelversicherung des Jugendverbandes gilt meistens nur für das Inland. Für Ferienlager im Ausland ist auf jeden Fall eine Zusatzversicherung abzuschließen. Die gesetzliche Unfallversicherung gilt jedoch auch für das Ausland, d.h. die Mitarbeiter einer Freizeit sind auf jeden Fall unfallversichert. Dennoch empfiehlt es sich auch für sie, eine kombinierte Zusatzversicherung abzuschließen, da deren Leistungen höher sind als die der gesetzlichen Versicherung.*

Frage: Stimmt es, dass nicht alle Jugendverbände des BDKJ im gleichen Maße versichert sind?

Antwort: *Nicht alle Jugendverbände des BDKJ sind über das Jugendhaus Düsseldorf versichert. Einzelne Diözesen (Bischöfliche Jugendämter und BDKJ) bzw. Dekanate haben eigene Rahmenverträge mit Versicherungen abgeschlossen und darin unterschiedliche Vereinbarungen getroffen. Zudem haben einzelne Jugendverbände im BDKJ auch im Jugendhaus Düsseldorf gemäß ihres Mitgliedsbeitrages eine andere Tarifgruppe und damit einen anderen „Anteil für Versicherungen" abgeführt. Diese Tatsache macht die Fragen und Antworten zu den Versicherungen so verwirrend, so dass man nur antworten kann: „In der Regel ..." und „jeder Gruppenleiter, Clubleiter muss seinen Verband um genaue Informationen bitten".*

Frage: Wir haben in unserer Pfarrgemeinde Jugendgruppen, die aber keinem Jugendverband angehören. Sind diese auch versichert?

Antwort: *Die Pfarrgruppen, d.h. Gruppenleiter und Teilnehmer, die sich wie Mitglieder verstehen, d.h. regelmäßig zur Gruppe kommen, sind über Rahmenverträge, die die Diözesen bzw. Landeskirchen abgeschlossen haben, versichert. In der Regel schließen diese Verträge viele Aktivitäten aus, so dass man sich gut informieren und unter Umständen Zusatzversicherungen durch den Pfarrer abschließen muss. In diesem Bereich der Jugendarbeit bestehen viele Grauzonen und viele Unklarheiten. Informationen sind schwer zu erhalten. Der beste Rat: Mitgliedschaft in einem Jugendverband.*

Frage: Wir haben in unserer Pfarrgemeinde ein Jugendhaus. Wie sieht da der Versicherungsschutz für die Mitarbeiter und die Besucher aus?

Antwort: *Für Jugendhäuser oder Einrichtungen der Offenen Jugendarbeit bestehen Rahmenverträge, die alle Mitarbeiter (haupt- oder ehrenamtlich Tätige, Honorarkräfte oder solche, die spontan mitarbeiten) versichern. Für sie gilt auch die gesetzliche Unfallversicherung. Gleichfalls sind alle Veranstaltungen und Aktivitäten, die die Mitarbeiter durchführen, versichert. Nicht versichert sind in der Regel die Besucher des Jugendhauses. Bei Schäden muss ihre private Versicherung in Anspruch genommen werden. Es gibt aber Versicherungsverträge in der katholischen wie evangelischen Kirche, die ausdrücklich auch die Teilnehmer und Besucher einschließen. Man kann nur immer wieder empfehlen, sich genau über den Versicherungsschutz zu informieren.*

Frage: Ist das nicht ein Widerspruch, wenn es heißt: „Veranstaltungen aller Art" sind versichert, aber die Besucher der Veranstaltungen nicht? Was kann an einer Veranstaltung versichert sein, wenn nicht die Besucher?

Antwort: *Diese Formulierung in den Versicherungsverträgen (versichert sind „Veranstaltungen aller Art") ist sehr missverständlich und in der Aussage nicht leicht zu verstehen. Gemeint ist Folgendes: Versichert ist im Veranstaltungsbereich primär die „allgemeine Verkehrssicherheit", d.h. versichert sind Organisationsmängel. Beispiel: Eine Tanzveranstaltung wird in einem Raum durchgeführt, der eigentlich für 40 Personen zugelassen ist, es halten sich aber 100 Personen auf. Wenn da etwas passiert, kann der Veranstalter verklagt werden, weil er zu viele Teilnehmer zugelassen hat. Gegen diesen Organisationsfehler bei „Veranstaltungen aller Art" tritt die Haftpflichtversicherung ein.*

Frage: Ich arbeite in einem Jugendhaus, das der Stadt gehört. Wie bin ich versichert?

Antwort: *Jeder Mitarbeiter in einem Jugendhaus ist unfall- und haftpflichtversichert. Der Versicherungsschutz besteht bei der Stadt über das Jugendamt.*

Frage: Wenn wir vom Jugendclub, der dem städtischen Jugendamt untersteht, irgendein Programm anbieten, sind die Teilnehmer versichert?

Antwort: *In der Regel sind Besucher und Teilnehmer von Veranstaltungen nicht versichert. Doch auch hier sei der Rat gegeben: Man muss sich beim Jugendamt informieren, denn jede Stadt kann den Jugendbereich anders versichert haben.*

Frage: Stefan macht mit seiner Gruppe im Gelände des Jugendhauses ein Suchspiel. Ein Kind muss bis 50 zählen, die anderen verstecken sich und müssen gesucht werden bzw. müssen sich zu einem bestimmten Platz anschleichen und sich freischlagen. Während dieses Spiels geht Stefan um das Haus und gibt Acht, dass die Kinder sich nicht zu weit vom Jugendhaus entfernen. Die Kinder, die bereits „erlöst" oder „abgeschlagen" sind, warten, bis die Spielrunde zu Ende ist. Dabei lehnen sie sich an den Gartenzaun des Nachbarn. Da eine Runde besonders lange dauert, lehnen sich die Wartenden nicht nur an den Gartenzaun, sondern klettern und turnen darauf herum. Der Zaun bricht. Der Nachbar zeigt den Gruppenleiter an und fordert Schadensersatz für den Zaun und einige Blumenbeete, die die Kinder beschädigt haben. Wer muss für den Schaden aufkommen? Gibt es da eine Versicherung, die den Schaden bezahlt?

Antwort: *Der Nachbar kann vom Gruppenleiter oder den Gruppenmitgliedern Schadensersatz verlangen. Da der Gruppenleiter seine Aufsichtspflicht nicht grob fahrlässig verletzt hat, kann der Schaden der Versicherung gemeldet werden, die ihn auch begleichen wird. Der Schaden wurde einem Dritten zugefügt, deshalb tritt die Versicherung ein.*

Frage: Peter, ein Gruppenmitglied, hat zu Weihnachten eine Modelleisenbahn geschenkt bekommen. Mit viel Eifer und großer Mühe hat er sie mit Hilfe seines Vaters im Keller aufgebaut. Peter macht nun in der ersten Gruppenstunde nach Weihnachten den Vorschlag, eine Gruppensitzung bei ihm zu Hause zu machen und mit der Modelleisenbahn zu spielen. Die Idee finden alle prima. Wie abgemacht trifft sich die ganze Gruppe bei Peter und spielt begeistert mit der Eisenbahn. Die Freude dauert nicht lange, die teure Eisenbahnanlage funktioniert bald nicht mehr. Der Vater stellt am Abend den Schaden fest, der nicht unerheblich ist. Wer kommt dafür auf? Kann man ihn der Versicherung melden, da es sich ja um eine durch den Jugendverband versicherte Gruppe handelt, die auch pünktlich ihren Mitgliedsbeitrag bezahlt hat?

Antwort: *Peter hat Pech. Die Versicherung kann nicht in Anspruch genommen werden, denn diese begleicht nur Schäden Dritter. Gruppenmitglieder untereinander sind nicht Dritte. Fügen sie sich oder dem Gruppenleiter einen Schaden zu, sind Leistungen der Versicherung ausgeschlossen.*

Frage: Um die Gruppenkasse aufzubessern, veranstaltet das Leitungsteam einer Pfarrgemeinde alle drei Monate eine Tanzveranstaltung, die bei den Jugendlichen der Gemeinde sehr beliebt und entsprechend gut besucht ist. Das Problem dabei ist, dass diese Veranstaltung manchmal von einer Clique besucht wird, die in der Regel betrunken ist, dann eine Schlägerei anfängt und Gegenstände zerstört. Bei der letzten Tanzveranstaltung wurden einige Besucher durch Glasscherben verletzt. Sie mussten zum Nähen der Wunden ins Krankenhaus gebracht werden. Durch Verletzungen an den Händen waren mehrere Jugendliche sogar kurzzeitig arbeitsunfähig. Die Glaseingangstür und Stühle waren kaputt, und in der Toilette war ein Waschbecken abgebrochen. Der Pfarrer der Gemeinde war sehr ungehalten. Wir sollten von den Einnahmen der Tanzveranstaltung den Schaden ersetzen. Es ist auch noch nicht klar, ob von den Verletzten jemand Schadensersatz fordert. Wir haben uns vorher eigentlich noch gar keine Gedanken darüber gemacht, inwieweit diese Veranstaltung versichert ist. Wie ist unser Versicherungsschutz?

Antwort: *Bei der Tanzveranstaltung sind die Teamer, also die Veranstalter, versichert (Unfall-, Haftpflicht- und Rechtsschutzversicherung). Die Besucher sind - wenn nicht privat - nicht versichert. Die Versicherung der Teamer kommt auch nicht für Sachschäden an Gebäuden auf, die dem Versicherungsträger gehören, hier also dem Pfarrer bzw. der Pfarrgemeinde, da es sich um Eigenschäden handelt. Dies ist die Regel. Verschiedene Sammelversicherungen versichern jedoch ausdrücklich auch Teilnehmer, nicht aber die Haftpflichtversicherung, denn es handelt sich nicht um Schäden Dritter. Eine weitere Möglichkeit wäre: Die Teamer schließen für diese Tanzveranstaltung z.B. eine Veranstalter-Haftpflichtversicherung ab. Dann sind Sach- und Personenschäden versichert.*

Frage: Eine Pfarrgemeinde hat mehrere Kindergruppen, die Mitglied in einem Jugendverband sind. Die Teamer führen jedes Jahr mit den Kindern ihrer Gruppe in der Schweiz ein Ferienlager durch. Es kommt auch vor, dass einige Kinder, die noch nicht Mitglied sind, an dem Lager teilnehmen. Die Teamer machen die Eltern der Nichtmitglieder darauf aufmerksam, dass ihre Kinder für die Lagerzeit zusätzlich zu versichern sind. Da die Mitglieder ja über den Jugendverband versichert sind, schließen sie für diese keine Zusatzversicherung ab. Handeln die Teamer richtig?

Antwort: *Die Teamer handeln nicht richtig. Die Versicherung über den Jugendverband gilt in der Regel nur für das Inland. Da das Ferienlager im Ausland stattfindet, muss für alle Teilnehmer, auch für die Teamer, eine Zusatzversicherung abgeschlossen werden. Mit dieser Versicherung sollte eine Unfall-, Kranken-, Haftpflicht- und Rechtsschutzversicherung kombiniert sein. Vor allem die Krankenversicherung ist enorm wichtig. In vielen Ländern wird man trotz Auslandskrankenschein als Privatpatient behandelt, die Heilbehandlung muss zunächst bar bezahlt werden. Die Krankenkasse in der Heimat erstattet dann den ortsüblichen Tarif, der oft unterhalb des bezahlten Betrages liegt, da man von einem Privatpatienten einen höheren Betrag verlangen kann. Hat man eine Zusatzversicherung abgeschlossen, kommt diese für den Differenzbetrag auf.*

4. Sexualstrafrecht

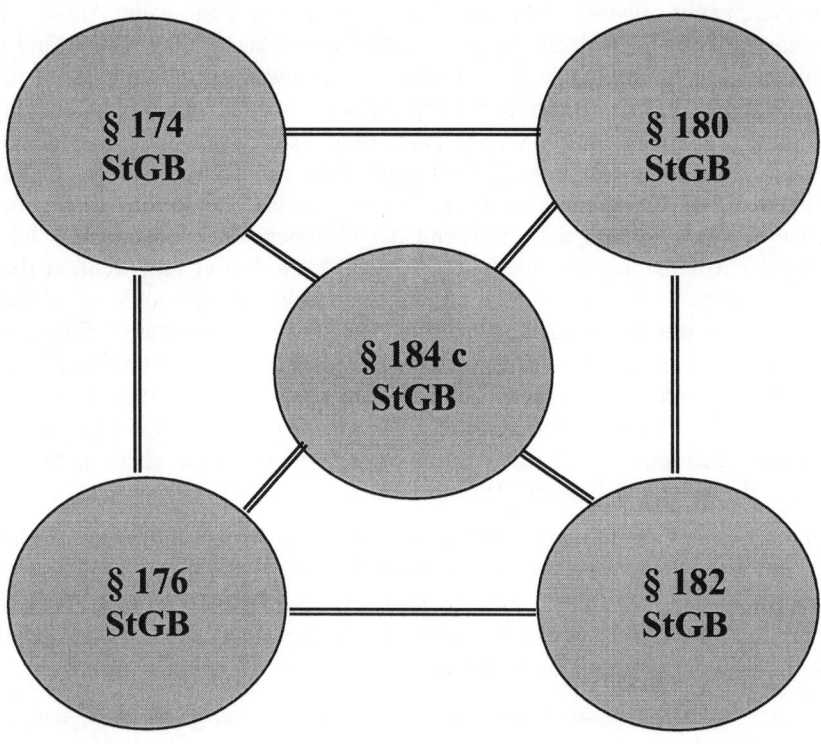

4.1 Sexualpädagogik und Sexualstrafrecht

„Trotz zunehmender Offenheit bei der Darstellung der Sexualität in der Öffentlichkeit, trotz ihrer gewinnbringenden Vermarktung durch einschlägige Filmindustrie und Magazin-Verlage sind Hilflosigkeit und Unsicherheit in der Gestaltung der Intimsphäre weit verbreitet. Bedürfnisse wahrzunehmen, über Gefühle zu reden, Wünsche auszusprechen und bei sich und dem Partner zu akzeptieren wird selten gelernt."[1] In der Jugendarbeit, die auf den drei Säulen: Freiheit, Freiwilligkeit und Freizeit aufbaut, darf die Frage

---

1 Marburger, H.; Sielert, U.: Sexualerziehung in der Jugendarbeit. Frankfurt: Diesterweg Verlag 1980, S. 5.

bzw. das Problem der Sexualität nicht ausgeklammert werden. Im Gegenteil, in diesem speziellen Erziehungsbereich, der sich durch seine offene Konzeption und Struktur auszeichnet, bietet es sich an, Sexualität zu thematisieren. Dabei entstehen jedoch viele Probleme. Beschäftigt sich der Gruppenleiter mit dem Thema „Sexualität", muss er mit einer kritischen und misstrauischen Reaktion der Eltern und der Öffentlichkeit rechnen. Eltern reagieren sehr sensibel und sehen es nicht besonders gern, wenn Außenstehende in einen Bereich eindringen, für den sie sich ausschließlich zuständig fühlen, obwohl empirische Untersuchungen nachweisen, dass die Eltern ihrer Aufgabe bei der Sexualerziehung nicht in ausreichendem Maße nachkommen. Dies lässt sich daran belegen, dass viele Kinder und Jugendliche nicht oder nur teilweise aufgeklärt sind. Was soll/darf ein Gruppenleiter tun, wenn die Gruppenmitglieder nicht nur über das Thema Sexualität sprechen wollen, sondern auch während der Gruppenstunde oder beim Clubabend Zärtlichkeiten austauschen? Was soll/kann/darf er tun, wenn er den Eindruck hat, die Besucher kommen eigentlich nur, um sich mit ihrem Partner zu treffen, wenn Jugendarbeit als „Partnervermittlung" fungiert? Soll er wegschauen? Soll er es verbieten? „Schmusen könnt ihr überall, nur nicht in unseren kirchlichen Räumen", argumentierte ein Pfarrer. Soll er denken, die Gesetze seien veraltet, überholt, also warum sich noch daran halten? Oder sagt er sich: „Ich würde es ja gerne erlauben, aber ich darf es nicht. Ihr wisst, die Gesetze. Tut mir Leid."

Die Unsicherheit und der Konflikt des Gruppen- bzw. Clubleiters werden deutlich: Jugendliche erwarten von ihm Offenheit, Toleranz und Liberalität, die Eltern und die Öffentlichkeit dagegen eher Strenge, Distanz, Zurückhaltung, „Sauberkeit" (was immer auch das heißen mag). Über zwei Fragen sollte sich der Gruppenleiter Klarheit verschaffen.

1. Aus welchem *Motiv* heraus meint er, sexualpädagogisch aktiv sein zu wollen?
2. Welchen Handlungsspielraum räumt ihm das *Gesetz* ein?

Zum *Motiv* von Sexualpädagogik: Als falsche Motive sind anzusehen: missionarischer Eifer, Jugendliche aufklären zu wollen; Ideologie, z.B. Jugendliche müssen sich von konservativen Moralvorstellungen lösen; Kompensation eigener (falscher) Sexualerziehung, indem man an Jugendlichen gut machen möchte, was die eigenen Eltern in der Erziehung falsch gemacht oder versäumt haben. Aus solchen Motiven heraus sollte man auf keinen Fall sexualpädagogisch arbeiten. Voraussetzung für Sexualpädagogik in der Jugendarbeit ist:

- Die persönliche Einstellung und Haltung des Gruppenleiters zur Sexualität ist umfassender, ganzheitlicher zu sehen und beschränkt sich nicht nur auf den Genitalbereich.
- Eine enge Zusammenarbeit mit den Eltern; man muss ihr Einverständnis einholen.

- Gründliche sexualpädagogische Kenntnis; der Betreuer muss an speziellen Kursen bzw. Schulungen teilgenommen haben.
- Sexualpädagogik kann nur in einer längerfristig angelegten Jugendarbeit sinnvoll sein.

Zur *juristischen* Seite: „Bisher gibt es keine inhaltlich-konkreten Gesetze, die sich auf die Möglichkeiten und Grenzen der Sexualerziehung in der Jugendarbeit beziehen." [2] Die Gesetze des Sexualstrafrechts enthalten nicht für jede Situation juristisch eindeutige Aussagen, sie sind vielmehr offen abgefasst. Daraus folgt, dass viele Konfliktfälle nicht durch Gesetze oder verbindliche Grundsatzurteile entschieden sind, sie lassen unterschiedliche Kommentare und Entscheidungen zu. Diese Tatsache macht es schwer, in der Jugendarbeit sexualpädagogisch zu arbeiten. Jedoch macht es die Notwendigkeit deutlich, die Gesetze und die Rechtslage gut zu kennen, um den jeweiligen Handlungsspielraum einschätzen zu können. Wichtig ist, dass die Eltern hier das Entscheidungsrecht haben, nicht der Gruppenleiter.

Ich habe in langer Praxis den Eindruck gewonnen, dass in der Jugendarbeit bezüglich der Sexualität von Kindern und Jugendlichen nach dem Vogel-Strauß-Prinzip *(nichts sehen und wissen wollen)* gearbeitet wird. Die Gesetze nicht zu kennen und zu beachten ist kein Weg, den offensichtlich bestehenden Konflikt zu lösen, der zwischen Sexualpädagogik und Sexualstrafrecht besteht.[3]

Die folgenden Ausführungen wollen nicht das gesamte Sexualstrafrecht darlegen. Dies ist angesichts der Kompliziertheit der Materie nicht möglich. Folgende Fragenkomplexe werden behandelt:

1. Inwieweit dürfen Gruppen-, Clubleiter oder Betreuer den sexuellen Interessen von Kindern und Jugendlichen „freien Lauf" lassen?
2. Inwieweit macht sich ein Mitarbeiter strafbar, der selbst sexuelle Beziehungen zu Jugendlichen anknüpft?[4]

 Literatur

Barabas, F.: Sexualität und Recht. Frankfurt: Fachhochschulverlag 1998.
Jäger, H.; Schorch, E. (Hrsg.): Sexualwissenschaft und Strafrecht. Stuttgart: Enke Verlag 1987.
Koch, F.: Sexualität, Erziehung und Gesellschaft: von der geschlechtlichen Unterweisung zur emanzipatorischen Sexualpädagogik. Frankfurt: Lang Verlag 2000.

---

2 a.a.O., S. 100.
3 Vgl. Sonnen, B. R.: Sexualstrafrecht als Grenze moderner Freizeitpädagogik. Berlin: Amt für Jugendarbeit der Evangelischen Kirche Berlin-Brandenburg 1987, Band 1, S. 46.
4 Vgl. Marburger; Sielert: Sexualerziehung ..., a.a.O., S. 95.

Kluge, N.: Sexualverhalten Jugendlicher heute. Weinheim: Juventa Verlag 1998.

Marburger, H; Sielert, U.: Sexualerziehung in der Jugendarbeit. Frankfurt: Diesterweg Verlag 1980.

Sielert, U.; Keil, S.: Sexualpädagogische Materialien für die Jugendarbeit in Freizeit und Schule. Weinheim: Beltz Verlag 1993.

4.2 Wie würden Sie entscheiden?

Ein Jugendverband bietet jedes Jahr für seine Mitglieder, aber auch für andere Interessenten, Ferienlager an. Die Lager sind ausgeschrieben für 12- bis 16-jährige Mädchen und Jungen. Das pädagogische Konzept der Teamer sieht vor, dass Mädchen und Jungen auch gemeinsame Schlafräume haben. Um hier jedoch sicher zu gehen, lassen sich die Betreuer von allen Eltern schriftlich bestätigen, dass sie nichts gegen gemischtgeschlechtliche Schlafräume einzuwenden haben. Ist das Vorgehen der Teamer rechtlich unbedenklich?

_____

_____

_____

_____

Vorläufige Antwort

Das Gestatten und Ermöglichen von gemischtgeschlechtlichen Schlafräumen oder Zelten ermöglicht sexuelle Handlungen. Das Gesetz nennt diesen Tatbestand „Gewähren" und „Verschaffen" von Situationen oder Gelegenheiten. Dieser Tatbestand ist *strafbar,* da sexuellen Handlungen Vorschub geleistet wird. Nun haben sich die Teamer ja schriftlich abgesichert: Die Eltern erlauben gemischtgeschlechtliche Schlafräume. Können die Betreuer für etwas Erlaubtes bestraft werden? Eltern können nicht erlauben, was gesetzlich verboten ist. Sie können ihr Erzieherprivileg nicht an die Teamer delegieren. Richter haben diese Einwilligung als eine „gröbliche Verletzung der Erziehungspflicht" betrachtet und somit für unwirksam erklärt.

Für Pädagogen geht diese juristische Entscheidung völlig am Leben junger Menschen vorbei. Entsprechend übergehen viele Leiter von Ferienmaßnahmen diese rechtliche Auffassung und lassen sich dennoch von Eltern eine schriftliche Erklärung unterschreiben.

Einige Juristen sehen einen Weg, wie man dieses Problem lösen kann. Sie schlagen vor: Die Einwilligung der Personensorgeberechtigten muss so konkret sein, dass sie genau das - die sexuellen Handlungen förderndes - Verhalten offen ausspricht. Also nicht eine allgemeine Erklärung, dass die Eltern gemischtgeschlechtliche Schlafzimmer erlauben, sondern es müssen ganz konkret und ohne Verschleierung Fragen gestellt werden: Darf mein Sohn/meine Tochter mit einem andersgeschlechtlichen Teilnehmer ein Zimmer teilen? Ist möglicherweise geschlechtlicher Kontakt erlaubt?

Wenn Eltern solche Erklärungen unterschreiben, rechtfertigt die im Rahmen des elterlichen Sorgerechts getroffene Entscheidung auch das Handeln des Betreuers in einer Ferienfreizeit. Er respektiert ihre Entscheidung und verhält sich somit nicht gegen den § 180 StGB, erklären einige Juristen.[5]

4.3 Gesetzestexte (StGB)

§§ **§ 174 StGB**
Sexueller Missbrauch von Schutzbefohlenen

(1) Wer sexuelle Handlungen
1. an einer Person unter sechzehn Jahren, die ihm zur Erziehung, zur Ausbildung oder zur Betreuung in der Lebensführung anvertraut ist,
2. an einer Person unter achtzehn Jahren, die ihm zur Erziehung, zur Ausbildung oder zur Betreuung in der Lebensführung anvertraut oder im Rahmen eines Dienst- oder Arbeitsverhältnisses untergeordnet ist, unter Missbrauch einer mit dem Erziehungs-, Ausbildungs-, Betreuungs-, Dienst- oder Arbeitsverhältnis verbundenen Abhängigkeit oder
3. an seinem noch nicht achtzehn Jahre alten leiblichen oder angenommenen Kind
vornimmt oder an sich von dem Schutzbefohlenen vornehmen lässt, wird mit Freiheitsstrafe bis zu fünf Jahren oder mit Geldstrafe bestraft.

(2) Wer unter den Voraussetzungen des Absatzes 1 Nr. 1 bis 3
1. sexuelle Handlungen vor dem Schutzbefohlenen vornimmt oder
2. den Schutzbefohlenen dazu bestimmt, dass er sexuelle Handlungen vor ihm vornimmt, um sich oder den Schutzbefohlenen hierdurch sexuell zu erregen, wird mit Freiheitsstrafe bis zu drei Jahren oder mit Geldstrafe bestraft.
3. Der Versuch ist strafbar.
4. In den Fällen des Absatzes 1 Nr. 1 oder des Absatzes 2 in Verbindung mit Absatz 1 Nr. 1 kann das Gericht von einer Bestrafung nach dieser Vorschrift absehen, wenn bei Berücksichtigung des Verhaltens des Schutzbefohlenen das Unrecht der Tat gering ist.

§§ **§ 176 StGB**
Sexueller Missbrauch von Kindern

(1) Wer sexuelle Handlungen an einer Person unter vierzehn Jahren (Kind) vornimmt oder an sich von dem Kind vornehmen lässt, wird mit Freiheits-

---

5 Vgl. Barabas, F.: Sexualität und Recht. Frankfurt: Fachhochschulverlag 1998, S. 97 f.

strafe von sechs Monaten bis zu zehn Jahren, in minder schweren Fällen mit Freiheitsstrafe bis zu fünf Jahren oder mit Geldstrafe bestraft.

(2) Ebenso wird bestraft, wer ein Kind dazu bestimmt, dass es sexuelle Handlungen an einem Dritten vornimmt oder von einem Dritten an sich vornehmen lässt.

(3) In besonders schweren Fällen ist die Strafe Freiheitsstrafe von einem Jahr bis zu zehn Jahren. Ein besonders schwerer Fall liegt in der Regel vor, wenn der Täter

1. mit dem Kind den Beischlaf vollzieht oder
2. das Kind bei der Tat körperlich schwer misshandelt.

(4) Verursacht der Täter durch die Tat leichtfertig den Tod des Kindes, so ist die Strafe Freiheitsstrafe nicht unter fünf Jahren.

(5) Mit Freiheitsstrafe bis zu drei Jahren oder mit Geldstrafe wird bestraft, wer

1. sexuelle Handlungen vor einem Kind vornimmt,
2. ein Kind dazu bestimmt, dass es sexuelle Handlungen vor ihm oder einem Dritten vornimmt oder
3. auf ein Kind durch Vorzeigen pornographischer Abbildungen oder Darstellungen, durch Abspielen von Tonträgern pornographischen Inhalts oder durch entsprechende Reden einwirkt, um sich, das Kind oder einen anderen hierdurch sexuell zu erregen.

(6) Der Versuch ist strafbar; dies gilt nicht für Taten nach Absatz 5 Nr. 3.

§§ § 180 StGB
Förderung sexueller Handlungen Minderjähriger

(1) Wer sexuellen Handlungen einer Person unter sechzehn Jahren an oder vor einem Dritten oder sexuellen Handlungen eines Dritten an einer Person unter sechzehn Jahren

1. durch seine Vermittlung oder
2. durch Gewähren oder Verschaffen von Gelegenheit Vorschub leistet, wird mit Freiheitsstrafe bis zu drei Jahren oder mit Geldstrafe bestraft. Satz 1 Nr. 2 ist nicht anzuwenden, wenn der zur Sorge für die Person Berechtigte handelt; dies gilt nicht, wenn der Sorgeberechtigte durch das Vorschubleisten seine Erziehungspflicht gröblich verletzt.

(2) Wer eine Person unter achtzehn Jahren bestimmt, sexuelle Handlungen gegen Entgelt an oder vor einem Dritten vorzunehmen oder von einem Dritten an sich vornehmen zu lassen, oder wer solchen Handlungen durch seine Vermittlung Vorschub leistet, wird mit Freiheitsstrafe bis zu fünf Jahren oder mit Geldstrafe bestraft.

(3) Wer eine Person unter achtzehn Jahren, die ihm zur Erziehung, zur Ausbildung oder zur Betreuung in der Lebensführung anvertraut oder im Rahmen eines Dienst- oder Arbeitsverhältnisses untergeordnet ist, unter Missbrauch einer mit dem Erziehungs-, Ausbildungs-, Betreuungs-, Dienst- oder Arbeitsverhältnis verbundenen Abhängigkeit bestimmt, sexuelle Handlungen an oder vor einem Dritten vorzunehmen oder von einem Dritten an sich vornehmen zu lassen, wird mit Freiheitsstrafe bis zu fünf Jahren oder mit Geldstrafe bestraft.

(4) In den Fällen der Absätze 2 und 3 ist der Versuch strafbar.

§§ § 182 StGB
Sexueller Missbrauch von Jugendlichen

(1) Eine Person über achtzehn Jahre, die eine Person unter sechzehn Jahren dadurch missbraucht, dass sie
1. unter Ausnutzung einer Zwangslage oder gegen Entgelt sexuelle Handlungen an ihr vornimmt oder an sich von ihr vornehmen lässt oder
2. diese unter Ausnutzung einer Zwangslage dazu bestimmt, sexuelle Handlungen an einem Dritten vorzunehmen oder von einem Dritten an sich vornehmen zu lassen,
wird mit Freiheitsstrafe bis zu fünf Jahren oder mit Geldstrafe bestraft.

(2) Eine Person über einundzwanzig Jahre, die eine Person unter sechzehn Jahren dadurch missbraucht, dass sie
1. sexuelle Handlungen an ihr vornimmt oder an sich von ihr vornehmen lässt oder
2. diese dazu bestimmt, sexuelle Handlungen an einem Dritten vorzunehmen oder von einem Dritten an sich vornehmen zu lassen und dabei die fehlende Fähigkeit des Opfers zur sexuellen Selbstbestimmung ausnutzt, wird mit Freiheitsstrafe bis zu drei Jahren oder mit Geldstrafe bestraft.

(3) In den Fällen des Absatzes 2 wird die Tat nur auf Antrag verfolgt, es sei denn, dass die Strafverfolgungsbehörde wegen des besonderen öffentlichen Interesses an der Strafverfolgung ein Einschreiten von Amts wegen für geboten hält.

(4) In den Fällen der Absätze 1 und 2 kann das Gericht von Strafe nach diesen Vorschriften absehen, wenn bei Berücksichtigung des Verhaltens der Person, gegen die sich die Tat richtet, das Unrecht der Tat gering ist.

§§ § 184 c StGB
Begriffsbestimmungen

Im Sinne dieses Gesetzes sind
1. sexuelle Handlungen nur solche, die im Hinblick auf das jeweils geschützte Rechtsgut von einiger Erheblichkeit sind,

2. sexuelle Handlungen vor einem anderen nur solche, die vor einem anderen vorgenommen werden, der den Vorgang wahrnimmt.

4.4 Kommentar

4.4.1 Ziel des Sexualstrafrechts

Mit dem „Vierten Gesetz zur Reform des Strafrechts" (28.11.1973) wurde auch das Sexualstrafrecht reformiert. Der 13. Abschnitt des Strafgesetzbuches trägt jetzt die Überschrift „Straftaten gegen die sexuelle Selbstbestimmung" gegenüber der früheren „Verbrechen und Vergehen gegen die Sittlichkeit". Ziel dieser Reform war es, im Sexualbereich das Recht des Einzelnen auf freie geschlechtliche Selbstbestimmung zu schützen. In den §§ 174-184c werden die Straftaten gegen die sexuelle Selbstbestimmung zusammengefasst.

Das 4. Strafrechtänderungsgesetz von 1973 hat wegen der veränderten Anschauung über die Strafwürdigkeit sexueller Verhaltensweisen und über die Sozialschädlichkeit solcher Handlungen die Grenzen zwischen strafbarem und straffreiem Verhalten neu definiert. „Die Entfaltung der Sexualität bei Kindern und Jugendlichen und die Sexualität unter Erwachsenen soll sich also nach dem Willen des Gesetzgebers nicht mehr nach den sittlichen Wertvorstellungen des 19. Jahrhunderts richten, sondern es sind die gewandelten gesellschaftlichen Anschauungen und Vorstellungen zu berücksichtigen. Die staatliche Überwachung des Sexualverhaltens der Bürger wurde auf ein Maß zurückgeführt, das einerseits die Schutzbedürfnisse von Kindern und Jugendlichen, andererseits die sexuelle Autonomie des Individuums berücksichtigt."[6]

Für die Jugendarbeit und Ferienfreizeiten von Bedeutung sind vor allem die Paragraphen:

§ 174 StGB: Sexueller Missbrauch von Schutzbefohlenen
§ 176 StGB: Sexueller Missbrauch von Kindern
§ 180 StGB: Förderung sexueller Handlungen Minderjähriger
§ 182 StGB: Sexueller Missbrauch von Jugendlichen

Das Gesetz nimmt im Zusammenhang von „Straftaten gegen die sexuelle Selbstbestimmung" eine Aufteilung nach Schutzaltersgrenzen vor. Es werden unterschieden:

- Kinder: Personen bis 14 Jahre
- Jugendliche: Personen zwischen 14 und 16 Jahren
- Jugendliche: Personen zwischen 16 und 18 Jahren

---

6 a.a.O., S. 23.

- Volljährige: Personen über 18 Jahre

Durch die Schutzaltersgrenze soll die ungestörte Gesamtentwicklung des Kindes bzw. Jugendlichen vor vorzeitigen sexuellen Erlebnissen geschützt werden.

Halten wir fest

Ziel des Sexualstrafrechts ist der Schutz des Einzelnen auf freie Selbstbestimmung. Straftaten gegen die sexuelle Selbstbestimmung müssen nach der Schutzaltersgrenze beurteilt werden.

4.4.2 Sexualität (§ 184 c StGB)

Begriffsbestimmung

Im § 184 c StGB wird definiert, was unter Sexualität zu verstehen ist. Mit diesem Paragraphen soll erreicht werden, dass nur schwere Rechtsgüterverletzungen bestraft werden. Objektiv muss das Verhalten geschlechtsbezogen und von *einiger Erheblichkeit* sein.

Zu den erheblichen sexuellen Handlungen zählen: Geschlechtsverkehr, Beischlaf, Petting und gleichgeschlechtliche Entsprechungen, gegenseitiges oder einem anderen gezeigtes Onanieren, Entblößen und Betasten des Geschlechtsteils eines anderen oder der weiblichen Brüste, auch wenn das Mädchen angezogen ist. Eine sexuelle Handlung ist nicht erst dann strafbar, wenn der andere die entsprechende körperliche Berührung auch wahrnimmt. Er könnte z.B. schlafen oder bewusstlos sein.

Eine strafbare sexuelle Handlung liegt auch dann vor, wenn die Handlung vorgenommen wird, ohne dass der andere den Vorgang versteht. Unter einer sexuellen Handlung wird in der Regel ein aktives Tun verstanden; aber auch durch Unterlassen kann eine sexuelle Handlung begangen werden, z.B. wenn der Betreffende entblößt bleibt, wenn jemand dazu kommt. Bei einer sexuellen Handlung wird der eigene Körper oder der Körper eines anderen eingesetzt.

Das Sprechen über sexuelle Dinge ist keine sexuelle Handlung. Bloße Taktlosigkeit oder Geschmacklosigkeit sind keine erheblichen sexuellen Handlungen, auch nicht übliche Küsse oder Umarmungen.

Die Erheblichkeit der sexuellen Handlung bestimmt das jeweils geschützte Rechtsgut. Ein- und dasselbe Verhalten (z.B. Petting, Zungenkuss) kann unterschiedlich bewertet werden. Es kommt z.B. darauf an, ob die Person der Schutzaltersgrenze verhältnismäßig nahe ist. „Unter diesem Gesichtspunkt ist zwar Petting immer als eine sexuelle Handlung anzusehen, die

Beurteilung von Zungenküssen dagegen im Einzelfall vom Alter und von sexuellen Vorerfahrungen des Minderjährigen abhängig."[7]

Halten wir fest

Durch die Gesetze sollen nur schwere Rechtsgüterverletzungen, d.h. sexuelle Handlungen, die geschlechtsbezogen und von einiger Erheblichkeit sind, bestraft werden.

Erzieherprivileg der Eltern bzw. Personensorgeberechtigten

Im § 180 StGB wird von einem so genannten *Erzieherprivileg* gesprochen, d.h. Personensorgeberechtigte werden von der Bestrafung nach § 180 StGB ausgenommen, wenn sie sexuelle Handlungen von Jugendlichen im Alter von 14 und 15 Jahren fördern.

In den juristischen Kommentaren war umstritten, ob man auch von einem „verlängerten Erziehungsprivileg" sprechen kann, d.h. ob dieses Privileg auch auf Dritte übertragen werden kann, z.B. ob Eltern dem Gruppenleiter erlauben können, durch „Gewähren oder Verschaffen von Gelegenheiten" sexuelle Handlungen Jugendlicher (14-15jährige) zu fördern. Zwei Meinungen werden vertreten:

- Das Privileg gilt nur für Eltern, nicht aber für einen mit ihrer Einwilligung handelnden Dritten. Es liegt eine verbindliche Entscheidung des Gesetzgebers vor.
- Man sieht die Möglichkeit, dass eine konkrete Einwilligung der Eltern keine gröbliche Verletzung der Erziehungspflicht darstellt und deshalb auch nicht strafbar ist.

Durch Anrufung des Vermittlungsausschusses durch den Bundesrat wurde das „verlängerte Erziehungsprivileg" gestrichen. Danach gilt gegenwärtig: Das Erziehungsprivileg bleibt ausschließlich bei den Eltern, sie können durch eine schriftliche Genehmigung sexuelle Handlungen nicht erlauben. Der Gruppenleiter wird für das „Gewähren und Verschaffen von Gelegenheit" bestraft, auch wenn er noch so wichtige pädagogische Gründe für sein Handeln hat. Das Erziehungsprivileg gibt es beim § 176 StGB „Sexueller Missbrauch von Kindern" nicht. Hier machen sich Eltern, Erzieher, Betreuer und Jugendliche strafbar.

Nach Auffassung von Barabas gibt es in diesem Fall nur eine Möglichkeit. Die Personensorgeberechtigten geben ihre Einwilligung schriftlich zu ganz konkret formulierten Vorhaben, die unmissverständlich sexuelles Verhalten beinhalten wie z.B.:

„Mein Sohn/meine Tochter darf ein Zimmer mit einer andersgeschlechtlichen Person teilen und es darf zu sexuellen Handlungen zwischen ihnen

---

7 Sonnen: Sexualstrafrecht ..., a.a.O., S. 41.

kommen." Wenn die Eltern eine solche Erklärung unterschreiben, sollte der Betreuer den ausdrücklichen Willen der Eltern respektieren.[8]

> **Halten wir fest**
>
> Das Erziehungsprivileg bleibt ausschließlich bei den Eltern und kann auf Dritte nicht übertragen werden.

Sexualstrafrecht kontra Sexualpädagogik

Man muss nach den Überlegungen bezüglich des Erzieherprivilegs nach § 180 StGB festhalten: Sexualpädagogik mit Jugendlichen im Alter von 15-16 Jahren ist kaum möglich. Versucht der Betreuer dennoch mit dieser Altersstufe sexualpädagogisch zu arbeiten, ist sein Verhalten sehr riskant. Er riskiert den Protest der Eltern, eine Strafanzeige, Ermittlungsverfahren und die Kündigung durch seinen Träger.[9] „Freizeitpädagogische Konzepte, die diese Grenzen zu überwinden versuchen, bürden dem Teamer das Risiko strafrechtlicher Verfolgung auf. Unter pädagogischen Aspekten wird dieses Ergebnis auf Kritik stoßen (müssen), rechtlich ist es dagegen bei dem gegenwärtigen Stand von Gesetzgebung und Rechtsprechung unumgänglich."[10]

Das besagt nun allerdings nicht, dass der Gruppenleiter keinerlei Sexualaufklärung betreiben darf. Stellt ein Kind oder Jugendlicher Fragen zum Thema Sexualität, kann man die Einwilligung der Eltern vermuten, so dass der Betreuer sachlich und dem Entwicklungsstand des Fragenden angemessen antworten darf. Jedoch darf der Betreuer nicht einen Aufklärungskurs planen und entsprechende Fragen der Kinder und Jugendlichen provozieren. Dies ist ohne Einwilligung der Eltern rechtlich nicht zu vertreten.

> **Halten wir fest**
>
> Bei Jugendlichen zwischen 15 und 16 Jahren ist es dem Betreuer verwehrt, eigene sexualpädagogische Vorstellungen zu verwirklichen. Er macht sich auch dann strafbar, wenn sein Verhalten pädagogisch vertretbar ist.[11]

---

8 Vgl. Barabas: Sexualität ..., a.a.O., S. 98.
9 Vgl. Marburger; Sielert: Sexualerziehung ..., a.a.O., S. 97.
10 Sonnen: Sexualstrafrecht ..., a.a.O., S. 46; Jäger, H.; Schorsch, E. (Hrsg.): Sexualwissenschaft und Strafrecht. Stuttgart: Enke Verlag 1987, S. 37 ff.
11 Vgl. Eltzner, E u.a.: Praxishilfe Freizeit. Gütersloh: Mohn Verlag 1980, S. 88.

4.4.3 Förderung sexueller Handlungen Minderjähriger (§ 180 StGB)

Bei dem § 180 Abs. 1 StGB handelt es sich um ein „abstraktes Gefährdungsdelikt", d.h. diese Strafvorschrift ist bereits dann erfüllt, wenn sexuelle Handlungen einer Person unter 16 Jahren

- an oder vor einem Dritten oder
- sexuelle Handlungen eines Dritten an einer Person unter 16 Jahren Vorschub geleistet wird.

Die Strafbarkeit hängt nicht davon ab, ob es tatsächlich zu sexuellen Handlungen von Minderjährigen gekommen ist. Förderung sexueller Handlungen von Minderjährigen unter 16 Jahren ist nach § 180 Abs. 1 StGB prinzipiell strafbar.[12]

Vorschub leisten

Im § 180 StGB geht es um die Tatsache eines *Vorschubleistens* sexueller Handlungen. Darunter versteht man das Verschaffen günstiger Bedingungen für sexuelle Handlungen.

Zu den geförderten sexuellen Handlungen selbst muss es nicht kommen. Vorschub leisten unterteilt das Gesetz in *Vermittlung* und *Gewähren* oder *Verschaffen* von Möglichkeiten zu sexuellen Handlungen. Im Einzelnen versteht man darunter:

- **Vermittlung:** Man kann davon ausgehen, dass es in der Jugendarbeit nicht um diesen Tatbestand geht, dass bewusst sexuelle Kontakte vermittelt werden. Vermittlung würde voraussetzen, dass das Verhalten der Jugendlichen nicht in Selbstbestimmung erfolgt, sondern gesteuert wird. Dieses Verhalten widerspricht jedoch den Zielen der Jugendarbeit. Auch der Absatz 2 dürfte für Jugendarbeit keine Relevanz besitzen, denn sexuelle Handlungen gegen Entgeld zu vermitteln entspricht gleichfalls nicht den Zielen von Jugendarbeit.

- **Gewähren oder Verschaffen:** Hierunter versteht man Situationen bzw. äußere Bedingungen, durch die sexuelle Kontakte bzw. sexuelle Handlungen wesentlich erleichtert werden. Den Tatbestand erfüllen z.B. Kuschelzelte, Überlassen von Räumen, Einrichten gemischtgeschlechtlicher Räume oder Zelte. Voraussetzung ist, dass sexuelle Handlungen nicht nur mittelbar, sondern unmittelbar gefördert werden. Es kann jedoch der Fall eintreten, dass eine Gruppe (Mädchen und Jungen) in einer Skihütte nur einen gemeinsamen Schlafbereich vorfindet. In dieser Situation muss der Betreuer für eine erhöhte Kontrollmöglichkeit und eine verschärfte Aufsicht sorgen. Auch die gemeinsame Benutzung sanitärer Einrichtungen wie etwa Waschräume, Bäder, Sauna usw. ist nicht von vornherein

---

12 Vgl. Barabas: Sexualität ..., a.a.O., S. 42.

ausgeschlossen. Abgesehen davon, dass eine Benutzung in einem zeitlich nacheinander gestaffelten Rhythmus unproblematisch wäre, ist davon auszugehen, dass ein Gewähren oder Verschaffen von Gelegenheiten im Sinne von § 180 StGB dann nicht vorliegt, wenn bei einer gemeinsamen Benutzung gleichzeitig durch geeignete Aufsichtsmaßnahmen sichergestellt ist, dass es zu sexuellen Aktivitäten nicht kommen kann.[13] Das Verteilen von Verhütungsmitteln durch die Betreuer entspricht demnach nicht diesem Tatbestand und ist nach § 180 StGB auch nicht strafbar.

Halten wir fest
Sexuellen Handlungen darf der Betreuer nicht durch Gewähren und Verschaffen von Möglichkeiten Vorschub leisten.

Garantenpflicht des Betreuers

Der Tatbestand von § 180 StGB kann nicht nur durch aktives Tun (Vorschub leisten), sondern auch durch Unterlassen erfüllt sein. Als Aufsichtspflichtiger hat der Betreuer die *Garantenpflicht*, die in § 180 StGB negativ bewerteten sexuellen Handlungen Minderjähriger zu verhindern. Betreuer machen sich demnach strafbar, wenn sie von sexuellen Handlungen wissen, aber nichts dagegen unternehmen. Allerdings muss das Einschreiten für den Mitarbeiter zumutbar sein, d.h. er muss z.B. nicht „rund um die Uhr" Aufsicht führen. Hinweise, z.B. „Die Nachtruhe beginnt um 22 Uhr" oder „Auch Betreuer brauchen ihren Schlaf" machen nächtliche Kontrollen jedoch nicht unzumutbar. Je nach Situation und Teilnehmer kann von den Betreuern eine erhöhte Aufmerksamkeit erwartet werden (Bestimmungsfaktoren). Es ist also möglich, dass sich ein Betreuer nach dem Sexualstrafrecht und nach dem Gesetz der Aufsichtspflicht strafbar macht.

Halten wir fest
Der Betreuer muss auf Grund seiner Garantenpflicht vom Gesetz negativ bewertete sexuelle Handlungen Minderjähriger verhindern.

Schutzaltersgrenze

Für welche Altersstufen trifft der § 180 StGB zu?

- *Kinder* (unter 14 Jahren): Der § 180 StGB kommt in der Regel bei dieser Altersstufe nicht zur Anwendung.
- *Volljährige* (ab 18 Jahren): Da der § 180 StGB ausdrücklich von Minderjährigen spricht, trifft der Paragraph auch für diese Altersstufe nicht zu. Sexuelle Beziehungen zwischen Volljährigen sind nicht strafbar.
- *Jugendliche* (Minderjährige von 14-18 Jahren): Diese Gruppe unterteilt man nach der Schutzaltersgrenze in die der 14-16-jährigen und 16-18-jährigen.

---

13 Vgl. a.a.O., S.93.

Der § 180 StGB bezieht sich bei der Altersstufe der 16-18-jährigen Jugendlichen auf drei Punkte:

- Duldung sexueller Handlungen bei 16-18-jährigen Jugendlichen ist *nicht* strafbar.

- Sexuelle Handlungen Jugendlicher untereinander gegen Entgelt dürfte in der Jugendarbeit nicht vorkommen. Hier hat § 180 StGB keine Relevanz.

- Missbrauch des Abhängigkeitsverhältnisses kann eventuell für die Jugendarbeit relevant sein. Dies ist z.b. dann der Fall, wenn Betreuer Kenntnisse, Wissen aus dem privaten Bereich Jugendlicher nutzen, um sie zu sexuellen Handlungen zu animieren. Beispiel: der Betreuer weiß, dass der Jugendliche raucht oder trinkt oder Drogen nimmt, was die Eltern nicht wissen. Wenn der Betreuer diese Kenntnis als Druckmittel benutzt, den Jugendlichen (16-18 Jahre) zu sexuellen Handlungen zu bewegen, macht er sich nach § 180 StGB strafbar. Es ist jedoch fraglich, ob solch ein Tatbestand vorkommt, denn er widerspricht dem Sinn und den Zielen von Jugendarbeit. So gibt es Kommentare, die diesen Tatbestand für den Bereich der Jugendarbeit ausschließen.

- *Jugendliche* (14-16 Jahre): Nach allgemeiner Rechtsauffassung bezieht sich der § 180 StGB ausdrücklich auf die Altersstufe der unter 16-Jährigen, d.h. wer noch nicht 17 Jahre alt ist. Wer sexuellen Handlungen Jugendlicher (14-16 Jahre) Vorschub leistet, macht sich strafbar.

Halten wir fest

Der Gruppenleiter bzw. Betreuer wird bestraft, wenn er Jugendlichen, die noch nicht 16 Jahre alt sind, sexuelle Handlungen vornehmen lässt bzw. Vorschub leistet durch Gewähren oder Verschaffen von entsprechenden Gelegenheiten.

Kritik der Sexualpädagogik am Sexualstrafrecht

14-16-jährige Jugendliche sind nach dem Willen des Gesetzgebers gewissermaßen „geschlechtslose Wesen", ihnen wird jede sexuelle Betätigung untersagt. Dieser Tatbestand *muss* bei Pädagogen auf Kritik stoßen. Denn hier verschließen sich die Juristen bzw. die Rechtslage der Realität. „Die seit langem beobachtete sexuelle Akzeleration hat sich in den beiden letzten Jahrzehnten fortgesetzt. Der Beginn des heterosexuellen Geschlechtsverkehrs findet zunehmend in früherem Alter statt, wobei in unserer Altersgruppe der 14-15-Jährigen früher stets Jungen die Nase vorn hatten, inzwischen aber die Mädchen aufgeholt und in manchen Erhebungen auch bereits überholt haben."[14] Vor dem 16. Geburtstag haben bereits über 20 % ihren ersten heterosexuellen Geschlechtsverkehr. In einigen Erhebungen werden sogar 30 % angenommen, die Koituserfahrung vor ihrem 17. Geburtstag

---

14 Jäger; Schorsch: Sexualwissenschaft ..., a.a.O., S. 56.

haben. Gleichfalls weisen die Untersuchungen aus, dass der erste Koitus-partner drei bzw. über fünf Jahre älter war. Diese Tatsache würde, nach dem Gesetz beurteilt, bedeuten, dass die Paare nach § 180 StGB eine straf-bare Handlung begangen haben. „Wenn man sich klarmacht, dass bei Ju-gendlichen dieses Alters in den meisten Fällen die körperliche und sexuelle Entwicklung weitgehend abgeschlossen ist und dass in ihrer emotionalen und sozialen Entwicklung das Suchen nach Identität im Vordergrund steht, wozu ganz wesentlich auch die sexuelle Identität gehört, so ist dies wirklich eine fast unmögliche Aufgabe."[15]

Halten wir fest

Sexualpädagogisches Arbeiten mit 14-16-jährigen Jugendlichen ist nach § 180 StGB so gut wie unmöglich bzw. sehr riskant.

4.4.4 Sexueller Missbrauch von Kindern (§ 176 StGB)

Ziel dieser Gesetzesvorschrift ist der Schutz ungestörter sexueller Entwick-lung von Personen unter 14 Jahren. Das Gesetz bezweckt den Schutz des Kindes vor der Beeinträchtigung seiner Gesamtentwicklung durch sexuelle Handlungen. Nicht unterbunden werden soll dagegen die kindliche Sexuali-tät selbst. So wurde im Sonderausschuss für Strafrechtsreform festgestellt: Eine Diskriminierung eventueller eigener sexueller Handlungen des Kindes sei damit nicht beabsichtigt.

Ein großer Teil der Experten ist der Auffassung, dass der § 180 StGB auf die sexuelle Betätigung unter Kindern *nicht* anwendbar ist. Ein Betreuer macht sich demnach nicht strafbar, wenn er sexuelle Betätigung von Kin-dern duldet und sogar vorsichtig fördert. Wenn der Betreuer z.B. Doktor-spiele von Kindern nicht verhindert, macht er sich nicht strafbar. Durch selbstbestimmte und gewaltfreie sexuelle Handlungen von Kindern wird das geschützte Rechtsgut nicht verletzt. Dies gilt allerdings nur, wenn beide Partner noch Kinder sind. Sexuelle Handlungen zwischen Volljährigen oder Jugendlichen (14-18 Jahre) und einem Kind sind dagegen nach § 176 StGB *immer strafbar*. Der Betreuer kann sich der Beihilfe zum sexuellen Miss-brauch von Kindern schuldig machen, wenn er z.B. um intime Beziehungen eines 13-jährigen Mädchens (also einem Kind) und einem 16-jährigen Jun-gen (einem Jugendlichen) weiß und nichts dagegen unternimmt.

Halten wir fest

Ziel der gesetzlichen Vorschrift des § 176 StGB ist es nicht, sexu-elle Handlungen von Kindern zu diskriminieren, sondern die ungestörte se-xuelle Entwicklung zu schützen.

---

15 Kosmale, J.-D.: Reisemotiv Flirt und Liebe. Frankfurt: Bundesarbeitsgemeinschaft Evangelischer Jugendferiendienste e.V. 1988, Nr. 6, S. 17.

Dulden und Fördern von sexuellen Handlungen unter Kindern sind nicht strafbar. Sexuelle Handlungen von Jugendlichen und Erwachsenen mit Kindern sind strafbar.

4.4.5 Sexueller Missbrauch von Schutzbefohlenen (§ 174 StGB)

§ 174 StGB will die ungestörte sexuelle Entwicklung von Kindern und Jugendlichen sichern. Je nach der Schutzaltersgrenze macht sich ein Mitarbeiter strafbar, der sexuelle Handlungen an Kindern bzw. Jugendlichen vornimmt.[16]

1. *Kinder* (noch nicht 14 Jahre): Nach den §§ 174 und 176 StGB macht sich jeder Mitarbeiter *strafbar,* der sexuelle Handlungen an Kindern ausführt bzw. von Kindern an sich vornehmen lässt. Auch der Versuch ist strafbar.
2. *Volljährige* (über 18 Jahre): Sexuelle Beziehungen zwischen Volljährigen sind grundsätzlich nicht strafbar.
3. Junge Erwachsene/Jugendliche (16-18 Jahre): Sexuelle Handlungen bleiben in der Regel straffrei. Ausnahme: Es besteht ein Abhängigkeitsverhältnis, das vom Betreuer benutzt wird, um junge Erwachsene zu sexuellen Handlungen zu zwingen.
4. Jugendliche (14-16 Jahre): In der Regel wird der Jugendarbeiter bestraft, wenn er sexuelle Beziehungen zu Jugendlichen dieser Altersgruppe unterhält. Das Gericht kann jedoch von einer Bestrafung absehen, wenn das Unrecht der Tat gering ist. Eine harmlose Zärtlichkeit oder flüchtige Berührung ist eine geringe Tat, die sexuelle Handlung muss von einiger Erheblichkeit sein. Im Zweifelsfall werden bei Verhältnissen Betreuer/Schutzbefohlene(r) strengere Maßstäbe angelegt, als wenn es um sexuelle Handlungen unter nahezu gleichaltrigen Jugendlichen geht.

Halten wir fest

Sexuelle Handlungen zwischen Betreuern und Kindern oder Jugendlichen (14-16 Jahre) werden bestraft, solche mit jungen Erwachsenen (über 16 Jahre) werden in der Regel nicht bestraft.

4.4.6 Sexueller Missbrauch von Jugendlichen (§ 182 StGB)

Durch die Novellierung des Strafgesetzbuches von 1994 wurde der § 175 StGB (Homosexualität) gestrichen und der § 182 StGB neu gefasst. Mit der Streichung des § 175 StGB ist die Homosexualität mit heterosexuellem Verhalten gleichgestellt, eine strafrechtliche Sonderbehandlung fordern die Gesetze nicht mehr. Der neu gefasste § 182 StGB enthält eine Besserstellung der männlichen Homosexuellen. Vor allen Dingen werden homosexu-

---

16 Marburger; Sielert: Sexualerziehung ..., a.a.O., S. 98 f.

elle Kontakte zwischen 18-Jährigen und 16-18-Jährigen nicht mehr prinzipiell mit Strafe bedroht. Allerdings sieht die neue Vorschrift eine Strafverschärfung für heterosexuelle Beziehungen zwischen Männern über 18 Jahre mit 14-16 Jahre alten weiblichen Jugendlichen vor.[17] Darüber hinaus ist durch die Neufassung des § 182 StGB lesbische Liebe strafbar. Heterosexuelle wie lesbische einvernehmliche sexuelle Handlungen zwischen über 18-jährigen Frauen und 14-16-jährigen Jugendlichen können strafbar sein. Homosexuelle Handlungen sind also nach der neuen Gesetzeslage strafbar, wenn der eine Beteiligte unter 16 Jahren ist bzw. der andere über 18 bzw. 21 Jahre alt ist. Allerdings gibt es drei Kriterien:

• eine Zwangslage ausnutzen
• Sexualität gegen Entgelt austauschen
• fehlende Fähigkeit des Opfers zur sexuellen Selbstbestimmung ausnutzen.

Unter Juristen bestehen Zweifel, ob der § 182 StGB für den Bereich der Jugendarbeit zutrifft. Es entspricht nicht den Zielen von Jugendarbeit, Jugendliche in einer Zwangslage auszunutzen oder sie für Entgelt zu sexuellen Handlungen zu zwingen.

Einige Juristen halten den § 182 StGB für überflüssig, weil bereits durch § 174 StGB die Obhutverhältnisse zwischen Erwachsenen und Jugendlichen unter 16 Jahren geschützt sind und die gewaltsam erzwungene Sexualität sowieso bestraft wird.

Man argumentiert, dass der Gesetzgeber sich selbst nicht ganz sicher war, ob der § 182 StGB noch in die Zeit passt, denn er hat im Hinblick auf die tatsächliche Strafverfolgung zwei rechtliche Einschränkungen eingebaut:

• bei den über 21-Jährigen wird die Tat nur auf Antrag oder
• bei Vorliegen eines besonderen öffentlichen Interesses verfolgt.[18]

Worin besteht kurz gefasst der Unterschied zwischen § 174 und § 182 StGB?

• § 174 StGB: Jugendliche unter 16 Jahren, die dem Täter zur Erziehung, Ausbildung oder Betreuung in der Lebensführung anvertraut sind, werden vor sexuellen Handlungen geschützt.
• § 182 StGB: Sexueller Missbrauch an Jugendlichen unter 16 Jahren wird bestraft, wenn eine Zwangslage ausgenutzt, Entgelt geleistet oder die fehlende Fähigkeit des Opfers zur sexuellen Selbstbestimmung ausgenutzt wird.[19]

Barabas fasst die Kritik vieler Juristen an § 182 StGB in den Zweifel zusammen: „Ob der neugefasste §182 StGB sehr hohe praktische Bedeutung

---

17 Vgl. Barabas: Sexualität ..., a.a.O.,S. 24 f.
18 Vgl. a.a.O., S.76 f.
19 Vgl. a.a.O., S. 79.

gewinnt, (kann bezweifelt werden, J.S.) so enthält er doch im Kern erneut eine moralische Wertung sexuellen Verhaltens. Die allgemeine Erweiterung des Jugendschutzes über die Altersgrenze von 14 Jahren hinaus bedeutet einen Eingriff in die Selbstbestimmungsrechte der Jugendlichen. Sexualität soll nicht probiert und geübt werden, vor allem nicht mit älteren Partnern. Die vielen Ungereimtheiten und Auslegungsschwierigkeiten der neuen Vorschrift tragen keineswegs zur Rechtssicherheit bei. Es bleibt zu hoffen, dass diese Jugendschutzvorschrift nicht angewendet wird bei Jugendlichen und bei Eltern, Lehrern und Fachkräften der sozialen Arbeit keine Angst und Unsicherheit erzeugt."[20]

Halten wir fest

Es ist fraglich, ob der § 182 StGB für den Bereich der Jugendarbeit zutrifft. Die drei Kriterien sprechen eigentlich dagegen.

4.5 Wichtige Ergebnisse

Die sexuelle Entwicklung von Kindern und Jugendlichen soll vor Eingriffen Erwachsener geschützt werden. Es geht um die sexuelle Selbstbestimmung.

Für Jugendarbeit und Ferienfreizeiten treffen vor allem §§ 174, 176 und 180 (182) zu. Dabei geht es um folgende Fragen:

1. Inwieweit dürfen Mitarbeiter in der Jugendarbeit/Ferienfreizeit den sexuellen Interessen von Kindern und Jugendlichen freien Lauf lassen (§ 180 und 176 StGB)?
2. Inwieweit macht sich ein Mitarbeiter in der Jugendarbeit/Ferienfreizeit strafbar, der selbst sexuelle Beziehungen zu Jugendlichen anknüpft (§174 StGB)?
3. Wie regelt der Gesetzgeber die Sexualerziehung im Spannungsfeld zwischen Jugendarbeit und Elternhaus (Erzieherprivileg § 180 StGB)?[21]

Entscheidendes Kriterium, ob eine sexuelle Handlung strafbar ist, sind die Schutzaltersgrenzen, die der Gesetzgeber bestimmt hat (§ 180 StGB):

- Kinder: Personen bis 14 Jahre
- Jugendliche: Personen zwischen 14 und 16 Jahren
- Volljährige: Personen über 18 Jahre

Konkret besagt dies:

- Sexuelle Handlungen zwischen Volljährigen sind nicht strafbar.
- Sexuelle Handlungen zwischen Jugendlichen von 16 bis 18 Jahren sind ebenfalls nicht strafbar.

---

20 a.a.O., S. 79.
21 Vgl. Marburger; Sielert: Sexualerziehung ..., a.a.O., S. 95 ff.

- Sexuelle Handlungen zwischen und mit Jugendlichen (14-16 Jahre) sind nicht erlaubt und strafbar. Es sei denn, man hat eine schriftliche Erlaubnis der Eltern, die sexuelle Handlungen explizit einräumt.
- Sexuelle Handlungen unter Kindern sind nicht strafbar.
- Sexuelle Handlungen zwischen einem Volljährigen oder Jugendlichen und einem Kind sind in jedem Fall strafbar (§176 StGB).

4.6 Überprüfen Sie Ihr Wissen

Frage: Worum geht es beim Sexualstrafrecht?

Antwort: *Beim Sexualstrafrecht geht es um den Schutz des Einzelnen auf freie geschlechtliche Selbstbestimmung. Diese regeln vor allem die §§ 174, 176, 180 StGB.*

Frage: Für welche Altersstufen ist das Sexualstrafrecht gedacht? Bezieht es sich nur auf Kinder?

Antwort: *Man unterscheidet vier Schutzaltersstufen: Kinder (bis 14 Jahre), Jugendliche (15 -16 Jahre), Jugendliche (16-18 Jahre), Volljährige (über 18 Jahre). Die Gesetze beziehen sich auf alle Altersstufen, jedoch in unterschiedlichem Maße bzw. mit unterschiedlichen Schwerpunkten, z.B. sexueller Missbrauch von Schutzbefohlenen (§ 176 StGB) und sexueller Missbrauch von Kindern (§174 StGB).*

Frage: Ist es nicht sehr schwer zu definieren, was Sexualität ist? Sind für eine Definition von Sexualität die Juristen überhaupt zuständig? Was verstehen sie unter Sexualität?

Antwort: *Nicht nur Juristen dürfen definieren, was Sexualität ist. Notwendig ist die Zusammenarbeit vieler Wissenschaften. Die Juristen haben bei der vierten Strafrechtsreform auch viele Gutachter anderer Wissenschaftszweige angehört.[22] Sie veränderten auf Grund der Diskussion den alten Begriff „Unzucht" in „sexuelle Handlungen". Dieser neue Begriff leitet sich nicht mehr von allgemeinen Wert- und Moralvorstellungen ab, man wollte möglichst wertneutral den Begriff „sexuelle Handlungen" umschreiben. Sexuelle Handlung ist eine „geschlechtsbezogene Handlung von einiger Erheblichkeit". Umstritten ist nun jedoch die Bezeichnung „von einiger Erheblichkeit". Hier sind sich die Juristen nicht einig und bewerten ein- und denselben Tatbestand unterschiedlich. Ist z.B. die Tatsache des Gemischtduschens, Nacktbadens, Saunens ein Tatbestand von einiger Erheblichkeit? Einige Interpreten sagen, es sei kein Vorschubleisten sexueller Handlungen, also auch nicht strafbar, andere deuten es enger und sehen ein Vergehen gegen das Sexualstrafrecht. Man kann auf jeden Fall zu die-*

---

22 Vgl. Jäger; Schorsch: Sexualwissenschaft ..., a.a.O., S. 37.

sen Beispielen sagen: Ein Gruppenleiter oder Betreuer, der Jugendliche gemischtgeschlechtlich duschen, nackt baden oder in die Sauna gehen lässt, geht ein nicht geringes Risiko ein.

Frage: Ist es möglich, dass verschiedene Richter einen Tatbestand unterschiedlich bewerten?

Antwort: *Man muss davon ausgehen, dass Richter einen Tatbestand unterschiedlich bewerten: Es gibt keine einheitliche Rechtssprechung. Deshalb darf man sich auch nicht darauf verlassen, dass andere Gruppenleiter/Jugendverbände z.b. gemischtgeschlechtliche Schlafräume dulden oder sogar anbieten. Ein Sprichwort lautet: Wo kein Kläger, da ist auch kein Richter. Der Betreuer ist nie sicher, ob nicht doch jemand (auch Unbeteiligte) eine Strafanzeige stellt. Die Bewertung liegt hier im Ermessen des Richters. Deshalb die Warnung: Vorsicht bei der Altersstufe 14-16-Jährige. Mit ihnen sexualpädagogisch arbeiten zu wollen ist problematisch.*

Frage: Auf unseren Ferienfreizeiten lassen wir Mädchen und Jungen, wenn sie wollen, gemeinsam in einem Zelt schlafen. Dafür holen wir die schriftliche Genehmigung der Eltern ein. Kann uns da vom Gesetz her etwas passieren?

Antwort: *Es kommt zunächst einmal auf die Altersstufe an. Nehmen wir an, es handelt sich um ein Ferienlager mit Jugendlichen im Alter von 12-16 Jahren. Für 14-16-jährige Jugendliche ist es vom Gesetz her problematisch, einen gemeinsamen Schlafraum anzubieten oder zu dulden. Da nützt auch die schriftliche Erlaubnis der Eltern nicht viel. Es gibt Richter, die eine solche Delegation des Erzieherprivilegs an Dritte für unerlaubt halten. Zudem müssen die Betreuer von den Eltern verlangen, die Erlaubnis ganz konkret zu formulieren, z.B. sexuelle Handlungen, Geschlechtsverkehr u.a. Jede allgemeine und verschwommene Formulierung macht das Risiko für Betreuer noch größer. Des Weiteren müssten alle Eltern diesem Vorhaben zustimmen, sonst wäre ein solches Angebot pädagogisch nicht vertretbar. Einige Teilnehmer wären isoliert und eventuell Hänseleien, Verspottungen u.Ä. ausgesetzt. Sexualpädagogik mit 14-16-jährigen Jugendlichen ist kaum möglich.*

Frage: Auf einer Ferienfreizeit erleben wir häufig, dass gemischtgeschlechtlich befreundete Paare ein gemeinsames Zimmer beziehen wollen. Wir haben nichts dagegen und erlauben es. Verstoßen wir da gegen ein Gesetz?

Antwort: *Es kommt auf das Alter an. Sind beide oder nur ein Teilnehmer zwischen 14 und 16 Jahren, würde der Tatbestand, ihnen ein gemeinsames Zimmer zu überlassen, unter Vorschubleisten (Gewähren und Verschaffen) des §180 StGB fallen. Die Eltern, aber auch andere Personen könnten Strafanzeige gegen die Betreuer stellen.*

Frage: Wenn wir eine Disko veranstalten, wissen wir, dass manche Jugendlichen diese Situation zu sexuellen Beziehungen (aus-)nützen. Wir sagen uns aber: Was ich nicht weiß, macht mich nicht heiß. Wir schauen weg bzw. sehen nicht in allen Winkeln und Räumen nach und kontrollieren auch nicht die Toiletten. Machen wir uns durch dieses Verhalten strafbar?

Antwort: *Die Veranstalter übernehmen für die Zeit der Disko die Aufsichtspflicht bzw. Garantenpflicht gegenüber den Eltern, dass es während der Disko nicht zu intimen Beziehungen zwischen Jugendlichen kommt (14 - 16-Jährige). Wenn sie von sexuellen Handlungen wissen und nichts dagegen unternehmen, machen sie sich nach § 180 StGB strafbar.*

Frage: Bei unseren Ferienfreizeiten mit Jugendlichen (14-18 Jahre) kommt es bestimmt bei einigen Teilnehmern zu sexuellen Handlungen. Das können und wollen wir gar nicht unterbinden. Schließlich kann man von uns nicht erwarten, dass wir rund um die Uhr Aufsicht führen und die Zimmer kontrollieren. Ist unsere Haltung vom gesetzlichen Standpunkt aus richtig?

Antwort: *Wenn die Betreuer konkrete Anhaltspunkte und einen starken Verdacht haben, dass Paare intime Beziehungen haben, dürfen sie nicht einfach wegschauen. Nach § 180 StGB ist das Nicht-Verhindern negativ bewerteter sexueller Handlungen 14-16-jähriger Jugendlicher eine Unterlassung und damit strafbar. „Die Betreuer bedürfen auch der Nachtruhe" kann als Argument nicht gelten. Wenn eine strafrechtliche Handlung es erfordert, kann man den Betreuern auch nächtliche Kontrollgänge zumuten.*

Frage: An unseren Ferienlagern nehmen in der Regel Jugendliche im Alter zwischen 13 und 18 Jahren teil. Es lässt sich gar nicht vermeiden und wir wollen es auch nicht verhindern, dass sich Jugendliche im Lager (gemischtgeschlechtlich) anfreunden. Dass es zwischen ihnen zu sexuellen Handlungen kommt, glauben wir eigentlich nicht, wissen es aber auch nicht genau. Wer kann das schon kontrollieren? Es gibt so viele Nischen und Möglichkeiten, die wir nicht kennen. Kontrollen hätten wenig Erfolg und wären pädagogisch auch fragwürdig. Ist das Sexualstrafrecht für unseren Fall relevant?

Antwort: *Das Strafrecht greift in diesem Fall in mehrfacher Weise:*
- *Ein gemischtgeschlechtliches Freundespaar ist 13 und 15 Jahre alt (§ 174 StGB).*
- *Ein gemischtgeschlechtliches Freundespaar ist 14 und 15 Jahre alt (§ 180 StGB).*
- *Ein gemischtgeschlechtliches Freundespaar ist 15 und 17 Jahre alt (§ 176 StGB).*
Ferienlager mit in dieser Art gemischten Altersstufen bergen aus rechtlicher Sicht viele Probleme.

Frage: Ist es am besten, man führt keine gemischtgeschlechtlichen Ferienlager durch, um nicht mit dem Gesetz in Konflikt zu kommen? Wir bieten in unserer Gemeinde ein Ferienlager nur für Jungen und eines nur für Mädchen an. Damit gehen wir allen rechtlichen Komplikationen aus dem Weg.

Antwort: *Ob man mit dieser Lösung allen rechtlichen Problemen aus dem Weg geht, ist zu bezweifeln. Es könnten ja auch Freundschaften zwischen Lagerteilnehmern und Ortsbewohnern entstehen, womit eine vergleichbare Situation gegeben wäre. Es geht beim Sexualstrafrecht nicht darum, ein allgemein pädagogisch anerkanntes Prinzip wie das Koedukationsprinzip abzuschaffen. Koedukation, d.h. gemischtgeschlechtliche Erziehung gründet sich auf die Erfahrung, „dass die gemeinsame Erziehung förderlich ist und in der Regel bei geeigneter erzieherischer Einwirkung und Beaufsichtigung nicht zur Herstellung frühzeitiger sexueller Beziehungen führt (...). Auch in der normalen Familienerziehung sind die Kinder von mancherlei Gefahren bedroht, vor denen die Eltern sie auch bei Anwendung der üblichen Sorgfalt nicht schützen können. Jede Aufsicht findet ihre Grenzen in der Notwendigkeit, den Kindern von Beginn des schulpflichtigen Alters ab ein ständig steigendes Maß von Freiheit zu gewähren."[23] „Auch bei koedukativer außerfamiliärer Erziehung ist jedoch davon auszugehen, dass Jungen und Mädchen bei Unterbringung im Heim, bei Übernachtungen auf Reisen und Fahrten regelmäßig in getrennten Schlafräumen unterzubringen sind. Andererseits kann bei Beachtung derartiger Rahmenbedingungen eine 'unüberbrückbare Trennung' nicht verlangt werden. Eine solche Trennung könnte auch nach Auffassung der Gerichte schwerwiegende, erzieherisch nachteilige Folgen für die betroffenen Kinder und Jugendlichen haben."[24]*

Frage: Das Sexualstrafrecht ist altmodisch, konservativ und wirklichkeitsfremd. Zudem widerspricht es allen pädagogischen Vorstellungen. Wie kann man noch ernsthaft Pädagogen darauf verpflichten?

Antwort: *Der Vorwurf stimmt nur zum Teil, d.h. was die Altersstufe der 14-16-jährigen Jugendlichen betrifft. Für das Gesetz sind diese Jugendlichen fast „geschlechtslose Wesen", die sich zwar küssen und umarmen dürfen, aber alles andere ist ihnen verboten. Gegen diese Rechtsauffassung muss man sexualpädagogische Bedenken vorbringen. Das ändert jedoch nichts am geltenden Recht. Der Erzieher ist gehalten, den gesetzlichen Rahmen nicht zu überschreiten, will er sich nicht strafbar machen, den Verlust seiner Arbeitsstelle riskieren oder eine Strafanzeige bzw. ein Ermittlungsverfahren in Kauf nehmen.*

Frage: Ist Vorschubleisten sexueller Handlungen generell verboten?

---

23 Claussen, H.; Vent, H.: Aufsichtspflicht und Aufsichtspflichtverletzung unter besonderer Berücksichtigung der Situation im Heim. Hannover: Wissenschaftliche Informationsschriften der Arbeitsgemeinschaft für Erziehungshilfe (AFET) e.V. - Bundesvereinigung 1987, Heft 9; S. 82 f.
24 a.a.O., S. 109.

Antwort: *Grundsätzlich ja. Sexualpädagogik mit Kindern ist jedoch dann nicht strafbar, wenn die Einwilligung der Eltern vorliegt.*

Frage: Wir haben unsere Ferienlager auf die Altersstufe der 12-16-jährigen Jugendlichen beschränkt, weil wir wissen, dass es rechtliche Probleme gibt, wenn wir auch ältere Jugendliche mitfahren lassen. Gibt es bei der Altersstufe der 12-16-Jährigen rechtliche Probleme?

Antwort: Die Schutzaltersgrenze für Kinder liegt unter 14 Jahren und bei Jugendlichen in diesem Fall zwischen 14-16 Jahren. Im Lager befinden sich rechtlich also Kinder und Jugendliche. Kinder können untereinander sexuelle Handlungen ausführen, Jugendliche mit Kindern aber nicht. Lässt der Betreuer sexuelle Handlungen zwischen einem 13-jährigen Mädchen und einem 15- oder auch 16-jährigen Jungen zu, macht er sich wegen Beihilfe zum sexuellen Missbrauch von Kindern strafbar. Man sollte für Ferienlager am besten folgende Altersgruppen gemeinsam verreisen lassen: Kinder (bis 13 Jahre), Jugendliche (14-16 Jahre) und Jugendliche/junge Erwachsene (16-18 Jahre).

Frage: Im Ferienlager können wir häufig beobachten, dass Kinder Doktorspiele u.a. sexuelle Handlungen vornehmen. Darf man das erlauben oder ist das Dulden dieses Verhaltens strafbar?

Antwort: *Doktorspiele und andere sexuelle Handlungen zwischen Kindern kann der Betreuer dulden. Er hat nichts zu befürchten.*

Frage: Betreuer sind doch auch nur Menschen. So ist es doch normal, wenn sie sich in Lagerteilnehmer oder Besucher von Veranstaltungen verlieben und es zu intimen Beziehungen kommt. Gibt es da Schwierigkeiten?

Antwort: *Natürlich kann es da Probleme geben. Je nach der Schutzaltersgrenze kann ein Betreuer bestraft werden. Eine intime Beziehung zu Kindern oder Jugendlichen bis zum abgeschlossenen 16. Lebensjahr ist grundsätzlich verboten (§ 176 Kinder, § 174 Schutzbefohlene). Wenn sich z.B. ein Mädchen (14 Jahre) während einer Tanzveranstaltung in den Discjockey (18 Jahre) verliebt und sie in einer Pause in einem Nebenraum sexuelle Handlungen austauschen, macht sich der Discjockey strafbar. Auch der Jugendarbeiter, der um diese Sache weiß und den Nebenraum vorsorglich meidet, kann wegen Beihilfe bestraft werden. Wenn sich ein Teamer (17 Jahre) auf einer Ferienfreizeit in eine Teilnehmerin (13 Jahre) verliebt und es zu sexuellen Handlungen kommt, macht sich der Teamer strafbar. Sind die beiden Betroffenen über 16 Jahre alt, verstoßen sie nicht gegen einen Paragraphen des Sexualstrafrechtes*

Frage: Besteht zwischen Jugendlichen und Mitarbeitern eigentlich ein Abhängigkeitsverhältnis?

Antwort: *Die juristischen Kommentare sind sich da nicht einig. Die einen gehen von der Zielvorstellung von Jugendarbeit aus und schließen ein Ab-*

hängigkeitsverhältnis zwischen jugendlichen Teilnehmern und Mitarbeitern aus. Ein Abhängigkeitsverhältnis lässt sich nicht mit dem Ziel der Emanzipation vereinbaren. Andere sehen viele Möglichkeiten im praktischen Alltag der Jugendarbeit, in dem das Abhängigkeitsverhältnis missbraucht werden kann. Z.B hat der Mitarbeiter von Dingen Kenntnis, die ihm der Jugendliche anvertraut hat, die er nun seinerseits einsetzt, um den Jugendlichen zu sexuellen Handlungen zu führen. Die Frage kann nicht eindeutig beantwortet werden. Da der Fall des Missbrauchs des Abhängigkeitsverhältnisses möglich ist, macht sich ein Mitarbeiter strafbar, wenn er dieses bei Jugendlichen (bis 18 Jahren) einsetzt, um sexuelle Handlungen zu erreichen oder durchzuführen.

Frage: Auf unserem letzten Ferienlager hatten wir den Verdacht, dass sich zwischen einem Teamer und einem Jungen ein sexuelles Verhältnis anbahnte. Wie ist da die rechtliche Seite?

Antwort: *Wenn ein Teamer (über 18 Jahre) mit einem Jugendlichen (14-16 Jahre) sexuelle Handlungen vornimmt, kann er nach § 182 StGB bestraft werden. Ist die Tat jedoch „gering" zu bewerten, kann das Gericht von einer Bestrafung absehen.*

Frage: An unserer Ferienfreizeit nehmen auch ausländische Mitbürger teil. Sie erklären, dass sie nach ihren eigenen Gesetzen mit 16 Jahren volljährig sind. Also seien all die Gesetze über Aufsicht und Sexualität für sie nicht anwendbar. Das soll man respektieren. Welche Gesetze gelten?

Antwort: *Nach Ansicht des Oberlandesgerichts Zweibrücken z.B. ist diese Argumentation für die deutsche Rechtsordnung unbeachtlich. Auch wenn eine junge Frau nach Recht und Anschauung ihrer heimatlichen Religion (Islam) schon als volljährig gelte, könne § 172 Abs. 1 Ziff. 2 StGB bei einer Tat in Deutschland zur Anwendung kommen (OLG Zweibrücken, NJW 1996, 330, 331).*

Frage: Eine Gruppe Jugendlicher leitet als Team einen Offenen Jugendtreff. Jugendliche (13-18-Jährige) kommen gerne und verstehen diesen Treffpunkt als Möglichkeit zur Pflege ihrer Freundschaften. Singles kommen kaum dorthin. Die Teamer verstehen sich nicht als Sittenwächter und kontrollieren nicht die Nischen und Räume, wenn sie den Eindruck haben, dass sich Pärchen zurückziehen. Es kommt gelegentlich auch vor, dass Besucher im Jugendtreff übernachten. Die Teamer sehen das nicht so streng. Ihnen ist wichtig, dass nichts gestohlen und beschädigt wird. Im Übrigen sind sie der Meinung, die Besucher seien alt genug, um zu wissen, was sie tun, und trügen dafür selbst die Verantwortung. Ist das Verhalten der Teamer rechtlich einwandfrei?

Antwort: *Die Teamer machen sich strafbar durch Unterlassen, Wegschauen. Wenn sie um intime Beziehungen der Besucher in ihren Räumen wissen* *und nichts dagegen unternehmen, können sie nach § 180 StGB bestraft werden.*

Frage: In einer Ferienfreizeit mit Kindern (9-13 Jahre) kommt es oft vor, dass Kinder miteinander Doktorspiele durchführen, ein reges Interesse am anderen Geschlecht haben. Das Lagerteam verbietet dieses Verhalten. Ihr Argument gegenüber den Kindern: Das ist gesetzlich verboten. Wie ist die rechtliche Situation?

Antwort: Gegenseitige sexuelle Handlungen von Kindern (unter 14 Jahren) sind erlaubt. Ob die Teamer solches Verhalten fördern dürfen, ist umstritten. Eine andere Frage ist die nach der sexualpädagogischen Konzeption. Ohne Absprache mit den Eltern sollte man sexualpädagogische Aufklärung nicht ohne weiteres anstreben.

Frage: Teilnehmer (14 -18 Jahre) eines Ferienlagers haben es sich zur Gewohnheit gemacht, jeden Abend am Lagerfeuer zu verbringen. Ab 23 Uhr ist Nachtruhe. Einige der Teilnehmer holen ihren Schlafsack aus dem Zimmer und verbringen die Nacht am Lagerfeuer. Die Teamer haben nichts dagegen. Sie pflegen einen partnerschaftlichen Erziehungsstil und vertrauen den Jugendlichen. Ob es zwischen den Teilnehmern zu intimen Beziehungen kommt, interessiert sie im Grunde nicht.

Antwort: *Die Teamer müssen wissen:*

- *„Gewähren" und „Verschaffen" von intimen Beziehungen ist strafbar.*
- *Jugendliche im Alter von 14-16 Jahren dürfen bei Maßnahmen der Jugendarbeit keine sexuellen Beziehungen haben.*
- *Sich um Dinge nicht zu kümmern oder so zu tun, als wüsste man von nichts, ist in diesem Zusammenhang strafbar. Auch bezüglich der Aufsichtspflicht machen sich die Teamer strafbar.*

Frage: In einer Ferienfreizeit wollen ein Mädchen und ein Junge (beide 16 Jahre) ein gemeinsames Zimmer haben. Die Teamer lehnen das mit dem Hinweis ab: „Wir können das aus rechtlicher Sicht nicht erlauben. Schließlich möchten wir nicht im Gefängnis landen."

Antwort: *Die Teamer kennen die rechtliche Grundlage nicht. Sexuelle Handlungen zwischen 16-18-jährigen Jugendlichen sind nicht verboten. Ob es pädagogisch klug ist, den beiden Teilnehmern ein gemeinsames Zimmer zu geben, muss von der Gesamtkonzeption her beantwortet werden.*

Frage: Ein Teamer (19 Jahre) eines Ferienlagers verliebt sich in eine Teilnehmerin (15 Jahre). Zwischen beiden kommt es auch zu intimen Beziehungen. Für die anderen Teamer ist wichtig, dass der Betreuer seine Aufgaben im Team und in der Betreuung der Teilnehmer erfüllt. Ist das Verhalten des Teamers aus der Sicht des Sexualstrafrechtes erlaubt?

Antwort: *Sexuelle Beziehungen zwischen einem 19-jährigen Erwachsenen und einer 15-jährigen Jugendlichen sind strafbar. 15-jährige Jugendliche dürfen nach dem Gesetz keine intimen Beziehungen eingehen. Das Team müsste dem Betreuer den Tatbestand erklären. Erhält er die Beziehung zu dem Mädchen aufrecht, ist sein Verhalten problematisch. Er muss z.B. damit rechnen, dass die Eltern des Mädchens Strafanzeige gegen ihn erstatten.*

5. Jugendschutz

> **Gesetz zum Schutz der Jugend in der Öffentlichkeit –**
>
> **Jugendschutzgesetz §§ 1-12 JÖSchG**

5.1 Die größte Gefährdung geht von Erwachsenen aus

Am 6.12.1984 hat der Deutsche Bundestag das Gesetz über die Neuregelung des Jugendschutzes in der Öffentlichkeit (Gesetz zum Schutze der Jugend in der Öffentlichkeit - Jugendschutzgesetz - JÖSchG) beschlossen. Diesem Gesetz hat am 7.02.1985 der Bundesrat zugestimmt. Mit Wirkung vom 1.04.1985 ist es in Kraft getreten. Ziel des Jugendschutzgesetzes ist:

- Das körperliche, geistige und seelische Wohl von Kindern und Jugendlichen zu fördern und zu schützen; es geht nicht nur um *Bewahren,* sondern auch um *Bewähren.*

- Gefährdungen in der Gesellschaft zu beseitigen, die die physische und psychische Entwicklung von Kindern und Jugendlichen negativ beeinflussen.

Das Jugendschutzgesetz geht davon aus, dass die meisten Gefährdungen für das Wohl der Kinder und Jugendlichen von den Erwachsenen ausgehen. Deshalb schützt es Kinder und Jugendliche vor Erwachsenen, die Verursacher und Täter der Gefährdung sind. Entsprechend richtet sich der gesetzliche Jugendschutz vornehmlich an Erwachsene, die in den verschiedenen gewerblichen Bereichen und sonst in der Öffentlichkeit Gefährdungen verursachen können. Gleichzeitig bietet es grobe Richtlinien für das Erzieherverhalten. „Der Jugendschutz wird in der Begründung zum Gesetzentwurf in enger Verbindung zur Jugendhilfe verortet; er ergänzt die Hilfsangebote durch prophylaktisch ansetzende Abwehr von Gefährdungssituationen, denen Kinder und Jugendliche in der Öffentlichkeit ausgesetzt sind. Dem Jugendschutz in der Öffentlichkeit soll in diesem Zusammenhang die Aufgabe zukommen, als Teilbereich der Erziehung das Erziehungsumfeld gegen ungünstige Einflussfaktoren abzuschirmen."[1]

Jugendarbeit hat in diesem Zusammenhang eine besondere Chance, da sie eines der wenigen Erziehungsfelder ist, das durch die Prinzipien der Freiwilligkeit, Freiheit und Freizeit am ehesten die Möglichkeit bietet, zu Kindern und Jugendlichen ein vertrauensvolles Verhältnis aufzubauen. Dieses Vertrauensverhältnis ist notwendig, will man präventiv, d.h. vorbeugend arbeiten. Dabei muss man sich in der Jugendarbeit allerdings klar sein, dass Jugendschutzarbeit nicht aus einmaligen spektakulären Aufklärungsaktionen und Einzelveranstaltungen besteht, sondern in einer kontinuierlichen Arbeit im Bereich der Jugend- und Elternarbeit zu sehen ist.

Da sich das Jugendschutzgesetz vor allem an Betreiber gewerblicher Einrichtungen richtet, geht es in den folgenden Überlegungen nicht darum, das Gesetz im Hinblick auf die Erwachsenen zu interpretieren, sondern eingeschränkt auf den Gruppen- bzw. Freizeitleiter. Was muss ein Gruppen- bzw. Freizeitleiter in Bezug auf das Jugendschutzgesetz wissen? Es wird vor allem der Frage nachgegangen, was der Gruppenleiter im vorbeugenden Bereich tun kann, um Kinder und Jugendliche vor Gefährdungen zu schützen. Aus der Sicht der Jugendarbeit ist der Jugendschutz eine permanente Kontrolle der Gesellschaft. „Er soll als kritische Schaltstelle der Verantwortung der Erwachsenen gegenüber der Jugend immer wieder herausfordern und die Öffentlichkeit über Strukturen und Tendenzen informieren, welche die Entfaltungsmöglichkeiten der Jugend verringern und deren Anspruch auf Erziehung und Bildung einengen."[2]

 Literatur

Gernert, W; Stoffers, M.: Das Gesetz zum Schutz der Jugend in der Öffentlichkeit. Kommentar. Hamm: Hoheneck Verlag 1985.
Kinderschutz und Jugendschutz in der Jugendhilfeplanung, Anspruch und Realität. Hrsg.: Bundesarbeitsgemeinschaft Kinder- und Jugendschutz e.V. Neuwied: Luchterhand Verlag 1996.
Scholz, R.: Jugendschutz. München: C. H. Beck Verlag 1999.
Materialien können von allen Jugendschutzstellen der einzelnen Bundesländer bzw. der evangelischen und katholischen Kirche angefordert werden.

---

1 Gernert, W.; Stoffers, M.: Das Gesetz zum Schutze der Jugend in der Öffentlichkeit. Kommentar. Hamm: Hoheneck Verlag 1985, S. 28 f.
2 Tillmann, B.; Gernert, W.: Jugendschutz in der Jugendhilfe. Opladen: Leske Verlag 1981, S. 32.

5.2 Wie würden Sie entscheiden?

Ein Jugendleiter (21 Jahre) führt mit mehreren Jugendlichen (12-16 Jahre) ein Zeltlager durch. An einem Abend beim Lagerfeuer bringt ein 16-jähriger Junge eine Schnapsflasche mit. Im Beisein des Leiters wird diese von allen Jugendlichen geleert.

Was sagt das Jugendschutzgesetz?

_____

_____

_____

_____

Vorläufige Antwort
Der Leiter muss die Schnapsflasche in Verwahrung nehmen. Er handelt stellvertretend für die Eltern, die den Alkoholgenuss sicher auch nicht geduldet hätten. Davon muss er auch dann ausgehen, wenn ihm einzelne Jugendliche erklären, die Eltern würden den Alkoholgenuss gestatten, oder wenn er sogar aus eigener Anschauung weiß, dass die Eltern dies tun.[3]

5.3 Gesetzestext (JÖSchG)

§§ **§ 1**
Jugendgefährdender Ort

Halten sich Kinder oder Jugendliche an Orten auf, an denen ihnen eine unmittelbare Gefahr für ihr körperliches, geistiges oder seelisches Wohl droht, so haben die zuständigen Behörden oder Stellen die zur Abwendung der Gefahr erforderlichen Maßnahmen zu treffen. Wenn nötig, haben sie die Kinder oder Jugendlichen

- zum Verlassen des Ortes anzuhalten,
- einem Erziehungsberechtigte zuzuführen oder wenn kein Erziehungsberechtigter erreichbar ist, in die Obhut des Jugendamtes zu bringen.

In schwierigen Fällen haben die zuständigen Behörden oder Stellen das Jugendamt über den jugendgefährdenden Ort zu unterrichten.

---

3 Marburger, H.: Jugendleiter und Recht. Stuttgart: Boorberg Verlag 1992, S. 85.

§§ § 2
Altersstufen / Erziehungsberechtigte

(1) Kind im Sinne dieses Gesetzes ist, wer noch nicht vierzehn, Jugendlicher, wer vierzehn, aber noch nicht achtzehn Jahre alt ist.

(2) Erziehungsberechtigter im Sinne dieses Gesetzes ist
1. jede Person, der allein oder gemeinsam mit einer anderen Person nach den Vorschriften des Bürgerlichen Gesetzbuches die Personensorge zusteht,
2. jede sonstige Person über achtzehn Jahre, soweit sie auf Grund einer Vereinbarung mit dem Personensorgeberechtigten Aufgaben der Personensorge wahrnimmt oder soweit sie das Kind oder den Jugendlichen im Rahmen der Ausbildung oder mit Zustimmung des Personensorgeberechtigten im Rahmen der Jugendhilfe betreut.

(3) Soweit es nach diesem Gesetz auf die Begleitung durch einen Erziehungsberechtigten ankommt, haben die in Absatz 2 Nr. 2 genannten Personen ihre Berechtigung auf Verlangen darzulegen. Veranstalter und Gewerbetreibende haben in Zweifelsfällen die Berechtigung zu überprüfen.

(4) Soweit nach diesem Gesetz Altersgrenzen zu beachten sind, haben Kinder und Jugendliche ihr Lebensalter auf Verlangen in geeigneter Weise nachzuweisen. Veranstalter und Gewerbetreibende haben in Zweifelsfällen das Lebensalter zu überprüfen.

(5) Dieses Gesetz gilt nicht für verheiratete Jugendliche.

§§ § 3
Aufenthalt in Gaststätten

(1) Der Aufenthalt in Gaststätten darf Kindern und Jugendlichen unter 16 Jahren nur gestattet werden, wenn ein Erziehungsberechtigter sie begleitet. Dies gilt nicht, wenn Kinder oder Jugendliche

1. an einer Veranstaltung eines anerkannten Trägers der Jugendhilfe teilnehmen,
2. sich auf Reisen befinden oder
3. eine Mahlzeit oder ein Getränk einnehmen.

(2) Jugendlichen ab sechzehn Jahren ist der Aufenthalt in Gaststätten ohne Begleitung eines Erziehungsberechtigten bis 24 Uhr gestattet.

(3) Der Aufenthalt in Gaststätten, die als Nachtbar oder Nachtclub geführt werden, und in vergleichbaren Vergnügungsbetrieben darf Kindern und Jugendlichen nicht gestattet werden.

§§ **§ 4**
Alkoholabgabe

(1) In Gaststätten, Verkaufsstellen oder sonst in der Öffentlichkeit dürfen
1. Branntwein, branntweinhaltige Getränke oder Lebensmittel, die Branntwein in nicht nur geringfügiger Menge enthalten, an Kinder und Jugendliche,
2. andere alkoholische Getränke an Kinder und Jugendliche unter 16 Jahren
weder abgegeben noch darf ihnen der Verzehr gestattet werden.

(2) Absatz 1 Nr. 2 gilt nicht, wenn Jugendliche von einem Personensorgeberechtigten (§ 2 Abs. 2 Nr. l) begleitet werden.

(3) In der Öffentlichkeit dürfen alkoholische Getränke nicht in Automaten angeboten werden. Dies gilt nicht, wenn ein Automat in einem gewerblich genutzten Raum aufgestellt und durch Vorrichtungen oder durch ständige Aufsicht sichergestellt ist, dass Kinder und Jugendliche alkoholische Getränke nicht aus dem Automaten entnehmen können. § 20 Nr. 1 des Gaststättengesetzes bleibt unberührt.

§§ **§ 5**
Tanzveranstaltungen

(1) Die Anwesenheit bei öffentlichen Tanzveranstaltungen ohne Begleitung eines Erziehungsberechtigten darf Kindern und Jugendlichen unter sechzehn Jahren nicht und Jugendlichen ab sechzehn Jahren längstens bis 24 Uhr gestattet werden.

(2) Abweichend von Absatz 1 darf die Anwesenheit Kindern bis 22 Uhr und Jugendlichen unter sechzehn Jahren bis 24 Uhr gestattet werden, wenn die Tanzveranstaltung von anerkannten Trägern der Jugendhilfe durchgeführt wird oder der künstlerischen Betätigung oder der Brauchtumspflege dient.

(3) Ausnahmen von Absatz 1 können auf Vorschlag des Jugendamtes zugelassen werden.

§§ **§ 6**
Filmveranstaltungen

(1) Die Anwesenheit bei öffentlichen Filmveranstaltungen darf Kindern und Jugendlichen nur gestattet werden, wenn die Filme von der obersten Landesbehörde zur Vorführung vor ihnen freigegeben worden sind. Kindern unter sechs Jahren darf die Anwesenheit nur gestattet werden, wenn sie von einem Erziehungsberechtigten begleitet sind.

(2) Filme, die geeignet sind, das körperliche, geistige oder seelische Wohl von Kindern und Jugendlichen zu beeinträchtigen, dürfen nicht zur Vorführung vor ihnen freigegeben werden.

(3) Die oberste Landesbehörde kennzeichnet die Filme mit

1. „Freigegeben ohne Altersbeschränkung"
2. „Freigegeben ab sechs Jahren"
3. „Freigegeben ab zwölf Jahren"
4. „Freigegeben ab sechzehn Jahren"
5. „Nicht freigegeben unter achtzehn Jahren"

Kommt in Betracht, dass ein nach Satz 1 Nr. 5 gekennzeichneter Film den Tatbestand des § 131 oder des § 184 des Strafgesetzbuches erfüllt, ist dies der zuständigen Strafverfolgungsbehörde mitzuteilen.

(4) Im Rahmen der Absätze 1 und 3 Satz 1 darf die Anwesenheit bei öffentlichen Filmveranstaltungen ohne Begleitung eines Erziehungsberechtigten nur gestattet werden

1. Kindern, wenn die Vorführung bis 20 Uhr,
2. Jugendlichen unter sechzehn Jahren, wenn die Vorführung bis 22 Uhr,
3. Jugendlichen über sechzehn Jahren, wenn die Vorführung bis 24 Uhr beendet ist.

(5) Die Absätze 1 bis 4 gelten für die öffentliche Vorführung von Filmen unabhängig von der Art der Aufzeichnung und Wiedergabe. Sie gelten auch für Werbevorspanne und Beiprogramme.

(6) Die Absätze 1 bis 5 gelten nicht für Filme, die zu nichtgewerblichen Zwecken hergestellt werden, solange die Filme nicht gewerblich genutzt werden.

(7) Auf Filme, die von der obersten Landesbehörde nach Absatz 3 Satz 1 gekennzeichnet worden sind, finden §§ 1 und 11 des Gesetzes über die Verbreitung jugendgefährdender Schriften keine Anwendung.

§§ §7
Video / Bildplatten

(1) Bespielte Videokassetten, Bildplatten und vergleichbare Bildträger dürfen Kindern und Jugendlichen in der Öffentlichkeit nur zugänglich gemacht werden, wenn die Programme von der obersten Landesbehörde für ihre Altersstufe freigegeben und gekennzeichnet worden sind.

(2) Für die Freigabe und Kennzeichnung findet § 6 Abs. 2 und 3 Satz 1 und Abs. 6 entsprechende Anwendung. Auf die Alterseinstufung ist mit einem fälschungssicheren Zeichen hinzuweisen. Das Zeichen ist vom Inhaber der Nutzungsrechte auf dem Bildträger und auf der Hülle in einer deutlich sichtbaren Form anzubringen, bevor der Bildträger an den Handel geliefert oder in sonstiger Weise gewerblich verwertet wird.

(3) Bildträger, die von der obersten Landesbehörde nicht oder mit „Nicht freigegeben unter achtzehn Jahren" gekennzeichnet worden sind, dürfen

1. einem Kind oder Jugendlichen nicht angeboten, überlassen oder sonst zugänglich gemacht werden,
2. nicht im Einzelhandel außerhalb von Geschäftsräumen, in Kiosken
3. oder anderen Verkaufsstellen, die der Kunde nicht zu betreten pflegt,
4. oder im Versandhandel angeboten oder überlassen werden.

(4) In der Öffentlichkeit dürfen bespielte Bildträger nicht in Automaten angeboten werden.

(5) Auf Bildträger, die von der obersten Landesbehörde nach Absatz 2 in Verbindung mit § 6 Abs. 3 Satz 1 Nr. 1 bis 4 gekennzeichnet worden sind, finden die §§ 1 und 11 des Gesetzes über die Verbreitung jugendgefährdender Schriften keine Anwendung.

(6) § 6 Abs. 3 Satz 2 findet entsprechende Anwendung.

§§ §8
Spielhallen, Spielgeräte

(1) Die Anwesenheit in öffentlichen Spielhallen oder Ähnlichen, vorwiegend dem Spieltrieb dienenden Räumen darf Kindern und Jugendlichen nicht gestattet werden.

(2) Die Teilnahme an Spielen mit Gewinnmöglichkeit in der Öffentlichkeit darf Kindern und Jugendlichen nur auf Volksfesten, Spezialmärkten oder ähnlichen Veranstaltungen gestattet werden, wenn der Gewinn in Waren von geringem Wert besteht.

(3) Elektronische Bildschirm-Unterhaltungsspielgeräte ohne Gewinnmöglichkeit dürfen zur entgeltlichen Benutzung
1. auf Kindern und Jugendlichen zugänglichen öffentlichen Verkehrsflächen,
2. außerhalb von gewerblich oder in sonstiger Weise beruflich oder geschäftsmäßig genutzten Räumen oder
3. in deren unbeaufsichtigten Zugängen, Vorräumen oder Fluren
nicht aufgestellt werden.

(4) Das Spielen an elektronischen Bildschirm-Unterhaltungsspielgeräten ohne Gewinnmöglichkeit, die zur entgeltlichen Benutzung öffentlich aufgestellt sind, darf Kindern und Jugendlichen unter sechzehn Jahren ohne Begleitung eines Erziehungsberechtigten nicht gestattet werden.

(5) Unterhaltungsspielgeräte, mit denen sexuelle Handlungen oder Gewalttätigkeiten gegen Menschen oder Tiere dargestellt werden oder die eine Verherrlichung oder Verharmlosung des Krieges zum Gegenstand haben, dürfen in der Öffentlichkeit an Kindern und Jugendlichen zugänglichen Orten nicht aufgestellt werden.

§§ § 9
Rauchen

Das Rauchen in der Öffentlichkeit darf Kindern und Jugendlichen unter sechzehn Jahren nicht gestattet werden.

§§ § 10
Anordnungen

Geht von einer öffentlichen Veranstaltung oder einem Gewerbebetrieb eine Gefährdung im Sinne des § 1 Satz 1 aus, die durch die Anwendung der §§ 3 bis 8 nicht ausgeschlossen oder wesentlich gemindert werden kann, so kann die zuständige Behörde anordnen, dass der Veranstalter oder Gewerbetreibende Kindern und Jugendlichen die Anwesenheit nicht gestatten darf. Die Anordnung kann Alters- oder Zeitbegrenzungen enthalten, wenn dadurch die Gefährdung ausgeschlossen oder wesentlich gemindert wird.

§§ § 11
Veranstalterpflichten

Veranstalter und Gewerbetreibende haben die nach den §§ 3 bis 10 für ihre Betriebseinrichtungen und Veranstaltungen geltenden Vorschriften sowie die Alterseinstufung von Filmen durch deutlich sichtbaren und gut lesbaren Aushang bekannt zu machen. Zur Bekanntmachung der Alterseinstufung von Filmen und Bildträgern dürfen sie nur die Kennzeichnungen des § 6 Abs. 3 Satz 1 verwenden. Für Filme und Bildträger, die von der obersten Landesbehörde nach § 6 Abs. 3 Satz 1 gekennzeichnet worden sind, darf bei der Ankündigung und bei der Werbung weder auf jugendgefährdende Inhalte hingewiesen werden noch darf die Ankündigung oder die Werbung in jugendgefährdender Weise erfolgen.

§§ § 12
Bußgeld / Strafen

(1) Ordnungswidrig handelt, wer als Veranstalter oder Gewerbetreibender vorsätzlich oder fahrlässig
1. entgegen § 3 einem Kind oder einem Jugendlichen den Aufenthalt in einer Gaststätte gestattet,
2. entgegen § 4 Abs. 1 ein alkoholisches Getränk oder Lebensmittel an ein Kind oder einen Jugendlichen abgibt oder ihm den Verzehr gestattet,
3. entgegen § 4 Abs. 3 Satz 1 ein alkoholisches Getränk in einem Automaten anbietet,
4. entgegen § 5 Abs. 1 einem Kind oder einem Jugendlichen unter sechzehn Jahren die Anwesenheit bei einer öffentlichen Tanzveranstaltung gestattet,
5. entgegen § 6 Abs. 1 oder 4 einem Kind oder einem Jugendlichen die Anwesenheit bei einer öffentlichen Filmveranstaltung gestattet,

6. entgegen § 7 Abs. 1 einem Kind oder einem Jugendlichen einen bespielten Bildträger, der nicht für seine Altersstufe freigegeben ist, zugänglich macht,

7. entgegen § 7 Abs. 2 Satz 2 und 3 ein Zeichen nicht, nicht in der dort bezeichneten Form oder in einer der Alterseinstufung durch die oberste Landesbehörde nicht entsprechenden Weise anbringt,

8. entgegen § 7 Abs. 3 Nr. 2 einen nicht freigegebenen Bildträger anbietet oder überlässt,

9. entgegen § 7 Abs. 4 einen bespielten Bildträger in einem Automaten anbietet,

10. entgegen § 8 Abs. 1 einem Kind oder einem Jugendlichen die Anwesenheit in einer öffentlichen Spielhalle oder einem dort bezeichneten Raum gestattet,

11. entgegen § 8 Abs. 2 einem Kind oder einem Jugendlichen die Teilnahme an einem Spiel mit Gewinnmöglichkeit gestattet,

12. entgegen § 8 Abs. 3 oder 5 ein Unterhaltungsspielgerät aufstellt,

13. entgegen § 8 Abs. 4 einem Kind oder einem Jugendlichen unter sechzehn Jahren die Benutzung eines Unterhaltungsspielgeräts gestattet,

14. entgegen § 9 einem Kind oder einem Jugendlichen unter sechzehn Jahren das Rauchen in der Öffentlichkeit gestattet oder

15. einer vollziehbaren Anordnung nach § 10 zuwiderhandelt,

16. entgegen § 11 Satz 1 die für seine Betriebseinrichtung oder Veranstaltung geltenden Vorschriften nicht durch den dort bezeichneten Aushang bekannt macht,

17. entgegen § 11 Satz 2 nicht die Kennzeichnungen des § 6 Abs. 3 Satz 1 verwendet,

18. entgegen § 11 Satz 3 bei der Ankündigung oder bei der Werbung auf jugendgefährdende·Inhalte hinweist oder in jugendgefährdender Weise ankündigt oder wirbt.

(2) Ordnungswidrig handelt auch, wer als Person über achtzehn Jahre ein Verhalten eines Kindes oder eines Jugendlichen herbeiführt oder fördert, das durch ein in Absatz 1 Nr. 1 bis 14 bezeichnetes oder in § 7 Abs. 3 Nr. 1 enthaltenes Verbot oder durch eine vollziehbare Anordnung nach § 10 verhindert werden soll. Hinsichtlich des Verbots in § 7 Abs. 3 Nr. 1 gilt dies nicht für den Personensorgeberechtigten.

(3) Die Ordnungswidrigkeit kann mit einer Geldbuße bis zu dreißigtausend Deutsche Mark geahndet werden.

(4) Mit Freiheitsstrafe bis zu einem Jahr oder mit Geldstrafe wird bestraft, wer als Veranstalter oder Gewerbetreibender

1. eine in Absatz 1 bezeichnete vorsätzliche Zuwiderhandlung begeht und dadurch wenigstens leichtfertig ein Kind oder einen Jugendlichen in seiner körperlichen, geistigen oder sittlichen Entwicklung schwer gefährdet oder

2. eine in Absatz 1 bezeichnete vorsätzliche Zuwiderhandlung beharrlich wiederholt.

5.4 Kommentar

5.4.1 Jugendgefährdende Orte (§ 1 JÖSchG)

Erziehung und Bildung sind in unserer Gesellschaft z.B. durch Unwissenheit und Gleichgültigkeit von Eltern, durch Überforderung, Unsicherheit, übertriebenen Ehrgeiz, Egoismus, Profitinteressen, Doppelmoral usw. ständig bedroht. Jugendschutz soll Kindern und Jugendlichen helfen, ihre geistige, seelische und gesellschaftliche Tüchtigkeit (§ 1 JWG) zu entwickeln. Um dieses Ziel zu erreichen, sollen Kinder und Jugendliche von jugendgefährdenden Orten fern gehalten werden. Der Gesetzgeber verzichtet dabei auf eine konkrete Benennung einzelner Orte, sondern wählt eine „generalklauselartige" Umschreibung, so dass im Einzelfall von den zuständigen Behörden entschieden werden muss, ob eine Gefährdung im Sinne des Gesetzes vorliegt.

Angesichts einer sich ständig wandelnden Lebenswirklichkeit können nicht alle Formen möglicher Jugendgefährdung vom Jugendschutzgesetz erfasst werden. „Zudem würde eine detaillierte Schutzregelung gegenüber allen möglichen Gefährdungspotenzialen zu einer so restriktiven rechtlichen Durchformung des Lebensalters (...) führen, dass kein angemessener erzieherischer Freiraum zur Verfügung stünde."[4]

Ganz allgemein werden als jugendgefährdende Orte genannt: Bordell, Treffpunkte von Drogenhändlern, Spielhallen, Sexlokale, Pornokinos. Werden Kinder und Jugendliche an solchen Orten angetroffen, sieht das Gesetz drei Möglichkeiten der Gefahrenabwehr vor:

- Kinder und Jugendliche zum Verlassen anzuhalten
- sie den Erziehungsberechtigten zu übergeben
- für den Fall, dass ein Erziehungsberechtigter nicht erreichbar ist, sie in die Obhut des Jugendamtes zu bringen; es ist demnach unzulässig, sie in Polizeigewahrsam zu nehmen.[5]

Ein jugendgefährdender Ort kann z.B. ein Campingplatz sein, auf dem sich betrunkene oder randalierende Personen aufhalten. Da der Jugendleiter alles zu tun hat, um eine Gefährdung der ihm anvertrauten Kinder und Jugendlichen zu verhindern, muss er solche Plätze meiden oder sie verlassen, sobald er die Gefährdung erkennt.[6]

---

4 Gernert; Stoffers: Das Gesetz ..., a.a.O., S. 140.
5 Vgl. a.a.O., S. 42.
6 Vgl. Marburger: Jugendleiter ..., a.a.O., S. 84.

5.4.2 Altersstufen (§ 2 (1) JÖSchG)

Das Gesetz spricht von Kindern und Jugendlichen. Kinder: bis 14 Jahre - Jugendliche: 14 bis 18 Jahre.

Der Geburtstag wird bei der Berechnung des Lebensalters berücksichtigt. Feiert jemand seinen 18. Geburtstag, gehört er nicht mehr zu dem Personenkreis, der durch das Jugendschutzgesetz geschützt werden soll. Auf Verlangen müssen Kinder und Jugendliche ihr Lebensalter nachweisen. Sie können dem Nachweis allerdings entgehen, indem sie auf das Verhalten verzichten, das an ein bestimmtes Lebensalter gebunden ist, bzw. den betreffenden Ort verlassen. Der Nachweis wird mit einem gültigen Bundespersonalausweis erbracht. Da Kinder und Jugendliche unter 16 Jahren in der Regel keinen Personalausweis besitzen, gilt auch ein Kinderausweis oder Pass. Da der Gesetzgeber keinen amtlichen Ausweis vorschreibt, sondern den Nachweis nur in „geeigneter Weise" verlangt, gelten auch andere Benutzerausweise für öffentliche Einrichtungen, z.B. Ausweis für Bibliotheken, Berechtigungsausweis für Verkehrsmittel u.a. (Lichtbild und Geburtsdatum). Ausnahme: Verheirateten Jugendlichen kann der Aufenthalt an gefährdenden Orten nicht verwehrt werden.

5.4.3 Erziehungsberechtigte (§ 2 (2) JÖSchG)

Der Gesetzgeber unterscheidet zwei Gruppen von Erziehungsberechtigten:

- *Personensorgeberechtigte*: Das sind die Eltern oder ein Vormund.

Davon zu unterscheiden sind die

- *sonstigen Erziehungsberechtigten*: Das sind Personen, die Kinder und Jugendliche im Rahmen der Ausbildung (Lehrer, Ausbilder) oder mit Zustimmung des Personensorgeberechtigten im Rahmen der Jugendhilfe betreuen (Jugendarbeiter, Gruppen-, Clubleiter, Teamer u.a.). Sie müssen über 18 Jahre alt sein und einen gültigen Gruppenleiter- bzw. Clubleiter-ausweis besitzen.[7]

Es besteht ein Unterschied zwischen Personensorgeberechtigten und Erziehungsberechtigten. Eltern sind Personensorgeberechtigte und dürfen z.B. ihren Kindern ab 14 Jahren in ihrer Anwesenheit erlauben, Wein oder Bier in Gaststätten zu trinken (Ausnahmeregelung nur für Eltern!). Gruppenleiter müssen von den Eltern *ausdrücklich* die Erziehungsberechtigung delegiert bekommen. Als Erziehungsberechtigte haben sie nicht in allem die gleichen Rechte wie die Eltern, sie dürfen z.B. Kindern und Jugendlichen unter 16 Jahren in einer Gaststätte nicht erlauben, Bier und Wein zu trinken.[8] Wenn Gruppenleiter als Erziehungsberechtigte auftreten, müssen sie 18 Jahre alt sein, d.h. sie dürfen nicht selbst unter das Jugendschutzgesetz fallen. Ist der Gruppenleiter noch nicht 18 Jahre alt, kann er die Rechte des Jugendschutzgesetzes, die für Erziehungsberechtigte gelten, nicht in Anspruch nehmen.

Geschieht die Betreuung im Rahmen der Jugendarbeit, ist die Zustimmung der Personensorgeberechtigten erforderlich. „Die Zustimmung muss ausdrücklich erfolgen. So reicht es für die Annahme der Zustimmung nicht aus, dass sich Kinder und Jugendliche in die Verantwortungssphäre der Jugendhilfe - z.B. in ein Jugendzentrum u.ä. - begeben, ohne dass dies von den Personensorgeberechtigten untersagt oder verhindert wird.“[9] Anders als bei der Regelung der Aufsichtspflicht besteht hier der Gesetzgeber darauf, dass die Eltern ihren Kindern bzw. Jugendlichen ausdrücklich erlauben, z.B. in eine Gruppe, einen Club oder ein Jugendhaus zu gehen. Ist dies der Fall, gelten die Betreuer, Gruppenleiter etc. im Sinne des Jugendschutzgesetzes (§ 2 Abs. 2 Ziff. 2) als Erziehungsberechtigte. Man kann festhalten: „Erziehungsberechtigte sind solche Personen, die mit Zustimmung der Sorgeberechtigten das Kind oder den Jugendlichen zur Erziehung, Ausbildung, Aufsicht oder Betreuung in ihre Obhut genommen haben, die also in einem Autoritätsverhältnis zu dem Kind oder dem Jugendlichen stehen.“[10] Dies kann man vom Gruppenleiter bzw. pädagogisch Tätigen in der Jugendarbeit annehmen.

Die Erziehungsberechtigten müssen auf Verlangen des Gewerbetreibenden oder Veranstalters ihre Befugnis als Erziehungsberechtigte darlegen; d.h. für den Gruppenleiter z.B., dass er seinen Gruppenleiterausweis bei sich haben sollte, um sich als Erziehungsberechtigten ausweisen zu können. Der Veranstalter seinerseits hat eine Prüfpflicht, wenn er Zweifel an der Berechtigung hegt.

---

7 Vgl. Scholz, R.: Jugendschutz. Gesetz zum Schutze der Jugend in der Öffentlichkeit. München: C. H. Beck Verlag 1985, S. 4 f.
8 Vgl. a.a.O., S. 13.
9 Gernert; Stoffers: Das Gesetz ..., a.a.O., S. 48.
10 Scholz, R.: Jugendschutz. ..., a.a.O., S. 6.

5.4.4 Aufenthalt in Gaststätten (§ 3 JÖSchG)

Gaststätten sind öffentliche Verkaufsstellen, in denen gewerbemäßig Getränke, Nahrungs- und Genussmittel zum Verzehr an Ort und Stelle angeboten werden. Darunter fallen auch Diskotheken, Imbissstuben, Cafes, Eisdielen, Bistros, Kinos etc., sofern dort nicht nur alkoholfreie Milcherzeugnisse angeboten werden. Kindern und Jugendlichen unter 16 Jahren ist der Aufenthalt in Gaststätten untersagt, es sei denn, sie sind in Begleitung eines Erziehungsberechtigten.

Das Verbot bezieht sich nicht auf so genannte geschlossene Gesellschaften, wie private Feten und Partys, auch dann nicht, wenn es sich um eine Veranstaltung eines anerkannten Trägers der Jugendhilfe (§ 75 KJHG) handelt. Wenn also Verantwortliche eines Jugendverbandes im Saal einer Gaststätte ein Fest feiern, z.B. nach einem Fußballturnier, dürfen auch Kinder und Jugendliche unter 16 Jahren ohne Personensorgeberechtigte teilnehmen. Die Veranstalter übernehmen die Funktion der Erziehungsberechtigten.

Es gibt des Weiteren folgende Ausnahmeregelung: Befindet sich jemand auf der Reise, darf er in einer Gaststätte eine Mahlzeit oder ein Getränk einnehmen. Dann dürfen sich auch Jugendliche unter 16 Jahren ohne elterliche Begleitung in Gaststätten aufhalten. Diese Sonderregelung ist jedoch nicht so zu verstehen, dass Jugendliche, die von der Schule nach Hause fahren, vorgeben können, sie befänden sich auf einer Reise. „Der Begriff des Reisens ist eng auszulegen, weil Reisen sonst als Legitimation für jeglichen Gaststättenaufenthalt vorgeschoben werden könnte.“[11] Der Aufenthalt in Gaststätten ist zeitlich begrenzt: Kindern und Jugendlichen unter 16 Jahren ist der Aufenthalt in Gaststätten nur in Begleitung eines Erziehungsberechtigten und Jugendlichen über 16 Jahren bis 24 Uhr gestattet. Ausnahme: Wer auf Reise ist und unterwegs auf einen Anschlusszug oder -bus wartet (z.B. Bahnhofsgaststätte), darf die vorgegebenen Zeiten überschreiten.

---

11 Gernert; Stoffers: Das Gesetz ..., a.a.O., S. 57.

5.4.5 Abgabe von Alkohol (§ 4 JÖSchG)

Das Gesetz unterscheidet drei Gruppen:

- Branntweinhaltige Getränke, wie Schnaps, Likör, Rum, Whisky, Weinbrand, Kornbrand sowie Mischungen branntweinhaltiger alkoholfreier Getränke, z.B. Cola-Rum.
- Lebensmittel, die Branntwein in nicht nur geringer Menge enthalten, z.B. Irish Coffee.
- Andere alkoholische Getränke wie Wein oder Bier. Allgemein dürfen an Kinder und Jugendliche keinerlei branntweinhaltige und alkoholische Getränke und Lebensmittel ausgeschenkt werden. Das Gesetz beschränkt sich nur auf diese Altersstufe. Gesetzlich nicht geregelt ist der Umgang Jugendlicher über 16 Jahren mit anderen alkoholischen Getränken, d.h. sie haben freien Zugang zu Bier und Wein. Ausnahme: Wenn Eltern (Personensorgeberechtigte, nicht Erziehungsberechtigte!) mit ihren Jugendlichen ab 14 Jahren in eine Gaststätte gehen, darf auch an sie Wein und Bier ausgeschenkt werden.

Halten wir fest

An Kinder und Jugendliche unter 16 Jahren dürfen keine alkoholischen Getränke ausgeschenkt werden.

5.4.6 Rauchen (§ 9 JÖSchG)

Kindern und Jugendlichen unter 16 Jahren ist das Rauchen in der Öffentlichkeit untersagt. Der Gesetzgeber beschränkt dieses Verbot allerdings auf den öffentlichen Raum. Man spricht von einem „unvollkommenen Gesetz", da es nicht generell ein Abgabeverbot für Tabakwaren an Kinder und Jugendliche unter 16 Jahren ausspricht. Nur das Rauchen in der Öffentlichkeit ist verboten. Damit wird nichts über das Rauchen in privaten Räumen gesagt. Hier besteht bei Pädagogen eine berechtigte Unsicherheit und Ratlosigkeit, weil es in ihren pädagogischen Entscheidungsbereich fällt, das Rauchen zu verbieten; allerdings mit anderen (und sicher oft nicht leichten) Argumenten. Jugendhäuser, Jugendclubs, Gruppenräume, Ferienlager etc. gelten als öffentliche Einrichtungen. Für den Bereich der Jugendarbeit gilt § 9 des Jugendschutzgesetzes.

Halten wir fest

Kinder und Jugendliche unter 16 Jahren dürfen in der Öffentlichkeit nicht rauchen.

5.4.7 Testkäufe von Alkohol (§ 12 JÖSchG)

Testkäufe von Alkohol, bei denen Personen von Gaststätten oder anderen Geschäften getestet werden, ob sie an Jugendliche unter 16 Jahren Alkohol abgeben, verletzen das geschützte Rechtsgut nicht. Es muss von den erwachsenen Initiatoren jedoch sichergestellt sein, dass durch den Kauf Kinder und Jugendliche selbst keinen Schaden erleiden.

 Halten wir fest

Testkäufe verletzen kein Rechtsgut.

5.4.8 Öffentliche Tanzveranstaltungen (§ 5 JÖSchG)

Kindern und Jugendlichen unter 16 Jahren darf die Anwesenheit bei öffentlichen Tanzveranstaltungen ohne Begleitung Erziehungsberechtigter nicht gestattet werden.

Jugendliche ab 16 Jahren dürfen dagegen bis 24 Uhr ohne Begleitung eines Erziehungsberechtigten eine Tanzveranstaltung besuchen. In Begleitung von Erziehungsberechtigten ist Kindern und Jugendlichen die Anwesenheit bei öffentlichen Tanzveranstaltungen ohne Zeitgrenze gestattet. Voraussetzung ist, dass diese sich auch tatsächlich um die Minderjährigen kümmern, d.h. sie beaufsichtigen und nicht eigenen Interessen nachgehen.[12] „Die Festlegung dieser wie auch anderer Zeitgrenzen dieses Gesetzes ergibt sich nicht daraus, dass sich der Gefährdungscharakter einer Situation, einer Veranstaltung oder eines Verhaltens nach Überschreiten dieser Zeitgrenzen qualitativ verändert. Tanzen ist vor 24 Uhr nicht anders als danach zu beurteilen, wie ebenso ein Film vor 24 Uhr keinen anderen Inhalt hat als danach. Der Gesetzgeber will offensichtlich - auch mit Signalwirkung für Erziehungsberechtigte - deutlich machen, dass er den Aufenthalt von Kindern und Jugendlichen in der Öffentlichkeit über bestimmte Zeitgrenzen hinaus zumindest für unzuträglich im Sinne einer angemessenen Erziehung hält."[13]

Die Anwesenheit von Erziehungsberechtigten ist jedoch nicht so zu verstehen, dass die Eltern unmittelbar in der Nähe der Kinder bzw. Jugendlichen sind und Aufsicht und Kontrolle führen, sondern gemeint ist ihre Anwesenheit mit der prinzipiellen Möglichkeit, die Aufsicht zu übernehmen. Somit können „Kinder und Jugendliche praktisch unbegrenzt an öffentlichen Tanzveranstaltungen teilnehmen, wenn es ihnen gelingt, ihre Eltern oder wenigstens einen Erziehungsberechtigten, d.h. einen Elternteil, dazu zu bewegen, ebenfalls an der von ihnen besuchten Veranstaltung teilzunehmen"[14]

Gruppen- und Ferienleiter gelten als Erziehungsberechtigte, wenn sie 18 Jahre alt sind und einen entsprechenden Ausweis besitzen. In Begleitung eines Gruppenleiters dürfen Kinder und Jugendliche an öffentlichen Tanzveranstaltungen teilnehmen, wenn die Eltern ihnen dies *ausdrücklich* er-

---

12 Scholz: Jugendschutz. a.a.O., S 15.
13 Gernert; Stoffers: Das Gesetz ..., a.a.O., S. 74.
14 a.a.O. S, 75.

laubt haben. Die *öffentliche* Tanzveranstaltung ist von der *geschlossenen* zu unterscheiden (Geburtstagsfeier, Cliquenfete etc.). „Allerdings wird eine Veranstaltung nicht durch ihre Bezeichnung zu einem ‚öffentlichen' oder ‚geschlossenen' Angebot, sondern durch ihren Charakter. Auch ein als ‚geschlossene Veranstaltung' eines Vereins, Betriebes, einer Partei usw. deklarierter Tanzabend ist dann als öffentlich anzusehen, wenn jedermann bei Entrichtung eines Eintrittsgeldes (oder auch frei) Zugang erhält. Macht der Veranstalter bei der Zutrittsgewährung zwar Unterschiede in der Zulassung, die aber nicht in einem unmittelbaren Zusammenhang mit dem Verein (z.B. Mitglied oder ständiger Gast) stehen, sondern z.B. personenbedingt sind (...), so wird dadurch der Charakter einer öffentlichen Veranstaltung nicht aufgehoben. Formalisiert der Veranstalter dagegen den Zugang durch Ausgabe von Karten, die zum regelmäßigen Besuch berechtigen und mit Personalien und Lichtbild des Inhabers versehen sind, werden die Teilnehmer der Veranstaltung identifizierbar und die Veranstaltung auf diese Weise zu einer geschlossenen."[15] Eine *Ausnahme* macht der Gesetzgeber. Handelt es sich um eine öffentliche Tanzveranstaltung, Diskothek etc. eines anerkannten Trägers der Jugendhilfe, ist die Anwesenheitserlaubnis für Kinder bis 22 Uhr und Jugendliche unter 16 Jahre bis 24 Uhr ohne Begleitung von Erziehungsberechtigten gestattet. Dieser Passus betrifft die Angebote in der Jugendarbeit. Bieten Vereine, die nicht anerkannte Träger der Jugendhilfe sind, Tanzveranstaltungen an und wollen eine Ausnahme von der Altersbeschränkung erreichen, müssen sie einen Antrag beim Jugendamt stellen, das der zuständigen Behörde (Ordnungsamt) einen entsprechenden Vorschlag macht.

✎ **Halten wir fest**

Kindern und Jugendlichen unter 16 Jahren ist der Aufenthalt bei öffentlichen Tanzveranstaltungen nicht erlaubt. Bei Tanzveranstaltungen eines anerkannten Trägers der Jugendarbeit dürfen sich auch Kinder und Jugendliche unter 16 Jahren ohne elterliche Begleitung aufhalten.

5.4.9 Öffentliche Spielhallen (§ 8 JÖSchG)

Kinder und Jugendliche dürfen sich nicht in Spielhallen oder ähnlichen, vorwiegend dem Spieltrieb dienenden Räumen aufhalten. Kindern und Jugendlichen unter 18 Jahren darf das entgeltliche Spielen an in der Öffentlichkeit aufgestellten Geräten nicht gestattet werden. Ausnahme: Bei öffentlichen Veranstaltungen, wie Schützenfest, Jahrmarkt, Spezialmärkte, die in der Regel nur für eine kurze Zeit gastieren bzw. dauern, darf Kindern und Jugendlichen das Spielen an Geräten mit Gewinnmöglichkeit gestattet werden. Grundsätzlich ist das Spielen an Geldspielautomaten für Kinder und Jugendliche verboten. Das Aufstellungsverbot von Geräten in der Öffent-

---

15 a.a.O., S. 73.

lichkeit beschränkt sich nur auf elektronische Bildschirm-Unterhaltungsspielgeräte. Diese Einschränkung wurde deshalb vorgenommen, weil von diesen Geräten eine Faszination ausgeht, „die die Gefahr mit sich bringt, dass bei Minderjährigen der Spieltrieb außer Kontrolle gerät."[16]

Halten wir fest

Kindern und Jugendlichen ist der Aufenthalt in Spielhallen nicht gestattet, ebenso ist das Spielen an Geldspielautomaten für sie verboten.

5.4.10 Besuch öffentlicher Filmveranstaltungen (§ 6 JÖSchG)

Für den Besuch von öffentlichen Filmveranstaltungen hat der Gesetzgeber folgende Regeln aufgestellt:

- Der Film muss von der obersten Landesbehörde für die jeweilige Altersstufe freigegeben werden. Das Freigabeverfahren ist allerdings nicht unmittelbar bei dieser Behörde, sondern bei der „Freiwilligen Selbstkontrolle der Filmwirtschaft" (FSK) angesiedelt. Die Altersgrenzen sind: Kinder unter 6 Jahren, Kinder zwischen 6-12 Jahren, Kinder und Jugendliche zwischen 12-16 Jahren, Jugendliche zwischen 16-18 Jahren.

- Für die verschiedenen Altersstufen sind unterschiedliche Zeitgrenzen festgesetzt: *unter 6 Jahren* nur in Begleitung eines Erziehungsberechtigten; 6-12 Jahre: bis 20 Uhr; 12-16 Jahre: Kinder bis 14 Jahre: 20 Uhr; Jugendliche bis 16 Jahre: 22 Uhr; 16-18 Jahre: bis 24 Uhr. Dies gilt nur, wenn Kinder und Jugendliche (außer unter 6 Jahren) ohne Begleitung eines Erziehungsberechtigten öffentliche Filmveranstaltungen besuchen.

- Es muss sich um eine öffentliche Filmveranstaltung handeln. Hierzu zählen Filme in Kinos, Gaststätten, Diskotheken, Kaufhäusern und sonstigen Ladengeschäften, Schaufenstern usw. Gruppenleiter gelten als Erziehungsberechtigte. Wenn sie z.B. mit ihrer Gruppe ins Kino gehen, gilt die Zeitgrenze nicht, wohl aber die Altersgrenze. So kann die Gruppe (6-12 Jahre) in Begleitung des Gruppenleiters, der sich gegebenenfalls ausweisen muss, länger als bis 20 Uhr ins Kino gehen. Die Altersgrenze bis 12 Jahre gilt jedoch auch, wenn der Gruppenleiter dabei ist.

Halten wir fest

Der Besuch einer öffentlichen Filmveranstaltung ist abhängig vom Alter, der Zeit und von der Begleitung eines Erziehungsberechtigten (Gruppenleiter).

---

16 a.a.O., S. 129.

5.4.11 Videokassetten (§ 7 JÖSchG)

Bei dieser Regelung geht es um bespielte Videokassetten, Bildplatten und vergleichbare Bildträger. „Mit dem unspezifischen Begriff des Bildträgers versucht der Gesetzgeber, dieser Vorschrift präventive Bestandskraft gegenüber schnelllebiger technischer Entwicklung zu verleihen. Damit soll sichergestellt werden, dass Kinder und Jugendliche vor bestimmten Bewegt-Bild-Darstellungen geschützt werden, unabhängig von Unterschieden in der technischen Realisation."[17] Das Gesetz bezieht sich auf den öffentlichen Bereich. Hierfür gilt, dass es sich um ein Verbot des „Zugänglichmachens" handelt, d.h.: "Als Zugänglichmachen ist demnach die Ermöglichung der Kenntnisnahme vom Inhalt einer Programmkassette u. Ä. im engeren Sinne zu verstehen, nämlich die Abgabe in Form von Verkauf, Vermietung, Leihe, Schenkung und sonstiger Gebrauchsüberlassung, die Übergabe zur Aufbewahrung, die Aushändigung als Bote und die vollständige oder teilweise Vorführung."[18] Vergleichbar der Kino-Freigabe werden Video-Kassetten durch eine Vorkontrolle freigegeben, noch bevor die Kassette auf den Markt kommt. Die Kontrollbehörde ist die oberste Landesbehörde. Die Kennzeichnung der Kassetten entspricht derjenigen von Kinofilmen.

Halten wir fest

Video-Kassetten sind ähnlich der Kino-Freigabe vom Gesetzgeber klassifiziert.

5.4.12 Veranstalterpflicht (§ 11 JÖSchG)

Der Veranstalter muss die vom Jugendschutz festgelegten Regelungen bezüglich der betreffenden Veranstaltung bekannt machen. Im Falle des Anwesenheitsverbotes reicht der Aushang der Gesetzesstelle nicht, sondern es ist die eventuell mit Alters- und Zeitgrenzen versehene Anordnung der zuständigen Behörde bekannt zu geben. Dabei muss es sich um einen Aushang handeln, der deutlich sichtbar und gut lesbar ist. Kennzeichnungen allein wie „nichtjugendfrei" oder „strengstes Jugendverbot" sind unzulässig. Der Aushang muss so angebracht werden, dass der Besucher ihn ohne Mühe wahrnehmen und lesen kann.

Halten wir fest

Der Veranstalter ist verpflichtet, Anwesenheitsverbote so auszuhängen, dass sie deutlich sichtbar und gut lesbar sind.

---

17 a.a.O., S. 105.
18 a.a.O., S. 113.

5.4.13 Jugendschutz im Ausland

„Im europäischen Ausland gibt es weitgehend keine umfassende Regelung des Jugendschutzes in der Öffentlichkeit, die mit dem deutschen Jugendschutzgesetz vergleichbar wäre."[19]

Als Faustregel sollten Jugendreiseleiter sich merken:

- Die Jugendrechtsvorschriften des Gastgeberlandes sind zu respektieren. In einigen Ländern gelten die deutschen Vorschriften als zu liberal.
- Der Reiseleiter sollte das deutsche Jugendschutzgesetz einhalten, auch für den Fall, dass das ausländische Recht eine großzügigere Auslegung zulässt.
- Über die Jugendschutzbestimmungen im Ausland muss der Jugendreiseleiter informiert sein.

Halten wir fest

Über die Jugendschutzgesetze im Ausland muss ein Reiseleiter informiert sein.

5.5 Wichtige Ergebnisse

Das Gesetz zum Schutze der Jugend in der Öffentlichkeit will das körperliche, geistige und seelische Wohl von Kindern und Jugendlichen fördern und schützen.

Jugendleiter, Betreuer, Reiseleiter u.a. gelten als Erziehungsberechtigte, nicht als Personensorgeberechtigte. Entsprechend müssen Mitarbeiter in der Jugendarbeit die Erziehungsberechtigung ausdrücklich delegiert bekommen.

Die wichtigsten Aspekte hier in der folgenden Übersicht.

---

19 Sahlinger, U.: Aufsichtspflicht und Haftung in der Kinder- und Jugendarbeit. Münster: Votum Verlag 1999, S. 118.

Übersicht über die Bestimmungen des Gesetzes zum Schutze der Jugend in der Öffentlichkeit

§§	Regelungsbereiche	Kinder und Jugendliche unter 16 Jahren	Jugendliche ab 16 Jahren
§ 1	Aufenthalt an jugendgefährdenden Orten	nicht gestattet	nicht gestattet
§ 3 Abs. 1 § 3 Abs. 2	Aufenthalt in Gaststätten	nur in Begleitung eines Erziehungsberechtigten gestattet Ausnahmen: auf einer Reise zur Einnahme einer Mahlzeit oder eines Getränkes; Teilnahme an einer Veranstaltung eines anerk. Jugendhilfeträgers	ohne Begleitung eines Erziehungsberechtigten bis 24.00 Uhr gestattet
§ 3 Abs. 3	Aufenthalt in Nachtbars oder Nachtclubs bzw. vergleichbaren Vergnügungsbetrieben	nicht gestattet	nicht gestattet
§ 4 Abs. 1	Abgabe und Verzehr von Branntwein, branntweinhaltigen Getränken u. Lebensmitteln etc.	nicht gestattet	nicht gestattet
§ 4 Abs. 1	Abgabe und Verzehr anderer alkoholischer Getränke (z.B. Bier, Wein)	nicht gestattet Ausnahme: Jugendliche von 14-16 Jahren in Begleitung eines Personensorgeberechtigten	gesetzlich nicht geregelt
§ 4 Abs. 3	Angebot alkoholischer Getränke in Automaten (in der Öffentlichkeit)	Angebotsverbot; Ausnahme siehe § 4 Abs. 3 Satz 2	
§ 5 Abs. 1	Anwesenheit bei öffentlichen Tanzveranstaltungen	nur in Begleitung eines Erziehungsberechtigten gestattet. Ausnahme siehe § 5 Abs. 3	ohne Begleitung eines Erziehungsberechtigten längstens bis 24.00 Uhr gestattet
§ 5 Abs. 2	Anwesenheit bei Tanzveranstaltungen eines anerkannten Trägers der Jugendhilfe, zur Brauchtumspflege, zur künstlerischen Betätigung	ohne Begleitung eines Erziehungsberechtigten gestattet. Kindern bis 22.00 Uhr und Jugendlichen bis 24.00 Uhr	ohne Begleitung eines Erziehungsberechtigten längstens bis 24.00 Uhr gestattet
§ 8 Abs. 1	Anwesenheit in öffentlichen Spielhallen u.a.	nicht gestattet	nicht gestattet
§ 8 Abs. 2	Teilnahme an Spielen mit Gewinnmöglichkeit	nicht gestattet Ausnahme auf Volksfesten etc., wenn der Gewinn in Waren von geringem Wert besteht	nicht gestattet

§ 8 Abs. 3	Aufstellung elektronischer Bildschirmunterhaltungsspielgeräten ohne Gewinnmöglichkeit zur entgeltlichen Benutzung auf Kindern und Jugendlichen zugänglichen öffentlichen Plätzen etc.	Aufstellungsverbot	
§ 8 Abs. 4	Spielen an elektronischen Bildschirmunterhaltungsgeräten ohne Gewinnmöglichkeit zur entgeltlichen Benutzung in der Öffentlichkeit	nur in Begleitung eines Erziehungsberechtigten gestattet	gesetzlich nicht geregelt
§ 8 Abs. 5	Aufstellung von Unterhaltungsspielgeräten mit gewalt-, kriegsverherrlichenden oder pornographischen Darstellungen in der Öffentlichkeit	Aufstellungsverbot	
§ 9	Rauchen in der Öffentlichkeit	nicht gestattet	gestattet

§ 6	Anwesenheit bei öffentlichen Filmveranstaltungen. Bei Filmen die gekennzeichnet sind mit:	Kinder und Jugendliche			
		unter 6 Jahren	ab 6 Jahren	ab 12 Jahren	ab 16 Jahren
Freigegeben ohne Altersbeschränkung		Nur in Begleitung eines Erziehungsberechtigten gestattet	ohne Begleitung eines Erziehungsberechtigten nur		
			gestattet bis 20 Uhr	gestattet bis 20 Uhr; ab 14 Jahren gestattet bis 22 Uhr	gestattet bis 24 Uhr
Freigegeben ab 6 Jahren		nicht gestattet	gestattet bis 20 Uhr	gestattet bis 20 Uhr; ab 14 Jahren gestattet bis 22 Uhr	gestattet bis 24 Uhr
Freigegeben ab 12 Jahren		nicht gestattet	nicht gestattet	gestattet bis 20 Uhr; ab 14 Jahren gestattet bis 22 Uhr	gestattet bis 24 Uhr
Freigegeben ab 16 Jahren		nicht gestattet	nicht gestattet	nicht gestattet	gestattet bis 24 Uhr
Nicht freigegeben unter 18 Jahren		nicht gestattet	nicht gestattet	nicht gestattet	nicht gestattet

§ 7	Anwesenheit bei öffentlichen Filmveranstaltungen. Bei Filmen die gekennzeichnet sind mit:	Kinder und Jugendliche			
		unter 6 Jahren	ab 6 Jahren	ab 12 Jahren	ab 16 Jahren
	Freigegeben ab 6 Jahren	nicht gestattet	gestattet	gestattet	gestattet
	Freigegeben ab 12 Jahren	nicht gestattet	nicht gestattet	gestattet	gestattet
	Freigegeben ab 16 Jahren	nicht gestattet	nicht gestattet	nicht gestattet	gestattet
	Nicht freigegeben unter 18 Jahren	nicht gestattet	nicht gestattet	nicht gestattet	nicht gestattet
§ 7 Abs. 4	Angebot bespielter Videokassetten in Automaten (in der Öffentlichkeit)	Angebotsverbot			

5.6 Überprüfen Sie Ihr Wissen

Frage: Was versteht man unter einem jugendgefährdenden Ort? Gibt es da eine klare Definition?

Antwort: *Es gibt keine klare Definition. Der Gesetzgeber wählt die Form der allgemeinen Umschreibung. Als Beispiele werden genannt: Bordell, Treffpunkte von Drogenhändlern, Spielhallen, Sexlokale. Im Einzelfall muss die zuständige Behörde (Jugendamt) konkret entscheiden.*

Frage: Bin ich als Gruppenleiter verpflichtet, mich auf Verlangen jederzeit auszuweisen?

Antwort: *In der Regel muss man sich auf Verlangen ausweisen. Will man dies jedoch vermeiden, besteht die Möglichkeit, das auffällige Verhalten zu unterlassen. Wenn z.B. ein Kind mit einer Zigarette in der Öffentlichkeit gesehen und angesprochen wird, kann es die Zigarette wegwerfen und damit dem Verlangen entgehen, sich auszuweisen. Ein Betreuer, der Rechte des Jugendschutzgesetzes in Anspruch nehmen möchte, sollte einen Gruppenleiterausweis bei sich haben, damit er sich als solcher ausweisen kann.*

Frage: Um sich ausweisen zu können, ist Voraussetzung, einen Ausweis zu besitzen. Ich habe jedoch nur einen Kinderausweis mit einem Passbild, auf dem mich keiner erkennt. Muss ich einen Ausweis mitnehmen, wenn ich z.B. in eine Diskothek gehe?

Antwort: *Auf Verlangen muss man sich ausweisen, d.h. auch ein entsprechendes Dokument bei sich tragen. Dies kann eine Clubkarte, ein Gruppenleiterausweis, Benutzerausweis für öffentliche Einrichtungen etc. sein.*

Wichtig ist nur, dass das Dokument ein Passbild enthält, mit einem amtlichen Stempel versehen und dass das Geburtsdatum eingetragen ist.

Frage: Ich (19 Jahre) gehe zu besonderen Anlässen mit meiner Gruppe (14-16-Jährige) in eine Gaststätte. Wenn jemand Geburtstag oder eine gute Klassenarbeit geschrieben hat, trinken wir ausnahmsweise einmal Bier. Dürfen wir das? Gibt es da rechtliche Bedenken?

Antwort: *Es gibt rechtliche und pädagogische Bedenken. Zur rechtlichen Seite: Der Gruppenleiter ist zwar Erziehungsberechtigter, aber nicht Personensorgeberechtigter. Die Abgabe von Wein und Bier an Jugendliche unter 16 Jahren ist nur erlaubt, wenn (ein) Eltern(teil) oder der Vormund anwesend sind. Was der Gruppenleiter da unternimmt, ist also verboten.*

Frage: Ich bin Gruppenleiterin (17 Jahre) und besuche manchmal mit meiner Gruppe (10-12 Jahre) eine Kinder-Disko. Ist das erlaubt?

Antwort: *Kinder dürfen in Begleitung eines Erziehungsberechtigten eine Tanzveranstaltung besuchen. Gruppenleiter sind Erziehungsberechtigte. Allerdings müssen sie 18 Jahre alt sein. Das ist hier nicht der Fall, folglich kann die Gruppenleiterin auch nicht die Regelung eines Erziehungsberechtigten für sich in Anspruch nehmen. Sie darf mit der Gruppe nicht in die Diskothek gehen. Wird die Kinder-Disko jedoch von einem anerkannten Träger der Jugendhilfe, also nicht von einem gewerblichen Träger veranstaltet, darf die Gruppenleiterin mit ihrer Gruppe hingehen.*

Frage: Mit meiner Gruppe (10-12 Jahre alt) gehe ich im Sommer öfter Eis essen. Das Jugendschutzgesetz bezieht sich doch nicht auf den Besuch einer Eisdiele?

Antwort: *Wenn in der Eisdiele nur Milcherzeugnisse angeboten werden, gibt es gegen einen Besuch nichts einzuwenden. Werden in der Eisdiele jedoch auch alkoholische Getränke verkauft, handelt es sich im Sinne des Gesetzes um eine Gaststätte, die dem Jugendschutzgesetz unterliegt.*

Frage: Im Hobbykeller eines Mitgliedes veranstalte ich mit meinem Club öfter eine private Fete. Greift auch hier das Jugendschutzgesetz?

Antwort: *Es handelt sich um ein Gesetz zum Schutze der Jugend in der Öffentlichkeit; über private Feten, Feste oder Partys wird nichts ausgesagt. Es ist eine pädagogische Frage, ob die Clubmitglieder auch ohne alkoholische Getränke eine Fete veranstalten können.*

Frage: Unser Jugendverband veranstaltet jedes Jahr eine Stadtrallye. Am Abend bieten wir Tanz an. Wir haben in unserem Ort keinen großen Saal für die Tanzveranstaltung, deshalb mieten wir uns in einer Gaststätte ein. Dürfen wir nur Jugendliche über 16 Jahre zum Tanz zulassen, da sich die Jüngeren ja nicht in Gaststätten aufhalten dürfen?

Antwort: *Wenn die Tanzveranstaltung von einem anerkannten Jugendverband durchgeführt wird, dürfen auch Kinder und Jugendliche unter 16 Jahren daran teilnehmen. Jedoch gilt das Jugendschutzgesetz in Bezug auf den Ausschank von Alkohol weiter. Die Veranstalter, in diesem Fall sind sie die Erziehungsberechtigten, dürfen den Kindern und Jugendlichen Alkoholkonsum nicht gestatten.*

Frage: Im Sommer mache ich mit meiner Gruppe (10-12 Jahre) gerne eine Tagestour mit dem Fahrrad. Da kommt es schon vor, dass wir in einer Gaststätte Rast machen, Limonade trinken oder Eis essen. Gibt es rechtlich gesehen dagegen Bedenken?

Antwort: *Bei einer Reise oder Fahrt dürfen Kinder in einer Gaststätte eine Mahlzeit, ein Getränk und/oder ein Eis, allerdings kein alkoholisches Getränk bestellen.*

Frage: Unser Club (13-18jährige) verlagert mitunter seinen Treffpunkt in eine Kneipe. Müssen wir Teamer genau aufpassen, dass die unter 16 Jahre alten Mitglieder keinen Alkohol trinken? Wir sind doch ein Club, da kann man doch keine Unterschiede machen.

Antwort: *Es handelt sich hier weder um eine geschlossene Gesellschaft noch um eine private Fete, sondern um ein öffentliches Lokal, also gilt das Jugendschutzgesetz: Jugendliche unter 16 Jahren dürfen zwar die Kneipe besuchen, da (mit Ausweis: versehene) Teamer, d.h. Erziehungsberechtigte anwesend sind, alkoholische Getränke dürfen sie aber nicht trinken. Aus pädagogischer Sicht ist ein solches Unternehmen sehr bedenklich. Die älteren Mitglieder sollten sich mit den jüngeren solidarisch erklären und auf alkoholische Getränke verzichten. Jugendarbeit darf nicht der Ort sein, an dem man Alkoholtrinken lernt, wie es in manchen Vereinen Erwachsener geschieht, sondern Jugendarbeit sollte ein Ort sein, an dem man auch ohne Alkohol gesellig und lustig sein kann.*

Frage: In unserem Club sind nur Jugendliche Mitglied, die über 16 Jahre alt sind. Dürfen wir bei unseren Zusammenkünften Bier trinken?

Antwort: *Das Jugendschutzgesetz bezieht sich nur auf die Altersstufe bis 16 Jahre. Wer älter ist, darf (ob es ratsam ist, ist eine andere Frage) Alkohol trinken.*

Frage: Wenn wir im Jugendhaus eine Disko anbieten, kommen Besucher im Alter von etwa 13-20 Jahren. Wir beobachten, dass Jugendliche Alkohol ins Haus schmuggeln oder dass Ältere Alkohol an Jüngere weitergeben. Eine Zeit lang haben wir scharfe Kontrollen durchgeführt, inzwischen sind wir jedoch großzügiger geworden. Denn die Jugendlichen machten einen Sport daraus, uns zu hintergehen. Stehen wir im Konflikt mit dem Jugendschutzgesetz?

Antwort: *Das Verhalten der Teamer bezeichnet man als „verbotenes Gestatten", es ist nicht erlaubt. Es sollte schon ein echtes Anliegen der Teamer sein, präventiv, d.h. vorbeugend, zu arbeiten, also Kinder und Jugendliche vor Gefahren zu schützen; Alkohol ist in jedem Fall eine Gefahr.*

Frage: In unserem Club sind die Besucher zwischen 12 und 18 Jahre alt. Es wird dort von vielen, auch 15-Jährigen, geraucht. Wir verstehen uns als eine „geschlossene Gesellschaft", außer unserer Clique kommt niemand in den Club, obwohl es ein Club der Pfarrgemeinde ist. Gilt für unseren Club das Rauchverbot des Jugendschutzgesetzes?

Antwort: *Der Jugendclub gehört zur Pfarrgemeinde, damit handelt es sich um eine öffentliche Einrichtung, auch wenn die Clique im Grunde den Club für sich allein in Anspruch nimmt. Rauchen in der Öffentlichkeit ist für Kinder und Jugendliche unter 16 Jahren verboten. Sie dürfen auch im Club nicht rauchen.*

Frage: Wir wollten wissen, ob die Geschäfte in unserer Gemeinde das Verbot der Alkoholabgabe an Kinder und Jugendliche unter 16 Jahren einhalten. Deshalb haben wir 15-jährige und sogar 13-jährige Jugendliche zu Testeinkäufen geschickt. Ist das strafbar?

Antwort: *Testeinkäufe sind nicht strafbar. Sie sollten jedoch in ein pädagogisches Konzept eingebettet sein.*

Frage: Das Pfarrleitungsteam unserer Gemeinde bietet jeden Monat für Jugendliche (ab 14 Jahre) einen Tanzabend an. Dürfen Kinder an der Veranstaltung teilnehmen und müssen wir das Alter genau kontrollieren?

Antwort: *Die Tanzveranstaltung wird von dem in der Jugendarbeit tätigen Team durchgeführt. Das Team gehört einem Jugendverband an, also einem anerkannten Träger. An einer Veranstaltung in diesem Rahmen dürfen auch Kinder (22 Uhr) und Jugendliche (24 Uhr) ohne elterliche Begleitung teilnehmen. Das Alter darf das Team selbstverständlich durch Vorzeigen eines amtlichen Dokumentes überprüfen, wenn es den Eindruck hat, 13-Jährige (Kinder) sind auch noch nach 22 Uhr anwesend.*

Frage: In unserem Ort bieten Vereine regelmäßig Tanzveranstaltungen an, um die Vereinskassen aufzubessern. Dürfen an diesen Tanzveranstaltungen auch Kinder und Jugendliche unter 16 Jahren teilnehmen?

Antwort: *Vereine Erwachsener gehören in der Regel nicht zu den anerkannten Trägern der Jugendhilfe, also gilt in diesem Fall die Ausnahmeregelung nicht. Für diesen Fall dürfen Kinder und Jugendliche unter 16 Jahren nur in Anwesenheit ihrer Eltern an dem Tanz teilnehmen. Dabei genügt es, wenn die Eltern oder ein Elternteil ebenfalls auf dem Fest oder der Veranstaltung sind. Fehlt ein Elternteil, dürfen die Kinder die Tanzveranstaltung nicht besuchen. Ausnahme: Die Kinder bzw. Jugendlichen gehen in Begleitung ihres Gruppenleiters zu diesem Tanz. Der Gruppenlei-*

ter gilt, wenn er 18 Jahre oder älter ist, als Erziehungsberechtigter, in dessen Anwesenheit die Kinder bzw. Jugendlichen die Veranstaltung besuchen dürfen. Empfehlenswert ist es jedoch, wenn der Gruppenleiter sich von den Eltern die Erlaubnis schriftlich geben lässt.

Frage: Wir haben in unserem Jugendhaus einen Billardtisch, einen Kicker- und einen Flipperautomaten stehen. Im Sinne des Jugendschutzgesetzes sind wir eine öffentliche Einrichtung. Dürfen wir das Spielen an diesen Geräten erlauben?

Antwort: *Der Spielraum im Jugendhaus stellt keine Spielhalle im Sinne des Gesetzes dar. Zudem beschränkt sich § 8 des Jugendschutzgesetzes auf elektronische Bildschirm-Unterhaltungsgeräte, die nicht in der Öffentlichkeit aufgestellt sein dürfen. Die Spielgeräte im Jugendhaus stehen im Zusammenhang mit einem pädagogischen Konzept und sind deshalb erlaubt.*

Frage: Wenn bei uns Jahrmarkt ist, gehe ich mit meiner Gruppe (12-14 Jahre) regelmäßig hin. Die Gruppe ist immer von den Spielautomaten fasziniert, ich bekomme sie da gar nicht mehr weg. Dürfen die Kinder überhaupt an den Automaten spielen?

Antwort: *Jahrmärkte fallen unter die Ausnahmeregelung. Hier dürfen die Kinder ausnahmsweise an den Geräten spielen.*

Frage: Die Filme sind für bestimmte Altersstufen zugelassen bzw. freigegeben. Müssen wir uns in der Jugendarbeit auch an diese Bestimmungen halten?

Antwort: *Selbstverständlich gelten die gesetzlichen Bestimmungen des Jugendschutzes auch für Filme, die in der Jugendarbeit gezeigt werden. Wer in der Jugendarbeit tätig ist, sollte sich besonders um die Einhaltung des Jugendschutzgesetzes bemühen, es dient dem seelischen und geistigen Wohle der Kinder und Jugendlichen.*

Frage: Wir bieten in unserer Gemeinde im Rahmen der Jugendarbeit regelmäßig Filmabende an. Dazu sind in der Regel die Gruppen, aber auch nicht organisierte Kinder und Jugendliche eingeladen. In den Gruppen sind nicht alle gleichaltrig, die einen sind z.B. 12, andere 14 Jahre alt. Wenn wir das Jugendschutzgesetz beachten würden, dürften die Gruppen manche Filme gar nicht geschlossen ansehen. Das finden wir schlecht und lassen deshalb alle Gruppen ohne Alterskontrolle zu. Ist das gesetzlich erlaubt?

Antwort: *Pädagogen sollten ein Gesetz, das zum Wohle von Kindern und Jugendlichen geschaffen wurde, nicht lasch handhaben oder es zu umgehen versuchen. Sie sollten vielmehr ein gutes Vorbild sein. Wenn es ein Anliegen der in der Jugendarbeit Verantwortlichen ist, dass Gruppen geschlossen Filme ansehen, müssen sie Filme anbieten, die für die Altersstufe freigegeben sind, die auch die Veranstaltung besucht, z.B. ab 12 Jahren, wenn*

Gruppenmitglieder zwischen 12 und 14 Jahren daran teilnehmen. Das Alter des jüngsten Gruppenmitgliedes ist dabei das entscheidende Kriterium.

Frage: Müssen wir auf den Plakaten für Film- oder Tanzveranstaltungen die Altersgrenze angeben, für die die Veranstaltung zugelassen ist?

Antwort: *Der Veranstalter ist verpflichtet, deutlich lesbar die Anordnung in Bezug auf Alter und Zeitgrenze auf den Plakaten und im Eingangsbereich der Veranstaltung anzugeben. Das gilt auch für Tanz- oder Filmveranstaltungen in der Jugendarbeit.*

Frage: Um die Probleme mit den örtlichen Kinobesitzern zu umgehen, haben wir einen Jugendfilmclub gegründet. Die Mitglieder besitzen einen Ausweis. Sind wir damit eine „geschlossene Gesellschaft" oder fallen wir unter das Jugendschutzgesetz?

Antwort: *Ein Jugendclub, organisiert im Rahmen der Jugendarbeit, ist immer eine öffentliche Einrichtung, weil Jugendarbeit im Sinne des Jugendschutzgesetzes zu den öffentlichen Einrichtungen zählt. Der geschlossene Charakter des Clubs darf nicht verwechselt werden mit einem „privaten" Club. Das Jugendschutzgesetz gilt also auch für diesen Jugendfilmclub. Nicht nur aus rechtlichen, sondern auch aus pädagogischen Überlegungen heraus sollte man in der Jugendarbeit keine „rechtsfreien Nischen" zu konstruieren versuchen, um das Jugendschutzgesetz zu umgehen. Solches Verhalten entspricht nicht den Zielen von Jugendarbeit.*

Frage: Gelten für die Vorführung von Video-Filmen die gleichen Bestimmungen wie für Kinofilme?

Antwort: *Die Vorschriften für die Vorführung von Kino- oder Video-Filmen sind die gleichen. Es muss die Alters- und Zeitgrenze eingehalten werden, und es dürfen keine Filme gezeigt werden, die Rassenhass fördern, Gewalttätigkeiten verherrlichen oder verharmlosen und Gewalt in einer die Menschenwürde verletzenden Weise darstellen.*

Frage: Wenn ich (18 Jahre) mit meiner Gruppe (10-12 Jahre) ins Kino gehe, gelte ich dann als Erziehungsberechtigter und welche Rechte habe ich dadurch?

Antwort: *Der Gruppenleiter ist Erziehungsberechtigter. Sein Recht ist: Die Kinder dürfen sich noch nach 20 Uhr im Kino aufhalten bzw. einen Film ansehen, denn sie befinden sich in Begleitung eines Erziehungsberechtigten, der sich gegebenenfalls als solcher ausweisen kann. Durch den Leiter erhält die Gruppe jedoch nicht das Recht, einen Film anzuschauen, der für ihre Altersstufe nicht zugelassen ist. Das Alter des jüngsten Gruppenmitgliedes ist ausschlaggebend, nicht das des Gruppenleiters.*

Frage: Wir führen mit unserem Jugendverband jedes Jahr ein Ferienlager durch. Zum Programm der Freizeit gehört, dass wir mit den Teilnehmern zu

Dorffesten, Tanzveranstaltungen, Filmvorführungen, Gaststätten usw. gehen. Müssen wir für diese Programmpunkte vorher die Genehmigung der Eltern einholen?

Antwort: *Die Teamer sollten sich die Erlaubnis der Eltern zu diesen Programmveranstaltungen schriftlich geben lassen. Es nützt nicht viel, wenn die Teamer pauschal eine Genehmigung einholen, vielmehr sollten sie die Eltern konkret und detailliert informieren und sie gezielt um Erlaubnis ansprechen.*

Frage: Wir führen jedes Jahr eine Ferienfreizeit mit Jugendlichen in der Türkei durch. Dort gelten andere Jugendschutzgesetze als bei uns. An welche müssen wir uns halten?

Antwort: *Die Betreuer müssen die deutschen Gesetze einhalten, denn das erwarten die Eltern, da sie ja Erziehungsberechtigte sind. Sind die Gesetze in dem jeweiligen Ausland jedoch strenger als die deutschen, gelten grundsätzlich die enger gefassten Gesetze.*

Frage: Der Jugendverband einer Pfarrgemeinde führt ein Ferienlager durch. Jan (16 Jahre), ein Teamer, macht mit seiner Gruppe (9-10 Jahre) eine Wanderung zu einem Aussichtsturm. Dabei gerät er mit der Gruppe in ein Gewitter. In einer Gaststätte suchen sie Schutz und warten dort das Ende des Gewitters ab. Das Warten überbrücken sie, indem die Kinder Limonade und Eis bestellen. Dürfen sich Kinder ohne elterliche Begleitung in Gaststätten aufhalten?

Antwort: *Normalerweise ist Kindern unter 16 Jahren der Aufenthalt in Gaststätten untersagt. Ausnahme: Wenn sie sich auf Reisen befinden. Die Wanderung der Gruppe kann als eine Reise interpretiert werden. Da der Gruppenleiter erst 16 Jahre alt ist, kann er nicht als Erziehungsberechtigter im Sinne des Jugendschutzgesetzes handeln, dazu müsste er 18 Jahre alt sein. Insofern entfällt die weitere Ausnahme: Kinder unter 16 Jahren dürfen nur mit Erziehungsberechtigten eine Gaststätte besuchen.*

Frage: Bei unseren Diskoveranstaltungen schenken wir auch Bier aus. Wir können zwar auch beobachten, dass Jugendliche härtere Getränke mitbringen, doch gehen wir dagegen nicht streng vor. Wir wollen den Jugendlichen nicht wie Polizisten gegenübertreten. Könnte man uns Schwierigkeiten bereiten, weil wir das Jugendschutzgesetz nicht streng einhalten?

Antwort: *Das Gesetz will das seelische, geistige und leibliche Wohl von Kindern und Jugendlichen schützen. Das sollte auch ein Anliegen der Pädagogen sein. Sie sollten deshalb das Jugendschutzgesetz nicht unterlaufen, sondern es unterstützen. Rechtlich gesehen dürfen an Kinder und Jugendliche unter 16 Jahren keinerlei branntweinhaltige oder andere alkoholische Getränke ausgeschenkt werden. Wo dies dennoch geschieht, könnten z.B. Eltern die Verantwortlichen der Einrichtung anzeigen.*

Frage: In unserem Club, einer Einrichtung der evangelischen Gemeinde, rauchen auch 15-jährige Jugendliche. Wir lassen es zu, weil wir der Meinung sind, dass es für Jugendliche dieses Alters so viele Verbote gibt, dass sie den Club quasi als Schutzraum erleben sollen, wo sie unkontrolliert ihren Bedürfnissen nachgehen können. Wir verstehen unseren Club eher als eine geschlossene Gesellschaft, deshalb gilt für uns das Jugendschutzgesetz nicht.

Antwort: *Kinder und Jugendliche unter 16 Jahren dürfen in der Öffentlichkeit nicht rauchen. Ist der Club eine Einrichtung der Jugendarbeit, handelt es sich um eine öffentliche Einrichtung, auch wenn der Club sich anders versteht. Daher gilt auch das Jugendschutzgesetz ohne Einschränkung.*

Frage: Christine ist Gruppenleiterin (17 Jahre). Sie geht mit ihrer Gruppe (13-14 Jahre) zum Tanzen in eine kommerzielle Diskothek. Sie nimmt ihren Gruppenleiterausweis mit, um gegebenenfalls nachweisen zu können, dass die Mädchen unter ihrer Aufsicht stehen. Ist aus der Sicht des Jugendschutzgesetzes dagegen etwas einzuwenden?

Antwort: *Kinder und Jugendliche unter 16 Jahren dürfen eine öffentliche Tanzveranstaltung nur in Begleitung eines Erziehungsberechtigten besuchen. Christine gilt in diesem Fall nicht als Erziehungsberechtigte, da sie noch keine 18 Jahre alt ist. Der Diskothekbesuch ist nicht erlaubt. Wäre sie 18 Jahre oder die Gruppenmitglieder 16 Jahre alt, könnten sie in die Diskothek gehen (unbegrenzt bzw. bis 24 Uhr).*

Frage: Wir bieten in unserer Gemeinde im Rahmen der Jugendarbeit Tanz- und Filmveranstaltungen an. Müssen wir auf den Plakaten genau angeben, für welche Altersstufe die Veranstaltung freigegeben ist? Genügt z.B. bei einem Film der Hinweis „nicht jugendfrei"?

Antwort: *Der Veranstalter ist verpflichtet, die Altersgrenze gut lesbar auf dem Plakat anzugeben. Der Hinweis „nicht jugendfrei" reicht nicht aus; die Altersgrenze muss deutlich lesbar sein.*

6. Reisevertragsrecht

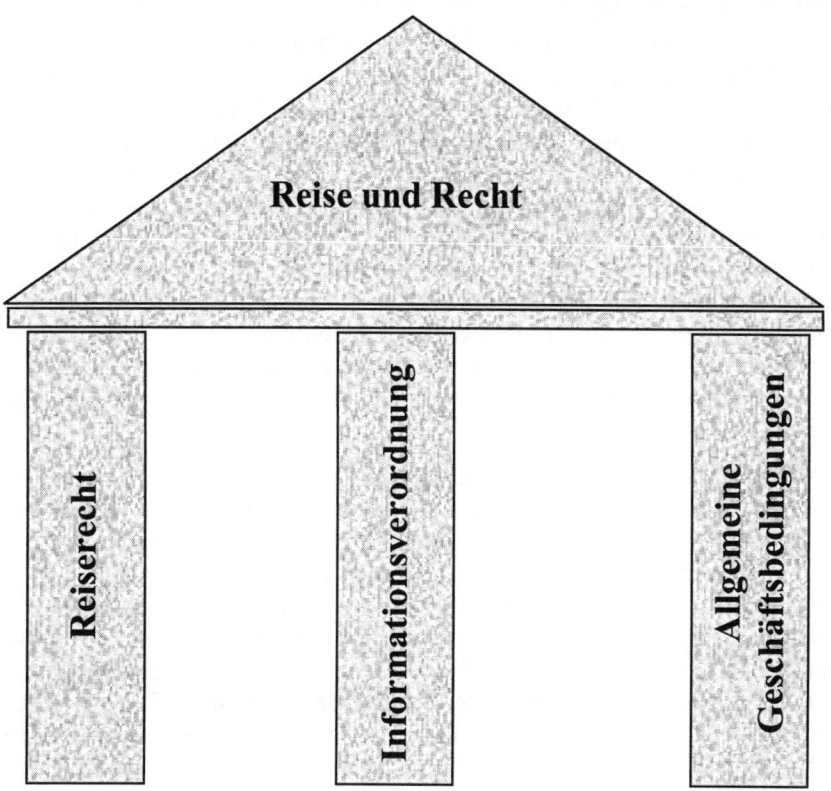

6.1 Jugendarbeit als Reiseveranstalter?

Am 13.12.1978 verabschiedete der Deutsche Bundestag das Reisevertragsrecht und erweiterte das Bürgerliche Gesetzbuch um die §§ 651 a-k. Am 1.10.1979 trat das neue Gesetz in Kraft. Am 26.04.1994 beschloss der Deutsche Bundestag des Weiteren das „Gesetz zur Durchführung der Richtlinie des Rats der EG vom 13.06.1990 über Pauschalreisen". Aufgrund der dynamischen Weiterentwicklung des Reiserechts wurde eine Neuauflage notwendig, die im Änderungsgesetz vom 20.12.1996 und 9.12.1998 erfolgte. Mit der Verabschiedung wurde festgelegt, dass die in den Richtlinien vorgesehenen Regelungen in das bestehende Reisevertragsrecht (§ 651 a - l BGB) übernommen werden.

Ziel dieser neuen Gesetzgebung ist es, den Verbraucher (Reisenden) vor negativen Praktiken großer Reiseunternehmen zu schützen. Das Gesetz ist konsumentenfreundlich formuliert.

Gilt das Reisevertragsrecht auch für Aktivitäten in der Jugendarbeit?

Es trifft auch für Ferienlager, Freizeiten, Zeltlager, Wochenendfahrten etc. zu.[1] Jeder Jugendarbeiter findet es sicher positiv, wenn Reisende vor den teilweise unseriösen Praktiken der Touristikunternehmen geschützt werden. Viele sind jedoch der Meinung, in der Jugendarbeit sehe dies ganz anders aus. Hier gebe es solche Beschwerden und Probleme nicht. Wenn es zu Schwierigkeiten komme, einige man sich gütlich. Zudem haben Eltern und Teilnehmer an ein Ferienlager ganz andere Erwartungen als an eine gebuchte Urlaubsreise, so dass sich die Beschwerden eher auf pädagogische Ziele richten oder auch organisatorische Mängel beanstandet werden. Damit ziehen die Eltern aber meist nicht vor Gericht. Schließlich wissen die Eltern, dass die Lager mit viel Optimismus und von ehrenamtlich engagierten Verantwortlichen durchgeführt werden, die man für ihr Engagement nicht bestrafen wird.

Das ist vielfach die Praxis und eine gute Tradition. Doch sollte man sich nicht zu sehr auf diese Gewohnheit berufen. Ein immer größerer Kreis besitzt Kenntnis vom Reiserecht; viele haben es bereits gegen Reiseunternehmen in Anspruch genommen. Da kann man nicht erwarten, dass Erwachsene wie Jugendliche dieses Wissen ignorieren, wenn es um Ferienlager in der Jugendarbeit geht. Vielmehr muss man davon ausgehen, dass immer mehr Lagerteilnehmer das Angebot kritisch erleben und Unregelmäßigkeiten oder Versäumnisse etc. beanstanden. Für diese Situation muss man auch in der Jugendarbeit gerüstet sein und die rechtliche Seite kennen. Das soll nun wiederum nicht heißen, dass sich ein Lagerteam aus Angst vor dem Gesetz in Ausreden flüchtet, statt sich pädagogisch mit der Situation auseinander zu setzen. „Denn tatsächlich ist das pädagogisch Gewollte oftmals keine Frage der juristischen Zulässigkeit, sondern nur der juristischen Gestaltung. Genauso verfehlt aber wäre es, vor lauter pädagogischem Elan zu vergessen, dass auch Jugendreisen nicht in einem rechtsfreien Raum stattfinden können, an dem Gericht und Gesetzgeber mit geschlossenen Augen vorbeigehen."[1]

---

1 Zur Zeit arbeitet die Bundesregierung an einem Gesetzesentwurf, der die Regeln zur Personenbeförderung im Bereich der Jugendhilfe vereinfachen soll. Die geplante Neuregelung soll den kleineren freien Trägern mehr Spielraum verschaffen.
2 Christian, W.; Kosmale, J.-D.: Reiserecht für die Freizeitpraxis. Frankfurt: Jugendarbeitsgemeinschaft Evangelischer Jugendferiendienste e.V. (Hrsg.) 1988, S. 8.

Im Folgenden sollen die drei rechtlichen Säulen vorgestellt werden, die ein Jugendarbeiter kennen sollte, wenn er Reisen anbietet.

Dies sind:

- Reisevertragsrecht § 651 a - l
- Informationsverordnung
- Allgemeine Geschäftsbedingungen (AGB-Gesetz)

Auf das Reisevertragsrecht soll ausführlicher, auf die beiden anderen Rechtsbereiche nur kurz, soweit für Jugendarbeit notwendig, eingegangen werden.

 Literatur

Bartl, H.: Reise- und Freizeitrecht. München: C. H. Beck Verlag 1985.
Christian, W.; Kosmale, J.-D.: Reiserecht für die Freizeitpraxis. Frankfurt: Bundesarbeitsgemeinschaft Evangelischer Jugendferiendienste e.V. (Hrsg.) 1988.
Führich, E.: Reiserecht von A - Z. Verbraucherschutz bei Pauschal- und Individualreisen. München: Beck/Deutscher Taschenbuch Verlag 2000.
Führich, E.: Reiserecht. Handbuch des Reisevertrags-, Reiseversicherungs- und Individualrechts. Heidelberg: Müller Juristischer Verlag 1990.
Wirtz, Chr.: Reisen und Recht. Köln: Dreisam Verlag 1994.

6.2 Wie würden Sie entscheiden?

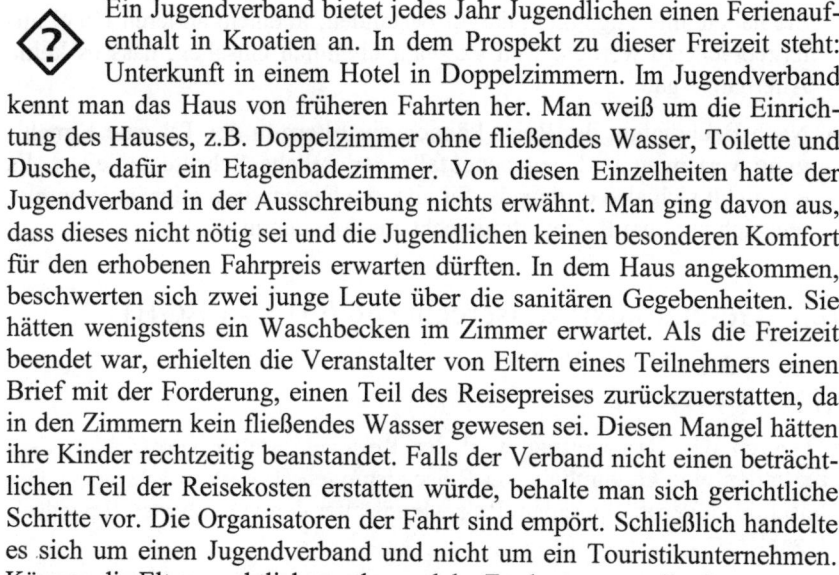 Ein Jugendverband bietet jedes Jahr Jugendlichen einen Ferienaufenthalt in Kroatien an. In dem Prospekt zu dieser Freizeit steht: Unterkunft in einem Hotel in Doppelzimmern. Im Jugendverband kennt man das Haus von früheren Fahrten her. Man weiß um die Einrichtung des Hauses, z.B. Doppelzimmer ohne fließendes Wasser, Toilette und Dusche, dafür ein Etagenbadezimmer. Von diesen Einzelheiten hatte der Jugendverband in der Ausschreibung nichts erwähnt. Man ging davon aus, dass dieses nicht nötig sei und die Jugendlichen keinen besonderen Komfort für den erhobenen Fahrpreis erwarten dürften. In dem Haus angekommen, beschwerten sich zwei junge Leute über die sanitären Gegebenheiten. Sie hätten wenigstens ein Waschbecken im Zimmer erwartet. Als die Freizeit beendet war, erhielten die Veranstalter von Eltern eines Teilnehmers einen Brief mit der Forderung, einen Teil des Reisepreises zurückzuerstatten, da in den Zimmern kein fließendes Wasser gewesen sei. Diesen Mangel hätten ihre Kinder rechtzeitig beanstandet. Falls der Verband nicht einen beträchtlichen Teil der Reisekosten erstatten würde, behalte man sich gerichtliche Schritte vor. Die Organisatoren der Fahrt sind empört. Schließlich handelte es sich um einen Jugendverband und nicht um ein Touristikunternehmen. Können die Eltern rechtlich gesehen solche Forderungen stellen?

Vorläufige Antwort

Die Eltern sind im Recht. In diesem Fall sind einige rechtliche Fakten zu bedenken:

- Der Jugendverband, der diese Reise anbietet, fällt unter das Reisevertragsrecht. Dort wird jeder, der wenigstens zwei Leistungen bündelt, als Reiseveranstalter definiert. In diesem Fall bietet der Jugendverband Fahrt, Unterkunft, Verpflegung und Betreuung an, also wenigstens vier Reiseleistungen.

- Als Reiseveranstalter fällt der Verband unter das Reisevertragsrecht, ob er es will oder nicht, weiß oder nicht.

- Das Reisevertragsrecht besagt, dass der Reiseveranstalter Informationspflicht hat. Er hätte in seinem Prospekt vermerken müssen: Doppelzimmer ohne fließend Warm- und Kaltwasser. Denn in der Touristik besagt der Hinweis „Doppelzimmer" einschließlich fließend Warm- und Kaltwasser. Also hätte dies ausdrücklich erwähnt werden müssen.

- Die Jugendlichen haben sich richtig verhalten und den Mangel angezeigt. Sie haben allerdings nicht darauf bestanden, in einem anderen Hotel untergebracht zu werden, weil sie wahrscheinlich einsahen, dass es keine Alternative gab.

- Nach Beendigung der Reise können die Eltern in der Tat eine Ermäßigung verlangen und gegebenenfalls gerichtliche Schritte einleiten. Es empfiehlt sich also dringendst für alle, die Ferienreisen oder -lager anbieten, sich mit dem Reisevertragsrecht auseinander zu setzen.

6.3 Gesetzestext: Reiserecht (§§ 651 a - l BGB)

§§ **§ 651 a**
Reisevertrag

(1) Durch den Reisevertrag wird der Reiseveranstalter verpflichtet, dem Reisenden eine Gesamtheit von Reiseleistungen (Reise) zu erbringen. Der Reisende ist verpflichtet, dem Reiseveranstalter den vereinbarten Reisepreis zu zahlen.

(2) Die Erklärung, nur Verträge mit den Personen zu vermitteln, welche die einzelnen Reiseleistungen ausführen sollen (Leistungsträger), bleibt unbe-

rücksichtigt, wenn nach den sonstigen Umständen der Anschein begründet wird, dass der Erklärende vertraglich vorgesehene Reiseleistungen in eigener Verantwortung erbringt.

(3) Der Reiseveranstalter kann den Reisepreis nur erhöhen, wenn dies mit genauen Angaben zur Berechnung des neuen Preises im Vertrag vorgesehen ist und damit einer Erhöhung der Beförderungskosten, der Abgaben für bestimmte Leistungen, wie Hafen- oder Flughafengebühren, oder einer Änderung der für die betreffende Reise geltenden Wechselkurse Rechnung getragen wird. Eine Preiserhöhung, die ab dem zwanzigsten Tag vor dem vereinbarten Abreisetermin verlangt wird, ist unwirksam. § 11 Nr. 1 des Gesetzes zur Regelung des Rechts der Allgemeinen Geschäftsbedingungen bleibt unberührt.

(4) Der Reiseveranstalter hat eine Änderung des Reisepreises nach Absatz 3, eine zulässige Änderung einer wesentlichen Reiseleistung oder eine zulässige Absage der Reise dem Reisenden unverzüglich nach Kenntnis von dem Änderungs- oder Absagegrund zu erklären. Im Falle einer Erhöhung des Reisepreises um mehr als fünf von Hundert oder einer erheblichen Änderung einer wesentlichen Reiseleistung kann der Reisende vom Vertrag zurücktreten. Er kann stattdessen, ebenso wie bei einer Absage der Reise durch den Reiseveranstalter, die Teilnahme an einer mindestens gleichwertigen anderen Reise verlangen, wenn der Reiseveranstalter in der Lage ist, eine solche Reise ohne Mehrpreis für den Reisenden aus seinem Angebot anzubieten. Der Reisende hat dieses Recht unverzüglich nach der Erklärung durch den Reiseveranstalter diesem gegenüber geltend zu machen.

(5) Das Bundesministerium der Justiz wird ermächtigt, im Einvernehmen mit dem Bundesministerium für Wirtschaft durch Rechtsverordnung zum Schutz der Verbraucher bei Reisen Festsetzungen zu treffen, durch die sichergestellt wird, dass die Beschreibungen von Reisen keine irreführenden, sondern klare und genaue Angaben enthalten und dass der Reiseveranstalter dem Verbraucher die notwendigen Informationen erteilt. Zu diesem Zweck kann insbesondere bestimmt werden, welche Angaben in einem vom Veranstalter herausgegebenen Prospekt und in dem Reisebetrag enthalten sein müssen sowie welche Informationen der Reiseveranstalter dem Reisenden vor dem Vertragsabschluss und vor dem Antritt der Reise geben muss.

§§ § 651 b
Vertragsübertragung

(1) Bis zum Reisebeginn kann der Reisende verlangen, dass statt seiner ein Dritter in die Rechte und Pflichten aus dem Reisevertrag eintritt. Der Reiseveranstalter kann dem Eintritt des Dritten widersprechen, wenn dieser den besonderen Reiseerfordernissen nicht genügt oder seiner Teilnahme gesetzliche Vorschriften oder behördliche Anordnungen entgegenstehen.

(2) Tritt ein Dritter in den Vertrag ein, so haften er und der Reisende dem Reiseveranstalter als Gesamtschuldner für den Reisepreis und die durch den Eintritt des Dritten entstehenden Mehrkosten.

§§ § 651 c
Abhilfe

(1) Der Reiseveranstalter ist verpflichtet, die Reise so zu erbringen, dass sie die zugesicherten Eigenschaften hat und nicht mit Fehlern behaftet ist, die den Wert oder die Tauglichkeit zu dem gewöhnlichen oder nach dem Vertrage vorausgesetzten Nutzen aufheben oder mindern.

(2) Ist die Reise nicht von dieser Beschaffenheit, so kann der Reisende Abhilfe verlangen. Der Reiseveranstalter kann die Abhilfe verweigern, wenn sie einen unverhältnismäßigen Aufwand erfordert.

(3) Leistet der Reiseveranstalter nicht innerhalb einer vom Reisenden bestimmten angemessenen Frist Abhilfe, so kann der Reisende selbst Abhilfe schaffen und Ersatz der erforderlichen Aufwendungen verlangen. Der Bestimmung einer Frist bedarf es nicht, wenn die Abhilfe von dem Reiseveranstalter verweigert wird oder wenn die sofortige Abhilfe durch ein besonders Interesse des Reisenden geboten wird.

§§ § 651 d
Minderung

(1) Ist die Reise im Sinne des § 651 c Abs. 1 mangelhaft, so mindert sich für die Dauer des Mangels der Reisepreis nach Maßgabe des § 472.

(2) Die Minderung tritt nicht ein, soweit es der Reisende schuldhaft unterlässt, den Mangel anzuzeigen.

§§ § 651 e
Kündigung wegen Mangels

(1) Wird die Reise infolge eines Mangels der in § 651 c bezeichneten Art erheblich beeinträchtigt, so kann der Reisende den Vertrag kündigen. Dasselbe gilt, wenn ihm die Reise infolge eines solchen Mangels aus wichtigem, dem Reiseveranstalter erkennbaren Grund nicht zuzumuten ist.

(2) Die Kündigung ist erst zulässig, wenn der Reiseveranstalter eine ihm vom Reisenden bestimmte angemessene Frist hat verstreichen lassen, ohne Abhilfe zu leisten. Der Bestimmung einer Frist bedarf es nicht, wenn die Abhilfe unmöglich ist oder vom Reiseveranstalter verweigert wird oder wenn die sofortige Kündigung des Vertrages durch ein besonderes Interesse des Reisenden gerechtfertigt wird.

(3) Wird der Vertrag gekündigt, so verliert der Reiseveranstalter den Anspruch auf den vereinbarten Reisepreis. Er kann jedoch für die bereits er-

brachten oder zur Beendigung der Reise noch zu erbringenden Reiseleistungen eine nach § 471 zu bemessende Entschädigung verlangen. Dies gilt nicht, soweit diese Leistungen infolge der Aufhebung des Vertrags für den Reisenden kein Interesse haben.

(4) Der Reiseveranstalter ist verpflichtet, die infolge der Aufhebung des Vertrags notwendigen Maßnahmen zu treffen, insbesondere, falls der Vertrag die Rückbeförderung umfasste, den Reisenden zurückzubefördern. Die Mehrkosten fallen dem Reiseveranstalter zur Last.

§§ § 651 f
Schadensersatz

(1) Der Reisende kann unbeschadet der Minderung oder der Kündigung Schadensersatz wegen Nichterfüllung verlangen, es sei denn, der Mangel der Reise beruht auf einem Umstand, den der Reiseveranstalter nicht zu vertreten hat.

(2) Wird die Reise vereitelt oder erheblich beeinträchtigt, so kann der Reisende auch wegen nutzlos aufgewendeter Urlaubszeit eine angemessene Entschädigung in Geld verlangen.

§§ § 651 g
Ausschlussfrist; Verjährung

(1) Ansprüche nach den §§ 651 c bis 651 f hat der Reisende innerhalb eines Monats nach der vertraglich vorgesehenen Beendigung der Reise gegenüber dem Reiseveranstalter geltend zu machen. Nach Ablauf der Frist kann der Reisende Ansprüche nur geltend machen, wenn er ohne Verschulden an der Einhaltung der Frist verhindert worden ist.

(2) Ansprüche des Reisenden nach den §§ 651 c bis 651 f verjähren in sechs Monaten. Die Verjährung beginnt mit dem Tage, an dem die Reise dem Vertrage nach enden sollte. Hat der Reisende solche Ansprüche geltend gemacht, so ist die Verjährung bis zu dem Tage gehemmt, an dem der Reiseveranstalter die Ansprüche schriftlich zurückweist.

§§ § 651 h
Zulässige Haftungsbeschränkung

(1) Der Reiseveranstalter kann durch Vereinbarung mit dem Reisenden seine Haftung für Schäden, die nicht Körperschäden sind, auf den dreifachen Reisepreis beschränken,

1. soweit ein Schaden des Reisenden weder vorsätzlich noch grob fahrlässig herbeigeführt wird, oder
2. soweit der Reiseveranstalter für einen dem Reisenden entstehenden Schaden allein wegen eines Verschulden eines Leistungsträgers verantwortlich ist.

(2) Gelten für eine von einem Leistungsträger zu erbringende Reiseleistung internationale Übereinkommen oder auf solchen beruhende gesetzliche Vorschriften, nach denen ein Anspruch auf Schadensersatz nur unter bestimmten Voraussetzungen oder Beschränkungen entsteht oder geltend gemacht werden kann oder unter bestimmten Voraussetzungen ausgeschlossen ist, so kann sich auch der Reiseveranstalter gegenüber dem Reisenden hierauf berufen.

§§ § 651 i
Rücktritt vor Reisebeginn

(1) Vor Reisebeginn kann der Reisende jederzeit vom Vertrag zurücktreten.

(2) Tritt der Reisende vom Vertrag zurück, so verliert der Reiseveranstalter den Anspruch auf den vereinbarten Reisepreis. Er kann jedoch eine angemessene Entschädigung verlangen. Die Höhe der Entschädigung bestimmt sich nach dem Reisepreis unter Abzug des Wertes der vom Reiseveranstalter ersparten Aufwendungen sowie dessen, was er durch anderweitige Verwendung der Reiseleistungen erwerben kann.

(3) Im Vertrage kann für jede Reiseart unter Berücksichtigung der gewöhnlichen ersparten Aufwendungen und des durch anderweitige Verwendung der Reiseleistungen gewöhnlich möglichen Erwerbs ein Vomhundertsatz des Reisepreises als Entschädigung festgesetzt werden.

§§ § 651 j
Kündigung wegen höherer Gewalt

(1) Wird die Reise infolge bei Vertragsabschluss nicht voraussehbarer höherer Gewalt erheblich erschwert, gefährdet oder beeinträchtigt, so können sowohl der Reiseveranstalter als auch der Reisende den Vertrag allein nach Maßgabe dieser Vorschrift kündigen.

(2) Wird der Vertrag nach Absatz 1 gekündigt, so finden die Vorschriften des § 651 e Abs. 3 Sätze 1 und 2, Abs. 4 Satz 1 Anwendung. Die Mehrkosten für die Rückbeförderung sind von den Parteien je zur Hälfte zu tragen. Im Übrigen fallen die Mehrkosten dem Reisenden zur Last.

§§ § 651 k
Sicherstellung: Zahlung

(1) Der Reiseveranstalter hat sicherzustellen, dass dem Reisenden erstattet werden
1. der gezahlte Reisepreis, soweit Reiseleistungen infolge Zahlungsunfähigkeit oder Eröffnung des Insolvenzverfahrens über das Vermögen des Reiseveranstalters ausfallen, und
2. notwendige Aufwendungen, die dem Reisenden infolge Zahlungsunfähigkeit oder Eröffnung des Insolvenzverfahrens über das Vermögen des Reiseveranstalters für die Rückreise entstehen.

Die Verpflichtungen nach Satz 1 kann der Reiseveranstalter nur erfüllen,
1. durch eine Versicherung bei einem im Geltungsbereich dieses Gesetzes zum Geschäftsbetrieb befugten Versicherungsunternehmen oder
2. durch ein Zahlungsversprechen eines im Geltungsbereich dieses Gesetzes zum Geschäftsbetrieb befugten Kreditinstituts.

(2) Der Versicherer oder das Kreditinstitut kann seine Haftung für die von ihm in einem Jahr insgesamt nach diesem Gesetz zu erstattenden Beträge jeweils für das erste Jahr nach dem 31. Oktober 1994 auf siebzig, für das zweite Jahr auf einhundert, für das dritte Jahr auf einhundertfünfzig und für die darauf folgende Zeit auf zweihundert Millionen Deutsche Mark begrenzen. Übersteigen die in einem Jahr von einem Versicherer oder einem Kreditinstitut insgesamt nach diesem Gesetz zu erstattenden Beträge die in Satz 1 genannten Höchstbeträge, so verringern sich die einzelnen Erstattungsansprüche in dem Verhältnis, in dem ihr Gesamtbetrag zum Höchstbetrag steht.

(3) Zur Erfüllung seiner Verpflichtungen nach Absatz 1 hat der Reiseveranstalter dem Reisenden einen unmittelbaren Anspruch gegen den Versicherer oder das Kreditinstitut zu verschaffen und durch Übergabe einer von diesem Unternehmen ausgestellten Bestätigung (Sicherungsschein) nachzuweisen.

(4) Der Reiseveranstalter darf Zahlungen des Reisenden auf den Reisepreis vor der Beendigung der Reise nur fordern oder annehmen, wenn er dem Reisenden einen Sicherungsschein übergeben hat.

(5) Hat im Zeitpunkt des Vertragsabschlusses der Reiseveranstalter seine Hauptniederlassung in einem andern Mitgliedstaat der Europäischen Gemeinschaften oder in einem anderen Vertragsstaat des Abkommens über den Europäischen Wirtschaftsraum, so genügt der Reiseveranstalter seiner Verpflichtung nach Absatz 1 auch dann, wenn er dem Reisenden Sicherheit in Übereinstimmung mit den Vorschriften des anderen Staates leistet und diese den Anforderungen nach Absatz 1 Satz 1 entspricht; Absatz 4 gilt mit der Maßgabe, dass dem Reisenden die Sicherheitsleistungen nachgewiesen werden muss.

(6) Die Absätze 1 bis 5 gelten nicht, wenn
1. der Reiseveranstalter nur gelegentlich und außerhalb seiner gewerblichen Tätigkeit Reisen veranstaltet,
2. die Reise nicht länger als 24 Stunden dauert, keine Übernachtung einschließt und der Reisepreis einhundertfünfzig Deutsche Mark nicht übersteigt,
3. der Reiseveranstalter eine juristische Person des öffentlichen Rechts ist.

6.4 Kommentar

6.4.1 Reisevertrag (651 a BGB)

Man unterscheidet zwischen Individualreisen und Pauschalreisen.

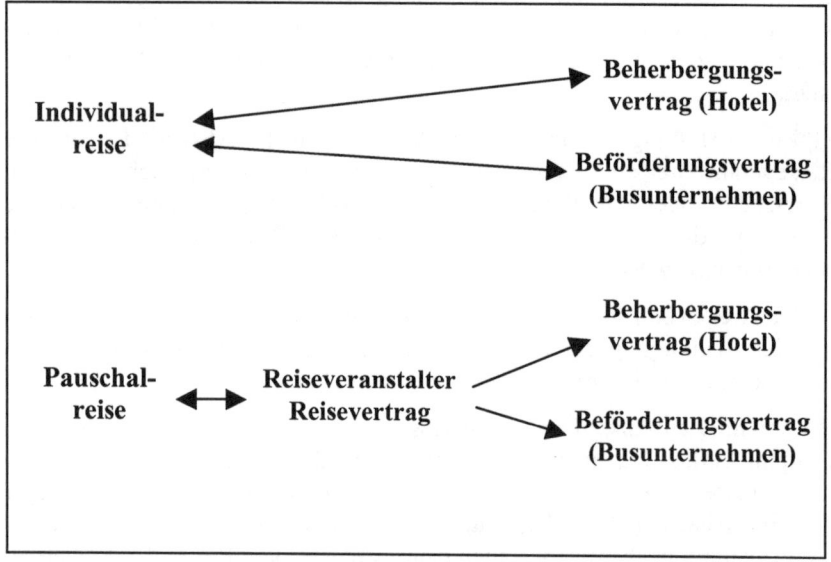

Das Reisevertragsgesetz bezieht sich ausschließlich auf Pauschalreisen.
Was ist nun eine Pauschalreise und wann ist man Reiseveranstalter, so dass
man unter das Reisevertragsrecht fällt?

Jeder, der wenigstens zwei Reiseleistungen zu einer Pauschalreise bzw.
zum Gesamtpreis aus einer Hand bündelt, gilt im Sinne von § 651 a BGB
als Reiseveranstalter und fällt damit unter das Reisevertragsrecht. Unter
Reiseleistungen zählen z.B. das Angebot einer Bus- oder Zugfahrt, Unterkunft, Verpflegung, Programm, Betreuung, Ausflüge etc. Wer mindestens
zwei solcher Leistungen zusammenfasst (bündelt) und anbietet, ist im Sinne
des Gesetzes ein Reiseveranstalter. Konkret bedeutet dies für die Jugendarbeit: Wenn z.B. eine Kirchengemeinde ein Ferienlager für Kinder und Jugendliche anbietet, werden mehr als nur zwei Reiseleistungen angeboten
(Fahrt, Unterkunft, Verpflegung, Betreuung etc.). Diese Reiseleistungen
werden gebündelt und nach § 651 a BGB als „Pauschalreise" den Kindern

und Jugendlichen angeboten. Entsprechend dieser neuen Regelung sind alle Ferienmaßnahmen, die von der Jugendarbeit ausgehen, Reiseveranstaltungen, deren Anbieter ist der Reiseveranstalter.

Der Vertrag wird zwischen dem Reiseveranstalter und dem Reisenden geschlossen. Wenn einzelne Leistungsträger ungenügende Leistungen bieten, bleibt für den Reisenden stets der Veranstalter Ansprechpartner und Verantwortlicher. Er kann sich nicht aus seiner Pflicht herausreden, dass er z.B. nichts dafür kann, wenn das Essen in einem Ferienhaus (Vollverpflegung) nicht gut ist. Wie der Veranstalter intern mit dem Leistungsträger die Probleme löst, hat den Reisenden nicht zu interessieren.

Bei einem Vertrag gehen beide Parteien (Veranstalter wie Reisender) Verpflichtungen ein.

Halten wir fest

Zeltlager, Ferienfreizeiten, Wanderungen, Ausflüge etc., die in der Jugendarbeit angeboten werden, gelten als Pauschalreisen, da sie mindestens zwei Leistungen bündeln. Für diese Veranstaltungen gilt das Reisevertragsrecht.

Verpflichtungen des Reiseveranstalters

Die ausgewählte Unterkunft darf keine technischen Mängel aufweisen. Der Reiseveranstalter muss sich davon überzeugen und gegebenenfalls die Mängel dem Vermieter des Hauses sofort anzeigen und um Abhilfe nachsuchen.

Der Veranstalter haftet auch dem Reisenden gegenüber in voller Höhe für Schäden, die auf das Verschulden eines Leistungsträgers zurückzuführen sind, z.B. wenn der Busfahrer einen Fährschiffanschluss nicht erreicht und die Teilnehmer zu spät ihr Reiseziel erreichen. Für den verkürzten Urlaub können die Teilnehmer Schadensersatz beanspruchen. Für diese Panne haftet der Veranstalter, der seinerseits das Busunternehmen als Verursacher des Schadens ersatzpflichtig machen kann.

Zu den zentralen Aufgaben des Reiseveranstalters zählt, dass er die Teilnehmer ausführlich und unmissverständlich über die Reise (das Ferienlager) informiert. Verschwommene und beschönigende Andeutungen oder elegante Formulierungen gehen zu Lasten des Reiseveranstalters. Was nicht ausdrücklich in der Reiseausschreibung genannt ist, darf später auch nicht verlangt werden. Wenn z.B. nirgendwo steht, dass die Teilnehmer auch beim Küchen- und Spüldienst helfen und die Toiletten säubern müssen, können sich Teilnehmer mit Recht von solchen Arbeiten distanzieren. Auch wenn solche Tätigkeiten selbstverständlich zu einem Ferienlager gehören und eventuell von pädagogischem Wert sind, darf man sie nicht einfach voraussetzen, sondern muss sie nach dem Reisevertragsgesetz ausdrücklich erwähnen.

Des Weiteren ist der Reiseveranstalter verpflichtet, sämtliche Nebenabsprachen, Sonderwünsche und/oder Zusatzvereinbarungen einzuhalten. Diese Zusatzvereinbarungen müssen nicht schriftlich geschehen, auch mündliche Zusagen gelten als Vertrag. Mündlich getroffene Nebenabsprachen sind rechtlich voll wirksam. Allerdings ist die Beweisführung nicht einfach. Deshalb sollte man von mündlichen Absprachen bzw. Zusagen abraten. Jede Zusicherung sollte schriftlich gegeben werden (siehe auch „Informationsverordnung" § 3 Abs. 2 e). Klauseln in den Reisebedingungen, die mündliche Nebenabsprachen ausschließen, sind rechtsunwirksam (siehe AGB-Recht § 4). Der Reisende hat allerdings die schwierige Aufgabe, Nebenabsprachen, Zusicherungen und Sonderwünsche zu beweisen.

Halten wir fest

Der Reiseveranstalter ist verpflichtet, die versprochenen Leistungen zu erbringen. Auch mündlich vereinbarte Sonderregelungen gelten als rechtlich wirksam.

Die in der Neufassung des Gesetzes von 1994 genannten Regelungen bezüglich einer nachträglichen Erhöhung des Reisepreises (§ 651 a Abs. 3, 4, 5) dürften für die Jugendarbeit kaum von Bedeutung sein.

Verpflichtungen des Reisenden

Der Reisende ist verpflichtet, den Vertrag einzuhalten. Dies bedeutet ein Dreifaches:

Der Teilnehmer muss die Reise in Höhe der vereinbarten Vergütung termingerecht bezahlen.

Des Weiteren muss er die geforderten Dokumente, Unterlagen etc. (Visum, Pass u.a.) termingerecht dem Reiseveranstalter zukommen lassen bzw. zum Reiseantritt bei sich haben. Dies gilt nicht nur für Dokumente, sondern auch für die Reiseausstattung. Wenn es sich z.B. um eine Bergtour oder Kanufahrt handelt, muss der Teilnehmer für entsprechende Kleidung und andere Ausrüstung sorgen.

Der dritte Aspekt des Vertrags ist besonders wichtig. Der Reisende geht nämlich eine vertragliche Nebenpflicht ein, die besagt, dass er eine Mitwirkungspflicht beim Zustandekommen des Reiseerfolges hat. Wenn er durch sein Verhalten den Erfolg gefährdet, verhält er sich vertragswidrig. Der Veranstalter muss ihm mitteilen, dass er ihn nach Hause schicken werde, wenn er sein Verhalten nicht ändert. Geschieht dies nicht, kann der Reiseveranstalter den Vertrag kündigen. Das Reisevertragsrecht gibt den Teamern für ein derartiges Handeln den rechtlichen Rahmen. Ob sie den Teilnehmer aus pädagogischen Überlegungen nach Hause schicken sollen, ist eine andere Frage.

Halten wir fest

Auch der Reisende übernimmt mit Abschluss des Vertrages Pflichten. Er ist verantwortlich für die notwendigen Reisedokumente, die Reiseausrüstung und hat die Mitwirkungspflicht beim Zustandekommen des Reiseerfolges.

Informationspflicht gemäß § 651 a Abs. 5 BGB			
Im Prospekt	**Bei Buchung**	**In der Reisebestätigung**	**Rechtzeitig vor Reisebeginn**
I. stets deutlich lesbare, klare und genaue Angaben über:		stets: Schriftliche Reisebestätigung	
1. Reisepreis 2. Höhe der Anzahlung 3. Fälligkeit der Restzahlung		4. Reisepreis 5. Höhe der Anzahlung 6. Fälligkeit der Restzahlung	
	Verweismöglichkeit		
II. soweit für die Reise von Bedeutung: a. Bestimmungsort b. Transportmittel (Merkmale und Klasse) c. Unterbringung (Beschreibung und Einstufung) d. Mahlzeiten e. Reiseroute f. Einreise- und Gesundheitserfordernisse für Deutsche g. Evtl. Mindestteilnehmerzahl und Datum, bis wann bei Nichterreichen abgesagt werden kann	I. Übermittlung von Allgemeinen Reisebedingungen II. Einreise- und Gesundheitsvorschriften für Deutsche und Frist zu deren Erlangung	Soweit für die Reise von Bedeutung: a. endgültiger Bestimmungsort, ggf. Dauer der Einzelaufenthalte b. Transportmittel (Merkmale und Klasse) c. Unterbringung (Beschreibung und Einstufung) d. Mahlzeiten e. Reiseroute f. Tag, voraussichtliche Abreise- und Rückkehrzeit, Ort von Abreise und Rückkehr g. Mindestteilnehmerzahl h. Besuche, Ausflüge und sonstige Leistungen i. Preisänderungsvorbehalt mit Berechnungsfaktoren j. zusätzliche Gebühren k. Sonderwünsche des Reisenden l. Name und Anschrift des Reiseveranstalters m. Obliegenheit des Reisenden zu Mängelrüge und Abhilfeverlangen mit Fristsetzung vor	a. Abfahrts- und Ankunftszeiten, Zwischenstationen und Anschlussverbindungen b. Sitzplatz (nur bei vorab festgelegten Plätzen) c. Name, Anschrift und Telefonnummer der örtlichen Vertretung des Reiseveranstalters; falls nicht vorhanden: andere Hilfe vor Ort bzw. Notrufnummer des Reiseveranstalters d. (nur bei Auslandsreisen erkennbar Minderjähriger) Unterrichtung der bei Buchung angegebenen Person, wie unmittelbare Verbindung mit dem Kind bzw. dem vor Ort Verantwortlichen hergestellt werden kann.

		evtl. Selbsthilfe oder Kündigung des Reise-vertrages n. Ausschluss- und Ver-jährungsfristen gemäß § 651 g BGB und An-gabe der Stelle, gegen-über der Ansprüche geltend gemacht wer-den müssen o. Empfehlung des Ab-schlusses einer Reise-rücktritts- sowie Rück-führungsversicherung bei Unfall oder Krank-heit	
		Last-minute-Buchungen Bei Last-minute-Buchungen (weniger als 7 Werktage zwischen Bu-chung und Reisebeginn) entfallen sämtliche in die-ser Spalte aufgeführten Angaben für die Reisebe-stätigung, außer den mit m) und n) gekennzeichne-ten Infos	

6.4.2   Teilnahme und Ersatzbefugnis (§ 651 b BGB)

Bis zum Beginn der Reise kann ein Teilnehmer verlangen, dass statt seiner eine dritte Person an der Reise teilnimmt. Der geeignete Ersatzreisende muss jedoch die vom Reiseveranstalter aufgestellten Kriterien erfüllen.

- Der Ersatzreisende muss bei besonderen Reiseanforderungen diesen ge-nügen. Handelt es sich z.B. um eine Bergtour, muss die Ersatzperson ei-ne notwendige Kondition, Fitness besitzen und darf nicht unter bestimm-ten Krankheiten leiden. (Asthma, Herzleiden u.a.).

- Unter Umständen muss der Ersatzteilnehmer vom gleichen Geschlecht und Alter sein. Dies ist bei einer Unterbringung in Mehrbettzimmern er-forderlich (siehe Sexualstrafrecht).

- Es dürfen keine gesetzliche Vorschriften oder behördliche Anordnungen entgegenstehen. Der Ersatzmann darf z.B. nicht eine Strafe auf Bewäh-rung abbüßen und deshalb nicht ins Ausland fahren dürfen.

Erfüllt die Ersatzperson nicht diese Kriterien, besitzt der Veranstalter ein Widerspruchsrecht und kann den Ersatzreisenden zurückweisen. „Wider-spricht der Reiseveranstalter nicht und wird der Ersatzreisende gleichwohl z.B. an der Grenze zurückgewiesen (keine Impfung usw.), so hat der Reise-veranstalter seine Prüfungspflicht verletzt. Hier können dem Reisenden Schadensersatzansprüche zustehen.

Kann der Ersatzreisende mitfahren, so sollte der verhinderte Reisende für eindeutige Klarheit sorgen, was die Zahlung des Reisepreises angeht. Sinnvoll ist es, den Ersatzreisenden in die Vertragsposition nachrücken zu lassen."[2]

Für die entstandenen Mehrkosten (Telefon-, Porto-, Verwaltungsgebühren etc.) haften nach der neuen gesetzlichen Regelung der Reisende und der Dritte als Gesamtschuldner, „d.h. der Reiseveranstalter kann sowohl von seinem ursprünglichen wie von dem neuen Vertragspartner alternativ die Zahlung des Reisepreises verlangen."[3]

Das Anfallen von Mehrkosten muss der Reiseveranstalter beweisen. Darüber hinaus muss er nachweisen, dass diese gerade durch den Wechsel der Person des Reisenden entstanden sind.

Halten wir fest

Falls ein Teilnehmer eine bereits gebuchte Fahrt nicht antreten kann, darf eine Ersatzperson für ihn den Platz einnehmen, wenn diese den Erfordernissen der Reise entspricht.

6.4.3 Abhilfe (§ 651 c BGB)

Der Reisende hat das Recht darauf, dass seine Ferien bzw. sein Urlaub so verlaufen, wie es der Reiseveranstalter in der Ausschreibung im Prospekt oder in einer mündlichen Zusage versprochen hat. Muss der Teilnehmer, ohne ein Nörgler zu sein, feststellen, dass Dinge versprochen wurden, die nicht eingehalten werden, darf er dies mit Recht bemängeln.

Das Reisevertragsrecht sieht bei Vorliegen eines Reisemangels vier rechtliche Schritte vor:

- das Selbsthilferecht (§ 651 c III BGB)

- das Recht auf Minderung (Herabsetzung des Reisepreises) nach § 651 d BGB

- das Kündigungsrecht bei erheblichem Reisemangel nach § 651 e BGB

- den Anspruch auf Ersatz des entstandenen Schadens, sowie den Anspruch auf angemessene Entschädigung für den Fall nutzlos aufgewendeter Urlaubszeit nach § 651 f BGB.[4]

---

2 Bartl, H.: Reise- und Freizeitrecht. München: C.H. Beck Verlag 1985, S. 189.
3 Christian, W.; Wende, W.: Das neue Reiserecht. Wuppertal: Evangelisches Jugendferienwerk Rheinland/Westfalen e.V. (Hrsg.) 1994, S. 9.
4 Bartl.: Reise- und Freizeitrecht. a.a.O., S. 195.

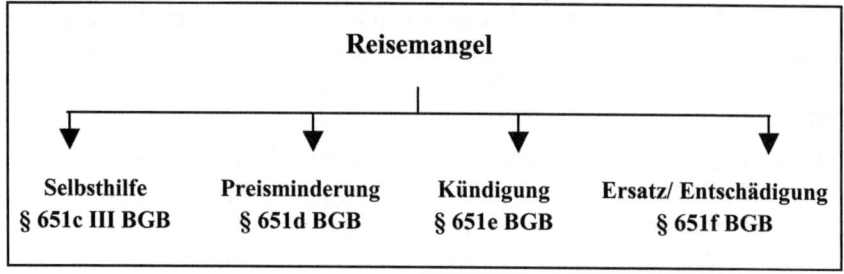

Liegt ein Mangel vor, gibt das Gesetz Auskunft, wie man sich in einer solchen Situation verhalten soll. Folgende Grundsätze gelten:

- Mängel müssen angezeigt werden
- Abhilfe muss verlangt werden
- eine angemessene Frist muss gesetzt werden

Beispiel: Der Jugendliche kommt am Ferienort an, besichtigt sein Zimmer und stellt fest, dass es nicht gereinigt ist. Er begibt sich zum Reiseleiter und erklärt:

Mein Zimmer ist nicht gereinigt. Ich setze Ihnen hiermit eine Frist von 3 Stunden für die Reinigung des Zimmers. Nach Ablauf der Frist werde ich mir auf Kosten des Reiseveranstalters ein anderes Zimmer suchen. Die Aufwendungen für Taxi sowie die Mehrkosten für das Zimmer werde ich dann beanspruchen.[5]

Ist nach drei Stunden das Zimmer immer noch nicht gereinigt, kann der Jugendliche den angekündigten Schritt auf Kosten des Reiseveranstalters unternehmen und in ein anderes Hotel ziehen.

Beispiel: Eine Freizeit wurde u.a. mit folgenden Angeboten ausgeschrieben: Tennis, Swimmingpool, Boccia im Preis enthalten.

Die Teilnehmer wie auch die Teamer müssen nun verärgert feststellen, dass der Tennisplatz unbespielbar, das Schwimmbad defekt, die Bocciabahn verwachsen ist. Alle sportlichen Aktivitäten, auf die man sich gefreut hatte, sind nicht möglich. Die Teamer können vom Besitzer die Einhaltung des Vertrages fordern und ihm eine angemessene Frist setzen, die Mängel zu beheben. In jedem Fall sollten sie die Bitte um Abhilfe mündlich und schriftlich vortragen, z.B.:

„Sehr geehrter Herr ...

Wir sind im Haus ... untergebracht. Wir haben leider folgende Mängel feststellen müssen:

---

5 a.a.O., S. 196.

a) Der Tennisplatz ist unbespielbar (Löcher im Asphalt, das Netz hat viele Löcher).
b) Das Schwimmbad ist veralgt, nicht gereinigt und deshalb nicht benutzbar.
c) Die Bocciabahn ist als solche nicht erkennbar, mit Gras verwachsen und diverse Eimer und Kisten liegen auf der Bahn.

Wir setzen ihnen eine Frist zur Beseitigung der angeführten Mängel bis morgen (Datum) um 16.00 Uhr. Werden die Mängel nicht beseitigt, so werden wir den Reisevertrag kündigen.

Mit freundlichen Grüßen[6]

Eine mündliche Mängelanzeige reicht aus, jedoch empfiehlt es sich, die schriftliche Form zu wählen, um den Beweis später auch erbringen zu können. Auch sollte man sich um Zeugen für den Mangel bemühen.

„Die Beweislast dafür, dass eine zugesicherte Eigenschaft fehlt, dass ein Mangel vorliegt, eine Frist gesetzt oder Abhilfe verweigert wurde, liegt beim Reisekunden. Macht der Reisende von seinem Recht auf Selbsthilfe Gebrauch, so hat er die Angemessenheit der Frist, die Erforderlichkeit der Aufwendungen und das Interesse an der sofortigen Abhilfe zu beweisen.

Den Reiseveranstalter trifft im Fall des § 651 c Abs. II die Beweislast für die Voraussetzungen der Verweigerung der Abhilfe, also dafür, dass die Behebung des Mangels unzumutbar war."[7]

Problematisch ist die Fristsetzung. Sie soll angemessen sein. Was aber ist angemessen? Als Faustregel empfiehlt Bartl: „Angemessen, so kann man sagen, ist die Frist, die der Hälfte der ansonsten erforderlichen Zeit entspricht, da zugunsten des Reisenden dem Reiseveranstalter nicht zugestanden werden kann, die gesamte Zeit für den betreffenden Schritt in Anspruch zu nehmen. Entscheidend ist jedoch immer der Einzelfall."[8]

Die genannten Formalien einer Mängelanzeige müssen jedoch von Kindern oder Jugendlichen nicht unbedingt eingehalten werden. Es genügt, wenn sie in einer umgangssprachlichen Formulierung sagen, was sie nicht gut finden und geändert wissen möchten.[9] Die Mängelanzeige muss in der Ferienfreizeit erfolgen oder innerhalb eines Monats vom vertraglichen Reiseende an gerechnet an den Reiseveranstalter schriftlich eingereicht werden. „Beschwert sich ein Teilnehmer über irgendeinen Punkt der Reise, so wird dies im Zweifel nicht nur als Mängelanzeige, sondern gleichzeitig als Abhilfe-

---

6 a.a.O., S. 197.
7 Wirtz, Chr.: Reisen und Recht. Köln: Dreisau Verlag 1994, S. 65 f.
8 Bartl : Reise- und Freizeitrecht. a.a.O., S. 197 f.
9 Vgl. Führich, E.: Reiserecht von A-Z. Verbraucherschutz bei Pauschal- und Individualreisen. München: Beck/Deutscher Taschenbuch Verlag 2000, S. 7.

verlangen im Sinne von § 651 c BGB auszulegen sein. Egal wie eine solche Rüge verstanden wird, in jedem Fall ist sie voll wirksam."[10]

Beanstandet ein Kind oder Jugendlicher nichts oder verzichtet ein Teilnehmer ausdrücklich auf seine Gewährleistungsrechte, so ist eine solch einseitige Erklärung schwebend unwirksam. Die Eltern haben das Recht auf eine spätere Geltendmachung der Gewährleistung. Es nützt den Teamern also wenig, wenn die Kinder im Ferienlager nichts bemängeln und sie glauben, nachträglich könne nichts mehr passieren. Die Eltern können nach der Freizeit innerhalb eines Monats den Veranstalter auf Schadensersatz verklagen.

Ein Hinweis für die Teamer: Keine Anerkennungserklärung abgeben, sondern lediglich die vom Teilnehmer genannten Mängel notieren und gegebenenfalls weiterreichen.

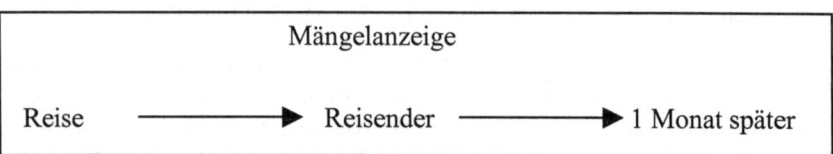

Für den Reiseveranstalter besteht allerdings auch die Möglichkeit, die Abhilfe zu verweigern. Dies kann er dann tun, wenn die Beseitigung des Mangels einen unverhältnismäßigen Aufwand erfordern würde.

Halten wir fest

Entspricht eine Ferienfreizeit nicht den im Vertrag zugesagten Angeboten, hat der Reiseteilnehmer das Recht, auf Abhilfe der Mängel zu dringen. Er muss die Mängel nennen, Abhilfe verlangen und eine angemessene Frist setzen. Dies kann mündlich oder schriftlich erfolgen, dies gilt vor allem für Kinder und Jugendliche. Eltern können auch noch einen Monat nach Ende des Ferienlagers die Gewährleistungsrechte in Anspruch nehmen.

6.4.4 Minderung (§ 651 d BGB)

Im Unterschied zu § 651 c BGB ist beim Minderungsanspruch nach § 651 d BGB keine Fristsetzung erforderlich. Voraussetzung für einen Anspruch auf Minderung des Reisepreises ist, dass der Mangel angezeigt wird. Wird der Mangel nicht oder nicht rechtzeitig zur Anzeige gebracht, hat der Reisende keinen Anspruch aus § 651 d BGB. Rechtzeitig bedeutet hier, dass der Reisende den Mangel unverzüglich bei Bekanntwerden dem Veranstalter mitzuteilen hat. „Zu berücksichtigen ist, dass ein Anspruch auf Minde-

---

10 Christian; Kosmale: Reiserecht ..., a.a.O., S. 26.

rung verschuldensunabhängig ist: Der Reiseveranstalter muss zahlen, auch wenn er tatsächlich nichts für den Mangel kann."[11]

Beklagt ein Teilnehmer einen Zustand - z.b. das Essen sei versalzen, es sei ungenießbar oder die versprochenen Fahrräder seien defekt oder gar nicht vorhanden, muss der Veranstalter dies als Mängelanzeige verstehen. Falls der Reiseveranstalter das Beanstandete nicht beseitigt, hat der Teilnehmer neben dem Recht der Selbsthilfe (§ 651 c BGB) auch die Möglichkeit, eine Minderung des Reisepreises zu verlangen. So weit sollte es in einer Freizeit allerdings nicht kommen. Die Teamer sollten zu den Teilnehmern einen guten Kontakt haben, so dass diese Mängel gemeinsam besprochen werden und nach Abhilfe gesucht werden kann. Falsch wäre es, Beanstandungen mit dem Hinweis abzutun:" Wir sind hier nicht im Vier-Sterne-Hotel". Es gibt immer wieder notorische Nörgler oder anderweitig Unzufriedene, die oder deren Eltern sich im Gesetz auskennen. Sie können dem Veranstalter beträchtliche Sorgen bereiten.

Sollte es dennoch zu der Forderung nach einer Minderung kommen, wird diese nach Maßgabe des § 472 BGB geregelt. Die Berechnung der Anspruchshöhe wird in der Regel in einem prozentualen Abschlag vom Reisepreis vorgenommen. Das Gesetz sieht an sich bei der Berechnung der Minderung einen komplizierten Weg gemäß § 471 BGB vor. Die „Frankfurter Tabelle zur Reisepreisminderung", die von der 24. Zivilkammer des Landgerichts Frankfurt a.M. entwickelt wurde, gibt Anhaltspunkte über die Höhe der Reisepreisminderung je nach der vertraglich vereinbarten Leistung.

Ein grobes Raster legt Bartl vor:[12]

Störungsbereich	Punktebewertung
Unterkunft	bis zu 30 %
Verpflegung	bis zu 30 %
Beförderung	bis zu 20 %
Reiseleitung	bis zu 20 %
Unterhaltungsmöglichkeiten	1 bis 10 %

Es handelt sich hier jedoch um eine schwierige Materie. Bei den in der Literatur angegebenen Prozentsätzen handelt es sich um Schätzungen der Gerichte. Jeder Einzelfall muss gesondert gewertet werden.

Auf einen Punkt sei besonders hingewiesen: Der Reisende kann auch seinen Anspruch auf Minderung verlieren, wenn er es schuldhaft unterlässt, den Mangel anzuzeigen. Er hat eine Mitwirkungspflicht, d.h. dass er dem Veranstalter Gelegenheit geben muss, Abhilfe zu schaffen.

---

11 Wirtz: Reisen ..., a.a.O.,S. 66.
12 Vgl. Bartl : Reise- und Freizeitrecht. a.a.O., S. 193.

„Weist der Reisende den Veranstalter erst nach sieben Tagen auf gefährliches Strandgut am hoteleigenen Strand hin - nämlich nachdem er sich verletzt hat -, so verliert er seinen Minderungsanspruch wegen schuldhafter Verletzung seiner Mitwirkungspflicht."[13]

Halten wir fest

Die Mängelanzeige ist notwendige Anspruchsvoraussetzung und muss zum frühestmöglichen Zeitpunkt erfolgen. Der Reiseveranstalter muss auch dann zahlen, wenn er für den Mangel nichts kann.

Der Reisende hat eine Mitwirkungspflicht, d.h. er muss Schäden dem Reiseveranstalter unverzüglich melden.

6.4.5 Kündigung wegen Mangels (§ 651 e BGB)

Als dritte Möglichkeit, auf Mängel zu reagieren, bietet das Gesetz die Kündigung nach § 651 e BGB an.

Wichtige Voraussetzung für diesen Weg ist, dass der Reisende grundsätzlich den Veranstalter auf den zur Kündigung berechtigten Mangel hingewiesen und ihm eine angemessene Frist zur Behebung des Mangels eingeräumt hat.

Was könnte es für Gründe geben, um vom Vertrag zurückzutreten?

* **Es liegt ein objektiver Mangel vor:** Dieser Mangel muss allerdings so schwerwiegend sein, dass der Zweck der Reise gefährdet ist. Hat man z.B. eine Abenteuer- und Erlebnisreise gebucht, auf der die Teamer Klettertouren anbieten, aber die Teilnehmer den Eindruck haben, dass die Betreuer vom Klettern und Sichern wenig Ahnung und auch kaum Erfahrung haben, liegt ein objektiver Mangel vor.

* **Unzumutbarkeit der Reise:** Wird ein Reisender, der ein Doppelzimmer gebucht hat, in einem Vierbettzimmer untergebracht, muss er eine angemessene Frist zur Abhilfe setzen. Kommt der Veranstalter der Forderung nicht nach, kann der Reisende seinen Vertrag als nicht erfüllt ansehen, selbst um Abhilfe suchen, d.h. in ein gleichwertiges Hotel ziehen oder abreisen und damit den Vertrag kündigen.

Kündigt der Reisende den Vertrag, ergeben sich Ansprüche und Verpflichtungen. Der Reiseveranstalter hat Anspruch auf Entschädigung für die bereits erbrachten und zur Beendigung der Reise erforderlichen Aufwendungen (nach Maßgabe des § 471 BGB).

Der Reisende hat das Recht auf Rückbeförderung. „Der Veranstalter hat alle hierzu erforderlichen Maßnahmen unverzüglich zu treffen. Zu diesen

---

13 Wirtz: Reisen ..., a.a.O., S. 69.

Maßnahmen rechnet man im Allgemeinen insbesondere die Duldung des weiteren Hotelaufenthaltes bis zur Abreise, die Beschaffung eines eventuell erforderlichen Einzelvisum sowie die gesamte organisatorische Abwicklung des Rücktransports. Diese Verpflichtung geht sogar so weit, dass der Veranstalter einem Charter-Reisenden einen Linienflug besorgen muss, sofern ein entsprechender Charterflug nicht innerhalb der nächsten zwei Tage zu bekommen ist (LG Frankfurt; NJW 1985/144). Die hierbei entstehenden Mehrkosten fallen allein dem Reiseveranstalter zur Last."[14]

Der Haken bei der ganzen Sache ist jedoch, dass das Kündigungsrecht (§ 651 e BGB) das schärfste und einschneidendste der Mängelrechte des Reisenden darstellt. Entsprechend hoch sind auch die Anforderungen an die Beweislast, die der Reisende trägt. Er muss nachweisen, dass...

- ein objektiver Mangel vorliegt,
- dieser Mangel erheblich und die Fortsetzung der Reise unzumutbar ist,
- die erforderliche Frist gesetzt wurde.[15]

„Hier ist besondere Vorsicht und sorgfältiges Abwägen geboten, da der Reisende mit einem ganz erheblichen Beweisrisiko konfrontiert wird. Fehlbeurteilungen, insbesondere hinsichtlich der Erheblichkeit des Reisemangels, gehen ausschließlich zu seinen Lasten."[16] Der Reisende geht eventuell ein Risiko ein, wenn er den Mangel als schwerwiegend interpretiert, die Richter aber anderer Meinung sind. Deshalb die Empfehlung: Vom Kündigungsrecht sollte nur als letzte Möglichkeit Gebrauch gemacht werden.

Sollte sich in einem Ferienlager eine solche Situation ergeben, müssen die Teamer unbedingt vorher mit den Eltern Kontakt aufnehmen und nach einer gemeinsamen einvernehmlichen Lösung suchen. Hier sind die Pädagogen gefordert.

Halten wir fest

Bevor ein Reisender den Reisevertrag kündigt und nach Hause fährt, muss er den Veranstalter auf den Mangel hinweisen und ihm eine angemessene Frist setzen, den Mangel zu beheben. Die Beweislast liegt beim Teilnehmer. Er trägt das volle Risiko. Man sollte das Kündigungsrecht nur als letzte Möglichkeit in Erwägung ziehen. In einer Ferienfreizeit sollte es eigentlich nicht so weit kommen.

6.4.6 Schadensersatz (§ 651 f BGB)

Der § 651 f BGB wurde in Abs. 1 geändert. Bisher kam es darauf an, dass der Reiseveranstalter einen Mangel zu vertreten hat. In der Neufassung haf-

---

14 a.a.O., S. 73.
15 Vgl. a.a.O., S. 73.
16 a.a.O., S. 74.

tet der Reiseveranstalter auch dann, wenn er den Reisemangel nicht zu vertreten hat.

Zu den Schäden können zählen:

- Eigentumsschäden, d.h. beschädigtes oder verloren gegangenes Gepäck
- Körperverletzungen infolge von Unfällen, z.b. bei Sportunfällen
- Vermögensschäden, z.b. besondere nur für die Reise angeschaffte Materialien oder Ausrüstung (z.B. Ski- oder Surf-Ausrüstung)

Für diese Fälle hat die Neuordnung des Gesetzes eine Umkehr der Beweislast vorgesehen. Bisher musste der Reisende beweisen, dass der Reiseveranstalter den Mangel verschuldet hat. Nunmehr ist der Reiseveranstalter verpflichtet, darzutun, dass er für den Mangel nicht verantwortlich ist.[17]

Der Reisende kann auch Schadensersatz beanspruchen wegen „nutzlos aufgewendeter Urlaubszeit". Darunter versteht man, dass der Teilnehmer die Zeit, die er für seine Erholung vorgesehen hat, verbraucht, ohne einen entsprechenden Nutzen davon zu haben. Wenn der Reisende einen Erholungsurlaub an einem schönen Strand in Spanien gebucht hat, der Urlaub aber alles andere als Erholung war, weil z.B. neben dem Hotel eine große Baustelle war, an der Tag und Nacht mit viel Lärm gearbeitet wurde, tritt die erwartete Vertragsgestaltung nicht ein. Er kann Schadensersatz fordern.

Für Ferienfreizeiten ist der Hinweis wichtig, dass auch Schüler zu den Anspruchsberechtigten zählen, also nicht nur Erwerbstätige.

Halten wir fest

Hat eine Ferienfreizeit einen Mangel (Eigenschäden, Vermögensschäden oder Körperverletzung), haben Kinder und Jugendliche einen Anspruch auf Schadensersatz. Für die Beweisführung gilt die Umkehr, d.h. der Reiseveranstalter muss nachweisen, dass er für den Mangel nicht verantwortlich ist.

6.4.7 Ausschlussfrist, Verjährung (§ 651 g BGB)

Die nach §§ 651 c-f genannten Ansprüche muss der Reisende innerhalb eines Monats geltend machen. Der Reiseveranstalter hat dabei in der Reisebestätigung oder dem Prospekt namentlich unter Angabe der Stelle auf die Ausschlussfrist hinzuweisen. Dazu ist er verpflichtet. Die Berechnung der Frist ist etwas kompliziert. Fällt der Reisebeginn in den Lauf eines Tages (z.B. Abfahrt ist 14.00 Uhr), endet die Frist am entsprechenden Monatstag (Reisebeginn am 12.03. um 14.00 Uhr - Ende der Frist: 12.04.). Anders errechnet sich die Frist, wenn die Reise mit Beginn des Tages angetreten ist, dann endet die Frist an dem entsprechenden vorangegangenen Tag (z.B.

---

17 Vgl. Christian; Wende: Das neue..., a.a.O., S. 11.

Reisebeginn am Mittwoch um 8.00 Uhr - Ende der Frist: Dienstag um 24.00 Uhr). Die Mängelanzeige am Urlaubsort ersetzt nicht die Anspruchsanmeldung nach § 651 g BGB, d.h. nach Ende der Freizeit muss der Mangel dem Reiseveranstalter noch einmal gemeldet werden.

Es kann natürlich vorkommen, dass der Reisende die Frist versäumt, ohne dass ihm der Vorwurf der Fahrlässigkeit gemacht werden kann. In einem solchen Fall kann er weiterhin Gewährleistungsansprüche auch über das Fristende hinaus geltend machen (z.B. ausgesprochene Unglücksfälle, Krankheiten etc.). Unkenntnis von der Fristregelung reicht keinesfalls aus. Man kann jedem zumuten, sich innerhalb eines Monats über die geltenden Vorschriften kundig zu machen. Die Rechtmäßigkeit des Versäumnisses der Fristregelung muss der Reisende nachweisen.

Für die Geltendmachung von Ansprüchen ist keine bestimmte Form vorgesehen. Den gesetzlichen Anforderungen würde auch eine mündliche Mitteilung genügen. Davon wird jedoch abgeraten. Man sollte aus Gründen der Beweissicherung die Ansprüche schriftlich stellen und per Einschreiben mit Rückschein geltend machen.

Bartl schlägt folgenden Text als Beispiel vor:[18]

Adresse	_____
Firmenanschrift	_____
Teilnehmernummer	_____
Reise vom	_____ bis _____
nach _____	Hotel _____ etc.
Reiseleiter _____	

Sehr geehrte Damen und Herren,

hiermit mache ich Ansprüche nach dem § 651 c ff. des Bürgerlichen Gesetzbuches geltend.

Am Reiseziel habe ich gegenüber dem Reiseleiter folgende Mängel gerügt:

1. _____ 2. _____ 3. _____ 4. _____

Ich darf Sie auffordern, die Angelegenheit innerhalb einer Frist von ___ Wochen zu regulieren oder einen entsprechenden Vorschlag zu unterbreiten.

Mit freundlichen Grüßen

Neben dieser Ausschlussfrist muss der Reisende auch die Verjährungsfrist einhalten. Sie gilt sechs Monate nach dem vertraglich vorgesehenen Rei-

---

18 Vgl. Bartl : Reise- und Freizeitrecht. a.a.O., S. 202.

seende. Die Verjährungsfrist ist gehemmt, wenn der Teilnehmer Ansprüche nach § 651 g BGB geltend macht. In diesem Fall wird die Frist für die Zeit unterbrochen, die der Reiseveranstalter zur Prüfung der Ansprüche benötigt. Die Hemmungsfrist endet mit der endgültigen Zurückweisung der Ansprüche durch den Veranstalter. Der Teil der Frist, der bis zur Kenntniserlangung vergangen ist, ist unwiederbringlich verbraucht. „Hat der Reiseveranstalter die Ansprüche nach erfolgter Prüfung endgültig zurückgewiesen, so müssen die etwa erforderlichen gerichtlichen Schritte während der verbleibenden Zeit eingeleitet werden."[19]

Halten wir fest

Ansprüche auf Ersatz oder Schaden müssen innerhalb einer Frist von einem Monat geltend gemacht werden. Unkenntnis der Fristregelung reicht nicht aus. Die Verjährung erfolgt nach sechs Monaten.

6.4.8 Zulässige Haftungsbeschränkung (§ 651 h BGB)

Auch dieser § 651 h BGB wurde geändert. Nach der Neufassung gibt es keine Möglichkeit, vertraglich die Haftung für Körperschäden eines Reisenden, die ihre Ursachen im Verantwortungsbereich des Reiseveranstalters haben, der Höhe nach auf den dreifachen Reisepreis zu begrenzen. Für Sachschäden dagegen bleibt die bisherige Regelung der Begrenzung auf den dreifachen Reisepreis.[20] Für den Fall einer Schadensverursachung durch einfache Fahrlässigkeit des Veranstalters oder eines seiner Erfüllungsgehilfen (Betreuer, Leiter) kann der Reiseveranstalter seine Haftung bei Sachschäden auf den dreifachen Reisepreis beschränken. Bei grober Fahrlässigkeit haftet keine Versicherung, deshalb geht es hier um einfache Fahrlässigkeit, d.h. Außerachtlassung der im Verkehr erforderlichen Sorgfalt. Die Beweislast trägt der Reiseveranstalter, der nachweisen muss, dass z.B. bei seinem Erfüllungsgehilfen tatsächlich einfache Fahrlässigkeit vorliegt.

Halten wir fest

Bei Körperschäden kann der Reiseveranstalter die Höhe der Haftung nicht beschränken. Bei Sachschäden dagegen, die durch einfache Fahrlässigkeit entstanden sind, kann er die Haftung auf den dreifachen Reisepreis beschränken.

6.4.9 Rücktritt vor Reisebeginn (§ 651 i BGB)

Der Reisende kann jederzeit vor Reisebeginn ohne Angabe von Gründen zurücktreten. Dies bedarf nicht einmal einer schriftlichen Kündigung. Ent-

---

19 Wirtz: Reisen ..., a.a.O., S. 85.
20 Vgl. Christian; Wende: Das neue ..., a.a.O., S. 11.

gegenstehende Vereinbarungen - auch in den Reisebedingungen - sind rechtlich nichtig (§ 349 BGB). Die schriftliche Formvorlage hat allein als Beweisstück zu dienen. Wenn jemand von der Reise zurücktritt, hat der Veranstalter die Möglichkeit, einen pauschalierten Schadensersatz zu erheben. Dieser Anspruch, der sich von der Erstattung einer Verwaltungsgebühr unterscheidet, muss prozentual zum Reisepreis angegeben werden. Werden feste €-Beträge genannt, ist der Vertrag nichtig.

Die Beweislast für die Angemessenheit der Entschädigung trägt der Veranstalter.

Auch der Reiseveranstalter kann von einer Reise zurücktreten, z.B. bei Nichterreichen einer Mindestteilnehmerzahl. Diesen Vorbehalt muss er jedoch in den Allgemeinen Reisebedingungen bereits angekündigt haben.

Halten wir fest

Ohne Angabe von Gründen kann eine Reise mündlich oder schriftlich gekündigt werden. Für entstandenen Schaden kann der Reiseveranstalter Schadensersatz verlangen.

6.4.10 Kündigung wegen höherer Gewalt (§ 651 j BGB)

Bei höhere Gewalt kann der Reiseveranstalter wie der Reisende den Vertrag kündigen.

Unter höhere Gewalt versteht man, wenn ein Ereignis eintritt, das auch durch äußerste Sorgfalt weder vorherzusehen war noch verhindert werden konnte. Hierzu zählen z.B. schwere Unwetter, Erdbeben, Epidemien, Grenzschließungen, Aufstände, Revolutionen, Generalstreiks und weitere Vorkommnisse mit entsprechenden Folgen und Gewicht. Das Ereignis darf nicht vorhersehbar sein. Nicht zur höheren Gewalt zählen der Streik des Hotelpersonals oder der Besatzung eines Flugzeugs, wohl aber Streiks in solchen Bereichen, für deren Funktionieren der Veranstalter nichts kann. Beim geringsten Verschulden des Veranstalters liegt höhere Gewalt nicht vor.

Durch die höhere Gewalt muss eine erhebliche Erschwerung, Gefährdung oder Beeinträchtigung der Reise vorliegen.

Bei einer Kündigung wegen höherer Gewalt ist der Reiseveranstalter verpflichtet, die Rückbeförderung des Reisenden zu organisieren. Die möglicherweise entstandenen Mehrkosten tragen der Veranstalter und der Reisende je zur Hälfte. Die übrigen Mehrkosten etwa für Verpflegung oder auch Unterkunft hat der Reisende zu tragen.

Halten wir fest

Bei höherer Gewalt kann der Veranstalter wie der Reiseteilnehmer den Vertrag kündigen. Die Unkosten teilen sich der Reiseanbieter und der Teilnehmer.

6.4.11 Sicherstellung des Reisepreises (§ 651 k BGB)

Dieser § 651 k BGB ist neu gefasst. Er regelt die Frage nach der Insolvenzsicherung. Dieser Punkt wurde in der Jugendarbeit heftig diskutiert. Trifft der § 651 k BGB auch für Veranstaltungen in der Jugendarbeit zu, z.B. wenn eine Kirchengemeinde für ihre in Gruppen zusammengefassten Kinder jedes Jahr im Sommer ein Zeltlager von 14 Tagen durchführt? Hier herrschte große Unsicherheit.

Der rechtliche Stand ist Folgender: „Das Gesetz kennt einige wenige Ausnahmen von der Sicherungspflicht:

a) Die Sicherungspflicht entfällt, wenn der Reiseveranstalter nur gelegentlich und außerhalb seiner gewerblichen Tätigkeit Reisen veranstaltet. Das wesentliche Kriterium ist hier das Wort „gelegentlich". Den Begründungen zu dem Gesetz kann entnommen werden, dass das Merkmal „gelegentlich" bereits dann verneint wird, wenn mehr als zwei Reisen pro Jahr veranstaltet werden. Ist hinsichtlich der Zahl der Reisen eine klare Aussage nicht möglich, so dürfte es auf eine Durchschnittsbetrachtung ankommen.

b) Von der Sicherungspflicht ausgenommen sind Reisen, die nicht länger als 24 Stunden dauern, keine Übernachtung einschließen und deren Reisepreise maximal 75,00 € beträgt.

c) Ebenso sind von der Sicherungspflicht ausgenommen die Reiseveranstalter, die eine juristische Person des öffentlichen Rechts sind.

Die dritte Ausnahme ist von besonderem Interesse. Es stellt sich die Frage, inwieweit dem kirchlichen Bereich zuzuordnende Reiseveranstaltungen von der Insolvenzsicherung befreit sind. Die evangelische und die katholische Kirche, die jüdischen Gemeinden und die Freikirchen, ebenso die Städte und Kommunen sind eindeutig Körperschaften des öffentlichen Rechts, denen das Recht zu ihrer Selbstorganisation verliehen ist. Dieses Organisationsrecht ist durchgängig, solange der Bereich dieser Organisationsform nicht verlassen wird. Kirchengemeinden unterliegen damit nicht der Insolvenzsicherungspflicht; ebenso wenig kirchliche Verbände, wenn sie allein durch den Zusammenschluss von Kirchengemeinden oder ähnlichen Organisationsformen entstanden sind.

Eindeutig steht damit aber fest, dass Vereine, Volkshochschulen, Verlage und Banken sowie Industrieunternehmen der Insolvenzsicherungsverpflichtung unterliegen, wenn sie pro Jahr mehr als zwei Reisen veranstalten."[21]

Halten wir fest

Körperschaften des öffentlichen Rechts (z.B. evangelische, katholische Kirche, jüdische Gemeinden, Freikirchen, Städte und Kommunen) unterliegen nicht der Insolvenzsicherungspflicht.

6.4.12 Abweichende Vereinbarungen (§ 651 l BGB)

Diese letzte Regelung besagt, dass von den Vorschriften der §§ 651 a bis k BGB nicht zum Nachteil des Reisenden abgewichen werden kann, wohl aber zum Nachteil des Veranstalters. Wird dennoch eine Vereinbarung zum Nachteil des Reisenden getroffen, ist diese nichtig, unwirksam. Wird eine Vertragsklausel daraufhin überprüft, ob sie eine Benachteiligung des Reisenden darstellt, ist von der für den Reisenden günstigsten Interpretation auszugehen.

Halten wir fest

Beim Reisevertragsrecht geht es um den Schutz des Reisenden. Deshalb darf ein Vertrag auch keine Klauseln zum Nachteil des Reisenden enthalten.

6.4.13 EG-Pauschalreisen - Richtlinien

Am 13.6.1990 hat der Rat der Europäischen Gemeinschaften die Richtlinien über Pauschalreisen beschlossen, die bis spätestens 31.12.1992 von allen Mitgliedsstaaten in nationale Vorschriften umgesetzt werden sollten. Der deutsche Gesetzgeber kam dieser Anordnung verspätet am 1.11.1994 nach.

Das „Gesetz zur Durchführung der Richtlinien des Rats vom 13.6.1990 über Pauschalreisen" veränderte die Vorschriften des deutschen Reiserechts erheblich: Die §§ 651 a bis l BGB wurden geändert, ein neuer § 651 k BGB wurden eingefügt, die „Verordnung über Informationspflichten von Reiseveranstaltern" erlassen und die Gewerbeordnung geändert.

Für den Reisenden hat diese Änderung nur Vorteile, der Veranstalter unterliegt strengeren Auflagen. Ein besonderer Vorteil für den Reisenden ist, dass in der ganzen Europäischen Gemeinschaft eine einheitliche Gesetzgebung herrscht.[22]

---

21 Vgl. a.a.O., S. 17.
22 Vgl. Führich: Reiserecht ..., a.a.O., S. 63 f.

6.5 Wichtige Ergebnisse

Unter das Reisevertragsgesetz fallen alle Angebote eines kommerziellen Reiseveranstalters oder einer Organisation (Jugendverband, Kirchengemeinde, Sportverein etc.), wenn es sich um zwei oder mehr Reiseleistungen handelt, für die der Reisende einen Pauschalpreis entrichtet.

Die wichtigsten Punkte des Reiserechts für Jugendarbeit und Jugendreisen sind u.a.:

- Ferienmaßnahmen, Wochenendfahrten etc. fallen unter das Reiserecht.
- Mündlich vereinbarte Wünsche gelten als rechtlich wirksam.
- Der Reisende hat eine Mitwirkungspflicht.
- Treten bei der Reise Mängel auf, muss der Teilnehmer diese benennen und um Abhilfe bitten. Er kann eine Minderung des Reisepreises oder eine Entschädigung verlangen oder die Reise kündigen.
- Jugendverbände oder Kirchengemeinden sind juristische Personen des öffentlichen Rechts und deshalb von der Insolvenzsicherung befreit.

6.6 Gesetzestext: Informationsverordnung

Seit November 1994 unterliegen alle Prospekte, sonstige Werbeträger und Buchungsunterlagen der neuen Informationsverordnung, die gemäß § 651 a Abs. 5 BGB vom Bundesministerium der Justiz im Einvernehmen mit dem Bundesministerium für Wirtschaft erlassen wird. Diese Informationsverordnung geht zurück auf die Artikel 3 und 4 der Richtlinie des Rates der Europäischen Gemeinschaften vom 13. Juni 1990 über Pauschalreisen.

§§ **§ 1**
Prospektangaben

(1) Stellt der Reiseveranstalter über die von ihm veranstalteten Reisen einen Prospekt zur Verfügung, so muss dieser deutlich lesbare, klare und genaue Angaben enthalten über den Reisepreis, die Höhe einer zu leistenden Anzahlung, die Fälligkeit des Restbetrages und außerdem, soweit für die Reise von Bedeutung, über folgende Merkmale der Reise:

a) Bestimmungsort;
b) Transportmittel (Merkmale und Klasse);
c) Unterbringung (Art, Lage, Kategorie oder Komfort und Hauptmerkmale sowie - soweit vorhanden - ihre Zulassung und touristische Einstufung);

d) Mahlzeiten;
e) Reiseroute;
f) Pass- und Visumerfordernisse für Angehörige des Mitgliedstaates, in dem die Reise angeboten wird, sowie über gesundheitspolizeiliche Formalitäten, die für die Reise und den Aufenthalt erforderlich sind;
g) eine für die Durchführung der Reise erforderliche Mindestteilnehmerzahl sowie die Angabe, bis zu welchem Zeitpunkt vor dem vertraglich vereinbarten Reisebeginn dem Reisenden die Erklärung spätestens zugegangen sein muss, dass die Teilnehmerzahl nicht erreicht und die Reise nicht durchgeführt wird.

Die in dem Prospekt enthaltenen Angaben sind für den Reiseveranstalter bindend. Er kann jedoch vor Vertragsabschluss eine Änderung erklären, soweit er dies in dem Prospekt vorbehalten hat. Der Reiseveranstalter und der Reisende können vom Prospekt abweichende Leistungen vereinbaren.

(2) Absatz 1 gilt entsprechend, soweit Angaben über die veranstalteten Reisen in einem von dem Reiseveranstalter zur Verfügung gestellten Bild- und Tonträger enthalten sind.

§§ § 2
Unterrichtung vor Vertragsschluss

(1) Der Reiseveranstalter ist verpflichtet, den Reisenden, bevor dieser seine auf den Vertragsschluss gerichtete Willenserklärung (Buchung) abgibt, zu unterrichten über

1. Pass- und Visumerfordernisse, insbesondere über die Fristen zur Erlangung dieser Dokumente. Diese Verpflichtung bezieht sich auf die Erfordernisse für Angehörige des Mitgliedsstaates, in dem die Reise angeboten wird,
2. gesundheitspolizeiliche Formalitäten,

soweit diese Angaben nicht bereits in einem von dem Reiseveranstalter herausgegebenen und dem Reisenden zur Verfügung gestellten Prospekt enthalten und inzwischen keine Änderungen eingetreten sind.

§§ § 3
Reisebestätigung, Allgemeine Reisebedingungen

(1) Der Reiseveranstalter hat dem Reisenden bei oder unverzüglich nach Vertragsabschluss eine Urkunde über den Reisevertrag (Reisebestätigung) auszuhändigen.

(2) Die Reisebestätigung muss, sofern nach der Art der Reise von Bedeutung, außer den in § 1 Abs. 1 genannten Angaben über Reisepreis und Zahlungsmodalitäten sowie über die Merkmale der Reise nach § 1 Abs. 1 Buchstabe b, c, d, e und g folgende Angaben enthalten:

a) endgültiger Bestimmungsort oder, wenn die Reise mehrere Aufenthalte umfasst, die einzelnen Bestimmungsorte sowie die einzelnen Zeiträume und deren Termine;
b) Tag, voraussichtliche Zeit und Ort der Abreise und Rückkehr;
c) Besuche, Ausflüge und sonstige im Reisepreis inbegriffene Leistungen;
d) Hinweise auf etwa vorbehaltene Preisänderungen sowie deren Bestimmungsfaktoren (§ 651 a Abs. 3 BGB) und auf nicht im Reisepreis enthaltene Abgaben;
e) vereinbarte Sonderwünsche des Reisenden;
f) Name und Anschrift des Reiseveranstalters;
g) über die Obliegenheit des Reisenden, dem Reiseveranstalter einen auftretenden Mangel anzuzeigen, sowie darüber, dass vor der Kündigung des Reisevertrages (§ 651 e BGB) dem Reiseveranstalter eine angemessene Frist zur Abhilfeleistung zu setzen ist, wenn nicht die Abhilfe unmöglich ist oder vom Reiseveranstalter verweigert wird;
h) über die nach § 651 g BGB einzuhaltenden Fristen, unter namentlicher Angabe der Stelle, gegenüber der Ansprüche gelten zu machen sind;
i) über den möglichen Abschluss einer Reiserücktrittskostenversicherung oder einer Versicherung zur Deckung der Rückführungskosten bei Unfall oder Krankheit unter Angabe von Namen und Anschrift eines Versicherers.

(3) Legt der Veranstalter dem Vertrag Allgemeine Geschäftsbedingungen zugrunde, müssen diese dem Reisenden vor Vertragsschluss vollständig übermittelt werden.

(4) Der Reiseveranstalter kann seine Verpflichtungen nach Absätzen 2 und 3 auch dadurch erfüllen, dass er auf die in einem von ihm herausgegebenen und dem Reisenden zur Verfügung gestellten Prospekt enthaltene Angaben verweist, die den Anforderungen nach den Absätzen 2 und 3 entsprechen. In jedem Fall hat die Reisebestätigung den Reisepreis und die Zahlungsmodalitäten anzugeben.

(5) Die Absätze 1 bis 4 gelten nicht, wenn die Buchungserklärung des Reisenden weniger als sieben Werktage vor Reisebeginn abgegeben wird. Der Reisende ist jedoch spätestens bei Antritt der Reise über die in Absatz 2 Buchstabe g bezeichnete Obliegenheit und die in Absatz 2 Buchstabe h bezeichneten Angaben zu unterrichten.

§§ §4 Unterrichtung vor Beginn der Reise

(1) Der Reiseveranstalter hat den Reisenden rechtzeitig vor Beginn der Reise zu unterrichten

a) über Abfahrts- und Ankunftszeiten, Orte von Zwischenstationen und die dort zu erreichenden Anschlussverbindungen;

b) wenn der Reisende bei der Beförderung einen bestimmten Platz einzunehmen hat, über diesen Platz;

c) über Name, Anschrift und Telefonnummer der örtlichen Vertretung des Reiseveranstalters oder - wenn nicht vorhanden - der örtlichen Stellen, die dem Reisenden bei Schwierigkeiten Hilfe leisten können; wenn auch solche Stellen nicht bestehen, sind dem Reisenden eine Notrufnummer und sonstige Angaben mitzuteilen, mit deren Hilfe er mit dem Veranstalter Verbindung aufnehmen kann.

Bei Auslandsreisen Minderjähriger ist die bei der Buchung angegebene Person darüber zu unterrichten, wie eine unmittelbare Verbindung zu dem Kind oder dem an dessen Aufenthaltsort Verantwortlichen hergestellt werden kann.

(2) Eine besondere Mitteilung nach Absatz 1 ist nicht erforderlich, soweit die jeweilige Angabe bereits in einem dem Reisenden zur Verfügung gestellten Prospekt oder der Reisebestätigung enthalten ist und inzwischen keine Änderungen eingetreten sind.

§§ §5
Gelegenheitsveranstalter

Diese Verordnung gilt nicht für Reiseveranstalter, die nur gelegentlich und außerhalb ihrer gewerblichen Tätigkeit Pauschalreisen veranstalten.

§§ §6

Diese Verordnung tritt am Tage nach der Verkündung in Kraft.

Die Informationsverordnung legt dem Reiseveranstalter in vier zeitlichen Phasen Informationspflichten auf. Sie betreffen den Reiseprospekt, die Zeit vor Vertragsabschluss, Reisebestätigung und die Zeit vor Beginn der Reise.

6.7 Kommentar

6.7.1 Angaben im Reiseprospekt (§ 1)

Stellt der Reiseveranstalter eine Reise in einem Prospekt vor, muss dieser klare und genaue Angaben enthalten über:

- Bestimmungsort
- Transportmittel
- Unterbringung
- Mahlzeiten
- Reiseroute
- Pass- und Visumerfordernisse
- Mindestteilnehmer

Bezüglich der Unterbringung muss die Beschreibung möglichst präzise sein. Bei der Unterbringung in einem Hotel erwartet man, dass im Zimmer Wasch- und Duschgelegenheit besteht. Trifft dies nicht zu, muss darauf im Prospekt ausdrücklich hingewiesen werden. Besonderheiten der Freizeit, wie z.B. Mitarbeit in der Küche, Reinigung von Zimmer u.a., müssen genannt werden (vgl. § 651 a BGB).

Legt man in einer Freizeit aus pädagogischen Überlegungen großen Wert darauf, die Teilnehmer bei der Essenszubereitung aktiv mit einzubeziehen, sollte dies im Prospekt erwähnt werden.

Der Reiseveranstalter ist grundsätzlich an den Prospekt gebunden. Er kann jedoch auf Änderungen der Reiseleistungen verweisen.[23]

Halten wir fest

Die im Prospekt genannten Leistungen sind für den Reiseveranstalter verpflichtend. Sie sollten so präzise wie möglich sein.

6.7.2 Vor Vertragsabschluss (§ 2)

Über Pass- und Visumvorschriften sowie gesundheitspolizeiliche Erfordernisse muss der Veranstalter den Reisenden informieren. Dies geschieht im Prospekt und gegebenenfalls vor Vertragsabschluss, falls sich hinsichtlich der Formalitäten in der Zwischenzeit etwas geändert haben sollte. Der Reiseveranstalter hat eine Informationspflicht.

Für die Beschaffung der notwendigen Reisedokumente ist der Reisende verantwortlich.[24]

Halten wir fest

Der Reiseveranstalter muss den Teilnehmer über den aktuellen Stand hinsichtlich Pass- und Visumserfordernissen sowie gesundheitspolizeiliche Formalitäten informieren.

6.7.3 Reisebestätigung, Allgemeine Reisebedingungen (§ 3)

Eine Reisebestätigung muss ausgestellt werden, die gewisse formale Kriterien zu erfüllen hat. Es empfiehlt sich jedoch, bereits möglichst im Prospekt die Angaben so zu gestalten, dass sie den Anforderungen des § 3 genügen.

In eine Reisebestätigung sind eventuelle Sonderwünsche des Reisenden aufzunehmen.

---

23 Vgl. a.a.O., S. 20 f.
24 Vgl. Christian; Wende: Das neue ..., a.a.O., , S. 21.

„Eine wesentliche Neuerung hat die Informationsverordnung dadurch geschaffen, dass der Reisende auf seine Rechte im Falle von auftretenden Mängeln hinzuweisen ist."[25]

Der Reiseveranstalter muss den Teilnehmer darüber belehren, welche Handlungen er zur Sicherung eventueller Gewährleistungsansprüche vornehmen muss und welche Fristen dabei einzuhalten sind. Darüber hinaus ist die Stelle zu benennen, der gegenüber diese Ansprüche geltend zu machen sind. Es empfiehlt sich daher, auf der Rückseite der Reisebestätigung die Allgemeinen Reisebedingungen abzudrucken.[26]

Halten wir fest

Mit der Reisebestätigung sollten dem Reisenden die Allgemeinen Reisebedingungen ausgehändigt werden, die ihn über seine Rechte informieren.

6.7.4 Unterrichtung vor Beginn der Reise (§ 4)

Vor Abfahrt bedarf es noch einer präzisen Information durch den Veranstalter. Die wichtigsten Punkte sind:

* Abfahrts- und Ankunftszeiten
* Anschrift und Telefonnummer der Unterbringung
* Bei Minderjährigen Angabe der Zeiträume, wann der Teilnehmer telefonische erreichbar ist; dies gilt vor allem für Auslandsreisen.

Die Informationspflicht besteht auch bei Kurzreisen, die von Einrichtungen durchgeführt werden, die zu den Körperschaften des öffentlichen Rechts, mithin bei allen Jugendverbänden und kirchlichen Organisationen, zählen.[27]

6.8 Wichtige Ergebnisse

Da Jugendreisen unter das Reisevertragsgesetz fallen, muss der Veranstalter seine Reisen und Fahrten auch nach der Informationsverordnung ausschreiben. Die Beschreibungen in einem Prospekt dürfen nichts verschleiern und müssen sehr präzise formuliert werden.

Die Reisebestätigung muss die formalen Kriterien der Allgemeinen Reisebedingungen erfüllen.

Ganz wichtig und neu ist, dass der Veranstalter den Teilnehmer auf seine Rechte im Falle von auftretenden Mängeln hinweisen muss.

---

25 a.a.O., S. 22.
26 Vgl. a.a.O., S. 22.
27 Vgl. a.a.O., S. 23.

6.9 Allgemeine Geschäftsbedingungen, Allgemeine Reisebedingungen (Auszüge AGB Gesetz)

§§ **§ 1**
Begriffsbestimmung

(1) Allgemeine Geschäftsbedingungen sind alle für eine Vielzahl von Verträgen vorformulierten Vertragsbedingungen, die eine Vertragspartei (Verwender) der anderen Vertragspartei bei Abschluss eines Vertrages stellt. Gleichgültig ist, ob die Bestimmungen einen äußerlich gesonderten Bestandteil des Vertrages bilden oder in die Vertragsurkunde selbst aufgenommen werden, welchen Umfang sie haben, in welcher Schriftart sie verfasst sind und welche Form der Vertrag hat.

(2) Allgemeine Geschäftsbedingungen liegen nicht vor, soweit die Vertragsbedingungen zwischen den Vertragsparteien im Einzelnen ausgehandelt sind.

§§ **§ 2**
Einbeziehung in den Vertrag

(1) Allgemeine Geschäftsbedingungen werden nur dann Bestandteil eines Vertrages, wenn der Verwender bei Vertragsabschluss

1. die andere Vertragspartei ausdrücklich oder, wenn ein ausdrücklicher Hinweis wegen der Art des Vertragsabschlusses nur unter unverhältnismäßigen Schwierigkeiten möglich ist, durch sichtbaren Aushang am Ort des Vertragsabschlusses auf sie hinweist und
2. der anderen Vertragspartei die Möglichkeit verschafft, in zumutbarer Weise von ihrem Inhalt Kenntnis zu nehmen,
und wenn die andere Vertragspartei mit ihrer Geltung einverstanden ist.

(2) Die Vertragsparteien können für eine bestimmte Art von Geschäften die Geltung bestimmter Allgemeiner Geschäftsbestimmungen unter Beachtung der in Absatz 1 bezeichneten Erfordernisse im Voraus vereinbaren.

§§ **§ 3**
Überraschende Klauseln

Bestimmungen in Allgemeinen Geschäftsbedingungen, die nach den Umständen, insbesondere nach dem äußeren Erscheinungsbild des Vertrages, so ungewöhnlich sind, dass der Vertragspartner des Verwenders mit ihnen nicht zu rechnen braucht, werden nicht Vertragsbestandteil.

§§ § 4
Vorrang der Individualabrede

Individuelle Vertragsabreden haben Vorrang vor Allgemeinen Geschäftsbedingungen.

§§ § 5
Unklarheitsregel

Zweifel bei der Auslegung Allgemeiner Geschäftsbedingungen gehen zu Lasten des Verwenders.

§§ § 6
Rechtsfolgen bei Nichteinbeziehung und Unwirksamkeit

(1) Sind Allgemeine Geschäftsbedingungen ganz oder teilweise nicht Vertragsbestandteil geworden oder unwirksam, so bleibt der Vertrag im Übrigen wirksam.

(2) Soweit die Bestimmungen nicht Vertragsbestandteil geworden oder unwirksam sind, richtet sich der Inhalt des Vertrages nach den gesetzlichen Vorschriften.

(3) Der Vertrag ist unwirksam, wenn das Festhalten an ihm auch unter Berücksichtigung der in Absatz 2 vorgesehenen Änderung eine unzumutbare Härte für eine Vertragspartei darstellen würde.

§§ § 7
Umgehungsverbot

Dieses Gesetz findet auch Anwendung, wenn seine Vorschriften durch anderweitige Gestaltungen umgangen werden.

§§ § 9
Generalklausel

(1) Bestimmungen in Allgemeinen Geschäftsbedingungen sind unwirksam, wenn sie den Vertragspartner des Verwenders entgegen den Geboten von Treu und Glauben unangemessen benachteiligen.

(2) Eine unangemessene Benachteiligung ist im Zweifel anzunehmen, wenn eine Bestimmung

1. mit wesentlichen Grundgedanken der gesetzlichen Regelung, von der abgewichen wird, nicht zu vereinbaren ist, oder
2. wesentliche Rechte oder Pflichten, die sich aus der Natur des Vertrages ergeben, so einschränkt, dass die Erreichung des Vertragszweckes gefährdet ist.

§§ § 10
Klauselverbote mit Wertungsmöglichkeit - Auszug

In Allgemeinen Geschäftsbedingungen sind insbesondere unwirksam

Nr. 3 (Rücktrittsvorbehalt)
die Vereinbarung eines Rechts des Verwenders, sich ohne sachlich gerechtfertigten und im Vertrag angegebenen Grund von seiner Leistungspflicht zu lösen; dies gilt nicht für Dauerschuldverhältnisse.

Nr. 4 (Änderungsvorbehalt)
die Vereinbarung eines Rechts des Verwenders, die versprochene Leistung zu ändern oder von ihr abzuweichen, wenn nicht die Vereinbarung der Änderung oder Abweichung unter Berücksichtigung der Interessen des Verwenders für den anderen Vertragsteil zumutbar ist;

Nr. 5 (Fingierte Erklärungen)
eine Bestimmung, wonach eine Erklärung des Vertragspartners des Verwenders bei Vornahme oder Unterlassung einer bestimmten Handlung als von ihm abgegeben oder nicht abgegeben gilt, es sei denn, dass

a) dem Vertragspartner eine angemessene Frist zur Abgabe einer ausdrücklichen Erklärung eingeräumt ist und

b) der Verwender sich verpflichtet, den Vertragspartner bei Beginn der Frist auf die vorgesehene Bedeutung seines Verhaltens besonders hinzuweisen.

§§ § 11
Klauselverbote ohne Wertungsmöglichkeit - Auszug

In Allgemeinen Geschäftsbedingungen ist unwirksam

Nr. 5 (Pauschalierung von Schadenersatzansprüchen)
Die Vereinbarung eines pauschalierten Anspruchs des Verwenders auf Schadenersatz oder Ersatz einer Wertminderung, wenn

a) die Pauschale den in den geregelten Fällen nach dem gewöhnlichen Lauf der Dinge zu erwartenden Schaden oder die gewöhnliche eintretende Wertminderung übersteigt oder

b) dem anderen Vertragsteil der Nachweis abgeschnitten wird, ein Schaden oder eine Wertminderung sei überhaupt nicht entstanden oder wesentlich niedriger als die Pauschale.

Nr. 6 (Vertragsstrafe)
eine Bestimmung, durch die dem Verwender für den Fall der Nichtabnahme oder verspäteten Abnahme der Leistung, des Zahlungsverzuges oder für den Fall, dass der andere Vertragsteil sich vom Vertrag löst, Zahlung einer Vertragsstrafe versprochen wird.

Nr. 7 (Haftung bei grobem Verschulden)
ein Ausschluss oder eine Begrenzung der Haftung für den Schaden, der auf
einer grob fahrlässigen Vertragsverletzung des Verwenders oder auf einer
vorsätzlichen oder grob fahrlässigen Vertragsverletzung eines gesetzlichen
Vertreters oder Erfüllungsgehilfen des Verwenders beruht; dies gilt auch
für Schaden aus der Verletzung von Pflichten bei den Vertragsverhandlun-
gen.

§§ § 13 Unterlassungs- und Widerrufsanspruch

(1) Wer in Allgemeinen Geschäftsbedingungen Bestimmungen, die nach
§§ 9-11 dieses Gesetzes unwirksam sind, verwendet oder für den rechtsgeschäftlichen Verkehr empfiehlt, kann auf Unterlassung oder im Fall des
Empfehlens auf Widerruf in Anspruch genommen werden.

(2) Die Ansprüche auf Unterlassung und Widerruf können nur geltend gemacht werden

1. von rechtsfähigen Verbänden, zu deren satzungsgemäßen Aufgaben es
   gehört, die Interessen der Verbraucher durch Aufklärung und Beratung
   wahrzunehmen, wenn sie in diesem Aufgabenbereich tätige Verbände
   oder mindestens fünfundsiebzig natürliche Personen als Mitglieder haben;
2. von rechtsfähigen Verbänden zur Förderung gewerblicher Interessen
   oder
3. von Industrie- und Handelskammern oder den Handwerkskammern.

6.10 Kommentar, Beispiel

Jedes Touristik- oder Reiseunternehmen bietet seine Reisen im Rahmen
von Allgemeinen Teilnahmebedingungen an, die in der Regel auf der Rückseite der Reiseverträge klein abgedruckt sind. Sie unterliegen dem Gesetz
über „Allgemeine Geschäftsbedingungen §§ 9-11 AGB vom 09.12.1978 (in
der Reisebranche als Allgemeine Reisebedingungen oder Allgemeine Teilnahmebedingungen bezeichnet). Wer als Reiseveranstalter im Sinne der
§ 651 a-l BGB definiert ist, muss sich an diese Allgemeinen Geschäftsbedingungen halten, d.h. also auch Veranstalter von Freizeiten. Auch wenn es
ihnen widerstreben sollte, sich als Reiseveranstalter im Sinne des Gesetzes
zu verstehen, kommen sie nicht umhin, allgemeine Teilnahmebedingungen
für ihre Freizeit zu formulieren, denn gerichtlich werden sie nach den Kriterien der Allgemeinen Geschäftsbedingungen beurteilt.

Halten wir fest

An die Allgemeinen Geschäftsbedingungen bzw. Allgemeinen Reisebedingungen muss sich auch der Jugendarbeiter als Reiseveranstalter halten.

Christian und Wende haben Kriterien für „Mindestreisebedingungen" zusammengetragen. Sie empfehlen jedem Reiseveranstalter in der Jugendarbeit, diese Mindestbedingungen dringendst einzuhalten und auf ihren Lagerausschreibungen abzudrucken. Sie haben einen Vorschlag ausgearbeitet, da sie davon ausgehen, dass ein Laie sich unmöglich im gültigen Recht auskennen kann, dass er selbständig solche Geschäftsbedingungen formulieren kann. Im Folgenden ihr Vorschlag.[28]

6.10.1 Anmeldung

Ziffer I - Anmeldung

Mit der Anmeldung bieten Sie uns, dem Freizeitveranstalter (FV = Reiseveranstalter), den Abschluss eines Reisevertrages aufgrund der Ihnen in diesem Katalog genannten bindenden Leistungsbeschreibungen und Preise unter Einbeziehung dieser Teilnahmebedingungen verbindlich an. Die Anmeldung soll mit unserem Formular erfolgen: Der Vertrag kommt mit der Reisebestätigung des FV zustande.

Anmerkung
Üblicherweise ist in dieser Klausel auch noch eine Regelung zum inhaltlichen Abweichen der Reisebestätigung von der Anmeldung enthalten. Dieser Fall kommt bei den großen kommerziellen Reiseveranstaltern sicher häufig vor, bei dem hier interessierten Kreis vermutlich weniger. Diese Situation sollte deswegen individuell in dem Sinne geregelt werden, dass der Teilnehmer auf die Änderung hingewiesen und gebeten wird, sich innerhalb einer Frist zu äußern, ob er mit der Änderung einverstanden ist oder nicht.

Ein besonderer Hinweis ist darauf notwendig, dass die allgemeinen Reisebedingungen unbedingt Vertragsinhalt werden müssen. Es muss deswegen alles getan werden, dass der Teilnehmer von diesen Bedingungen bei Anmeldung Kenntnis erlangt. Auf jeden Fall sollten sie nochmals auf der Reisebestätigung abgedruckt sein.

---

28 Vgl. a.a.O., S. 26 ff.

6.10.2 Zahlung des Reisepreises

Ziffer II a - Zahlung des Reisepreises
(Fassung bei Insolvenzsicherungspflicht)

Bei Vertragsschluss ist eine Anzahlung von 10 % des Reisepreises, höchstens 250,00 € pro Reiseteilnehmer zu leisten. Weitere 50 % sind nach Aushändigung des Sicherungsscheines zu zahlen, der Restbetrag ist zwölf Tage vor Reiseantritt gegen Aushändigung aller weiteren Reiseunterlagen fällig.

Anmerkung
Bereits oben ist darauf hingewiesen worden, dass der Sicherungsschein nunmehr die Möglichkeit eröffnet, relativ zeitig einen hohen Teil des Reisepreises zu erhalten. Ich habe allerdings Zweifel, ob die Rechtsprechung eine volle Zahlung des Reisepreises gegen Aushändigung des Sicherungsscheines als zulässig erachten wird. Dieses bleibt abzuwarten. Die Zahlung des Restbetrages (zwölf Tage vor Reisebeginn) trägt einer eventuellen Absage der Reise wegen Nichterreichen einer angegebenen Mindestteilnehmerzahl Rechnung.

Ziffer II b - Zahlung des Reisepreises
(Keine Insolvenzsicherungspflicht, speziell Körperschaften des öffentlichen Rechts: z.B. Kirchen, Jüdische Gemeinden, Freikirchen, Städte und Kommunen)

Bei Vertragsschluss ist eine Anzahlung von 10 % des Reisepreises, höchstens jedoch 250,00 € pro Reiseteilnehmer zu leisten. Weitere 50 % sind vier Wochen vor Reiseantritt zu zahlen, der Restbetrag ist zwölf Tage vor Reiseantritt gegen Aushändigung aller weiteren Reiseunterlagen fällig.

Anmerkung
Nach der bisherigen Rechtsprechung kann nur die Anzahlung von 10 % des Reisepreises verlangt werden, der Restbetrag erst nach Aushändigung „qualifizierter", d.h. einen Anspruch auf Flug, Unterkunft etc. gebender Unterlagen. Die hier vorgesehene Fassung berücksichtigt die neue gesetzliche Regelung, die davon ausgeht, dass bei Körperschaften des öffentlichen Rechts eine Insolvenzsicherung nicht notwendig ist. Ein wesentlicher Gesichtspunkt der BGB-Rechtsprechung, die drohende Insolvenz ist damit entkräftet. Dies eröffnet größeren Spielraum bei der Gestaltung der Zahlungsbedingungen. Dem wurde Rechnung getragen. Vielfach üblich ist auch eine Regelung, die nur die Anzahlung regelt und im Übrigen Individualvereinbarungen vorsieht. In diesem Fall lautet der zweite Satz wie folgt: „Im Übrigen wird die Zahlungsweise individuell vereinbart."

6.10.3 Leistungen

Ziffer III - Leistungen

1. Die Leistungen ergeben sich aus der Leistungsbeschreibung und den allgemeinen Hinweisen in diesem Katalog sowie aus den hierauf Bezug nehmenden Angaben der Reisebestätigung. Nebenabreden (Wünsche, Vereinbarungen), die den Umfang der vertraglichen Leistung verändern, bedürfen der schriftlichen Bestätigung durch den FV.

2. Vermittelt der FV im Rahmen der Reise Fremdleistungen, haftet er nicht selbst für die Durchführung dieser Fremdleistungen, soweit in der Reiseausschreibung auf die Vermittlung dieser Fremdleistungen ausdrücklich hingewiesen wird.

6.10.4 Höhere Gewalt

Ziffer IV - Höhere Gewalt

Wird die Reise infolge bei Vertragsabschluss nicht voraussehbarer höherer Gewalt erheblich erschwert, gefährdet oder beeinträchtigt, so können sowohl der FV als auch der Reisende den Vertrag nur nach Maßgabe der Vorschrift zur Kündigung wegen höherer Gewalt (§ 651 j BGB) kündigen. Die Rechtsfolgen ergeben sich aus dem Gesetz. Der FV wird dann den gezahlten Reisepreis erstatten, kann jedoch für erbrachte oder noch zu erbringende Reiseleistungen eine angemessene Entschädigung verlangen. Der FV ist verpflichtet, die infolge der Kündigung des Vertrages notwendigen Maßnahmen zu treffen, insbesondere, falls der Vertrag die Rückbeförderung vorsieht, Sie zurückzubefördern. Die Mehrkosten für die Rückbeförderung sind von den Parteien je zur Hälfte zu tragen. Im Übrigen fallen die Mehrkosten dem Reisenden zur Last.

Anmerkung
Streng genommen kann diese Vorschrift aus den Reisebedingungen entfallen. Es wird lediglich der Gesetzestext wiedergegeben, Gestaltungsspielraum besteht nicht. Es spricht jedoch vieles dafür, unter dem Gesichtspunkt der allgemeinen Hinweispflichten eine solche Klausel aufzunehmen.

6.10.5 Reiseabsage

Ziffer V - Reiseabsage, Leistungs- und Preisänderungen

1. Wir können bis zum 14. Tage vor Reisenantritt vom Vertrag zurücktreten, wenn eine im Katalog genannte Mindestteilnehmerzahl nicht erreicht wird.

2. Wir sind berechtigt, den vereinbarten Inhalt des Reisevertrages aus rechtlich zulässigen Gründen zu ändern. Änderungen oder Abweichungen einzelner Reiseleistungen von dem vereinbarten Inhalte des Reise-

vertrages, die nach Vertragsschluss notwendig werden und die von uns nicht wider Treu und Glauben herbeigeführt werden, sind nur zulässig, soweit diese Änderungen oder Abweichungen nicht erheblich sind und den Gesamtzuschnitt der gebuchten Reise nicht beeinträchtigen.

3. Der FV ist verpflichtet, den Teilnehmer über eine zulässige Reiseabsage bei Nichterreichen einer ausgeschriebenen Mindestteilnehmerzahl bzw. höherer Gewalt oder bei einer erheblichen Änderung einer wesentlichen Reiseleistung unverzüglich nach Kenntnis hiervon zu unterrichten.

4. Bei einer erheblichen Änderung einer wesentlichen Reiseleistung können Sie vom Vertrag zurücktreten oder bei einer zulässigen Reiseabsage durch uns die Teilnahme an einer gleichwertigen Freizeit verlangen, wenn der FV in der Lage ist, eine solche Freizeit aus seinem Angebot ohne Mehrpreis für Sie anzubieten. Dieses Recht können Sie binnen einer Woche gegenüber uns geltend machen. Wir empfehlen die Schriftform.

Anmerkung
Mit dieser Klausel werden Regelungen zur Mindestteilnehmerzahl wie Änderungsvorbehalt eingeführt.

6.10.6 Rücktritt

VI - Rücktritt und Umbuchung

1. Sie können jederzeit vor Freizeitbeginn von der Reise zurücktreten. Wir empfehlen Ihnen, den Rücktritt schriftlich zu erklären.

2. Treten Sie vom Vertrag zurück oder treten Sie die Reise nicht an, so können wir als Entschädigung den Reisepreis unter Abzug des Wertes unserer ersparten Aufwendungen und anderweitiger Verwendung der Reiseleistungen verlangen. Wir empfehlen, eine Reiserücktrittskostenversicherung und eine Versicherung zur Deckung der Rückführungskosten bei Unfall oder Krankheit abzuschließen.

3. Werden auf Ihren Wunsch nach Vertragsabschluss für einen Termin, der innerhalb des zeitlichen Geltungsbereiches der Reiseausschreibung liegt, Änderungen hinsichtlich des Reisetermins, des Reiseziels, des Ortes des Reiseantritts, der Unterkunft oder der Beförderungsart vorgenommen, sind wir berechtigt, bis zum 30. Tag vor Reiseantritt 25.00 € pro Person zu berechnen. Spätere Umbuchungen können, sofern die Durchführung überhaupt möglich ist, nur nach Rücktritt vom Reisevertrag zu den vorgenannten Bedingungen (Absatz 2) unter gleichzeitiger Neuanmeldung vorgenommen werden. Dies gilt nicht bei Umbuchungen, die nur geringfügige Kosten verursachen. Die Berechtigung des Reisenden, einen Ersatzreisenden zu stellen, der dann statt seiner in die Rechte und Pflichten aus dem Reisevertrag eintritt, wird dadurch nicht berührt.

Anmerkung

In den allgemeinen Reisebedingungen wäre es auch möglich, einen pauschalierten Schadensersatzanspruch im Falle des Rücktritts geltend zu machen. Ich habe von einer Aufnahme abgesehen, da dieses nur sehr individuell geregelt werden kann. Die Pauschale ist in Prozent des Reisepreises anzugeben. Diese Pauschale hat vom üblichen Schadensverlauf auszugehen und kann differenziert gestaltet werden. Außerdem ist der Hinweis aufzunehmen, dass der Reisende nachweisen darf, dass ein Schaden nicht entstanden ist oder wesentlich niedriger ist als die Pauschale. Für diesen Fall wäre also ein weiterer Absatz mit folgendem Wortlaut aufzunehmen:

„Im Falle eines Rücktritts können wir eine pauschalierte Entschädigung verlangen, die sich nach folgenden Prozentsätzen pro Person vom Reisepreis berechnet:

> *bis 30. Tag vor Abreise   ... %*
> *bis 15. Tag vor Abreise   ... %*
> *bis 7. Tag vor Abreise   ... %*
> *ab 6. Tag vor Abreise   ... %.*

Ihnen steht das Recht zu, uns nachzuweisen, dass ein Schaden nicht entstanden ist oder wesentlich niedriger ist als die Pauschale. "

6.10.7 Vertragsobliegenheiten

VII - Vertragsobliegenheiten und Hinweise

1. Wird die Reise nicht vertragsmäßig erbracht, haben Sie nur dann die gesetzlichen Gewährleistungsansprüche der Abhilfe, Selbsthilfe, Minderung des Reisepreises, der Kündigung und des Schadensersatzes, wenn Sie es nicht schuldhaft unterlassen, einen aufgetretenen Mangel während der Reise uns anzuzeigen.
2. Tritt ein Reisemangel auf, müssen sie uns eine angemessene Frist zur Abhilfeleistung einräumen. Erst danach dürfen Sie selbst Abhilfe schaffen oder bei einem erheblichen Mangel die Reise kündigen. Einer Fristsetzung bedarf es nur dann nicht, wenn die Abhilfe unmöglich ist oder von uns verweigert wird oder die sofortige Abhilfe bzw. Kündigung durch ein besonders Interesse Ihrerseits gerechtfertigt ist.
3. Eine Mängelanzeige nimmt die Freizeitleitung entgegen. Sollten Sie diese wider Erwarten nicht erreichen können, so wenden Sie sich bitte direkt an den FV (Anschrift, Telefonnummer und Fax hier einfügen).
4. Gewährleistungsansprüche haben Sie innerhalb eines Monats nach dem vertraglichen Reiseende bei uns geltend zu machen. Nach Ablauf der Frist können Sie Ansprüche nur geltend machen, wenn Sie ohne Verschulden an der Einhaltung der Frist gehindert worden sind.
5. Gewährleistungsansprüche verjähren in sechs Monaten nach dem vertraglichen Reiseende.

6.10.8 Vorschriften

VIII - Pass-, Visa- und Gesundheitsvorschriften

1. Im Prospekt haben wir Sie über eventuell notwendige Pass- und Visumserfordernisse einschließlich der Fristen zum Erhalt dieser Dokumente sowie über gesundheitspolizeiliche Formalitäten unterrichtet. Über etwaige Änderungen werden wir Sie, sobald uns diese bekannt werden, unverzüglich unterrichten.
2. Für die Beschaffung der Reisedokumente sind Sie alleine verantwortlich.
3. Sollten trotz der Ihnen erteilten Informationen Einreisevorschriften einzelner Länder von Ihnen nicht eingehalten werden, so dass Sie deshalb die Reise nicht antreten können, sind wir berechtigt, Sie mit den entsprechenden Rücktrittskosten gemäß Ziffer V zu belasten.

Anmerkung
Mit der Klausel verbunden ist die dringende Empfehlung, über Pass- und Visumserfordernisse grundsätzlich bereits im Prospekt zu unterrichten, obwohl dies nach der Informationsverordnung nicht zwingend ist.

Wichtig in dieser Klausel ist der Hinweis, dass für die Beschaffung der Reisedokumente der Reisende verantwortlich ist, und die Möglichkeit, vom Reisenden Schadensersatz zu verlangen, wenn er trotz der erteilten Informationen die Einreisevorschriften nicht einhält.

6.10.9 Anwendbares Recht

IX - Anwendbares Recht

Die Rechtsbeziehungen zwischen dem Freizeitveranstalter und dem Teilnehmer/der Teilnehmerin richten sich nach dem Recht der Bundesrepublik Deutschland.

Anmerkung
Evtl. kann auf diese Klausel verzichtet werden, wenn als Vertragspartner ausschließlich Personen in Betracht kommen, die in der Bundesrepublik wohnen.

Am Schluss der allgemeinen Reisebedingungen sind unbedingt anzugeben:
Name, Anschrift, Telefonnummer/Faxnummer
des Reiseveranstalters und des Insolvenzversicherers
(wenn Insolvenzsicherungspflicht besteht)
(diese Angaben möglichst in Fettdruck)

Bei vorstehenden allgemeinen Reisebedingungen ist ganz bewusst auf eine ausführliche Formulierung verzichtet worden, weil die Relevanz für den hier interessierten Kreis meist nicht gegeben sein dürfte. So ist ganz bewusst darauf verzichtet worden, eine Preiserhöhungsmöglichkeit einzuräumen, ebenso eine Haftungsbeschränkung einzuführen, die ohnehin nur für Sachschäden möglich wäre (Beschränkung auf den dreifachen Reisepreise).

6.11 Überprüfen Sie Ihr Wissen

Frage: Jedes Jahr veranstalten wir für Kinder und Jugendliche unserer Kirchengemeinde ein Ferienlager. Wir verstehen uns weder als Reisebüro noch als Reiseveranstalter. Die Lager werden von ehrenamtlichen Gruppenleitern durchgeführt. Trifft für uns das Reisevertragsgesetz zu?

Antwort: *Bei einem Ferienlager werden mehr als zwei Reiseleistungen angeboten. Entsprechend ist die Kirchengemeinde, vertreten durch das Lagerteam, der Reiseveranstalter: Das Reisvertragsrecht gilt für diese Veranstaltung. Ob sie von ehrenamtlich Tätigen durchgeführt wird oder nicht, ist für die Erklärung des rechtlichen Tatbestandes unerheblich. Es mag sein, dass Eltern diesen Umstand berücksichtigen, wenn sie mit dem Ablauf eines Lagers nicht einverstanden sind und dementsprechend keine gerichtliche Klage erheben.*

Frage: Ich fahre im Jahr öfters mit meiner Gruppe über ein Wochenende in ein Ferienhaus. Für die Entwicklung der Gruppe halte ich solche Fahrten für sehr wichtig. Vom Reisevertragsrecht habe ich noch nie etwas gehört. Muss ich mich informieren?

Antwort: *Selbst bei einer Wochenendfahrt bündelt der Gruppenleiter wenigstens drei Reiseleistungen: Fahrt, Unterkunft und Verpflegung. Also ist er nach dem Gesetz ein Reiseveranstalter. Das Reisevertragsrecht trifft auch für den Gruppenleiter zu. Allerdings kann man wohl beruhigt davon ausgehen, dass Gruppenmitglieder und Eltern ihn nicht auf Grund des Reiserechts verklagen würden.*

Frage: Ein Träger bietet eine Ferienfreizeit in Italien an. Ein besonderer Höhepunkt der Fahrt soll eine zweitägige Fahrradtour sein. Leider muss die Tour ausfallen, weil das Hotel, bei dem die Fahrräder inklusiv gebucht waren, gar keinen Fahrradverleih hat, sondern lediglich drei alte Fahrräder zur Verfügung stehen. Die Teilnehmer wollen von uns als Veranstalter einen Teil des Reisepreises zurück. Wir sind enttäuscht und verweisen darauf, dass wir für die Panne ja wirklich nichts könnten. Haben die Teilnehmer Recht? Müssen wir ihnen Geld zurückzahlen?

Antwort: *Für die Panne haftet der Veranstalter, also besteht die Forderung der Teilnehmer zu Recht. Allerdings kann der Reiseveranstalter den Leistungsträger, das Hotel, schadensersatzpflichtig machen.*

Frage: Um die Lagerkosten möglichst niedrig zu halten und vielen Kindern eine Mitfahrgelegenheit zu bieten, führen wir jedes Jahr Lager mit Selbstverpflegung durch. Bei einer solchen Freizeit gehört es selbstverständlich dazu, dass die Teilnehmer verschiedene Arbeiten übernehmen, wie z.B. Essenseinkauf, Kochen, Spülen, Reinigung der Räume, Wäschewaschen etc. Auf diese Dinge weisen wir in der Ausschreibung des Lagers nicht eigens hin, weil sie selbstverständlich zu unserem Lageralltag gehören und die Teilnehmer und deren Eltern aus Erfahrung davon wissen. Kann man uns aus diesem Vorgehen einen Vorwurf machen oder ist rechtlich etwas zu beanstanden?

Antwort: *Nach dem Reisevertragsrecht hat der Veranstalter eine Informationspflicht. Da der Gesetzgeber bei der Formulierung des Reiserechts an die großen Touristikunternehmen gedacht hat, ist Veranstaltern eine äußerst genaue Informationspflicht auferlegt worden, was zu begrüßen ist. Was jedoch für die Großen gilt, muss in gleicher Weise auch von dem kleinen „Reiseunternehmen Ferienlager" erfüllt werden. Beschönigende Formulierungen sind nicht rechtens; die Ausschreibung muss klipp und klar aussagen, was man von den Teilnehmern erwartet. Dies ist für den Reiseveranstalter ein Schutz und kann von Vorteil sein. Hat er in seiner Lagerausschreibung ausdrücklich erklärt, dass die Teilnehmer z.B. auch die Toiletten reinigen müssen, so stimmt jeder angemeldete Teilnehmer dieser Bedingung zu. Die Teamer brauchen nicht lange zu diskutieren, sie können ihn auf die Erfüllung des Vertrages verpflichten.*

Frage: In jedem Lager habe ich Jugendliche erlebt, denen man nichts recht machen konnte und die an allem etwas auszusetzen hatten: Entweder das Bett war zu hart oder der Tee zu kalt, die Brötchen zu weich, das Schnitzel zu zäh, das Wasser zu kalt, die Wolken zu grau, die Sonne zu heiß, das Haus zu schäbig, die Zimmer zu primitiv usw. In der Regel gehen wir auf solche Kritikaster nicht ein, weil sie unverbesserlich sind. Wir nehmen ihre Drohungen, uns auf Schadensersatz zu verklagen, nicht ernst. Bisher ist auch noch niemand so weit gegangen. Frage: Falls es doch einmal zu einer Klage käme, auf welcher Seite wäre das Recht?

Antwort: *Wenn ein Teilnehmer den Teamern einen berechtigten Mangel anzeigt, sind diese verpflichtet, ihn zu beseitigen. Man sollte nicht so eingestellt sein, dass die Kritiker ja nur um der Kritik willen kritisieren, d.h. dass sie nicht ernst zu nehmen sind. Es könnten auch legitime Hinweise auf Mängel sein, deren Beseitigung mit Recht gefordert wird. Die Teamer sollten Fingerspitzengefühl zeigen und Hinweisen nachgehen, mit den Betreffenden sprechen und nach einvernehmlichen Lösungen suchen. Durch dieses Vorgehen vermeiden sie nicht nur ein eventuell gerichtliches Nachspiel, sondern auch eine Imageeinbuße ihrer Freizeitveranstaltung. Zudem können Kritiker andere Teilnehmer anstecken und zu einer unguten Lageratmosphäre beitragen.*

Frage: Bei der Anmeldung für unser Zeltlager unterhalten wir uns mit den Jugendlichen. Sie fragen uns nach dem Programm, den Aktivitäten und nach dem, was man im Lager alles machen kann. „Dürfen wir nachts auch auf eigene Faust etwas unternehmen?" „Dürfen wir auch alleine shoppen gehen?" „Gibt es dort auch eine Reitanlage?" usw. In der Vorfreude auf das Lager und in der Hektik bei den Anmeldungen versprechen wir vieles, was wir später gar nicht mehr wissen und was auch gar nicht umzusetzen ist. Jugendliche dagegen haben diesbezüglich ein gutes Gedächtnis und machen uns im Lager darauf aufmerksam, dass wir ihnen bei der Anmeldung doch versprochen haben, dass sie z.B. reiten dürfen. Nur deswegen sind sie eigentlich mitgefahren. „Was kümmert uns unser Geschwätz von gestern", erklären wir ihnen. „Reiten ist nicht möglich!" Wie ist das rechtlich zu sehen?

Antwort: *Mündlich getroffene Vereinbarungen, Versprechungen haben rechtliche Wirkung. Der Teilnehmer hat einen Rechtsanspruch auch auf mündlich gemachte Zusagen. Um solchem Ärger vorzubeugen, ist es empfehlenswert, Nebenabreden schriftlich festzuhalten. Dann gibt es keine Missverständnisse.*

Frage: Wir führen jedes Jahr in der Schweiz ein Ferienlager durch. Auf dem Programm stehen Bergwanderungen. Den Teilnehmern wurde in einem Informationsblatt mitgeteilt, dass sie für entsprechende Bergausrüstung zu sorgen hätten. Es kommt immer wieder vor, dass einige Teilnehmer keine entsprechenden Wanderstiefel dabei haben. Wir sind da rigoros und nehmen diese Teilnehmer dann auch nicht bei einer Bergtour mit. Unser Verhalten ist doch pädagogisch wie rechtlich in Ordnung?

Antwort: *Das Verhalten der Teamer ist richtig, denn die Teilnehmer sind für die erforderliche Reiseausrüstung verantwortlich. Fehlt diese, muss der Teilnehmer sich Wanderstiefel kaufen oder aber die Konsequenzen tragen und im Ferienhaus bleiben.*

Frage: Ein großes Problem für Teamer einer Freizeit ist es oft, ob man einen Teilnehmer, der pädagogisch untragbar ist, nach Hause schicken kann oder nicht. Gibt es überhaupt eine rechtliche Grundlage dafür?

Antwort: *Das Reisevertragsrecht gibt hier eine klare Regelung. Wenn ein Teilnehmer den Vertrag, den er mit den Veranstaltern eines Lagers abgeschlossen hat, nicht einhält und sich vertragswidrig verhält, kann der Reiseveranstalter den Vertrag rechtmäßig kündigen und den Betreffenden nach vorheriger Ankündigung nach Hause schicken. Der Vertrag verpflichtet den Teilnehmer, seinen Teil zum Gelingen der Reise beizutragen. Der Gesetzgeber hat den Teamern hier eine klare Rechtsgrundlage für ihr Verhalten gegeben. Diese Tatsache darf sie nun aber nicht dazu verleiten, zu großzügig damit zu verfahren. Jemand nach Hause zu schicken muss gut überlegt werden. Wissenswert ist es in diesem Zusammenhang, dass ein Gruppenleiter bei Vorzeigen seines Ausweises Behörden um Amtshilfe bitten kann. Konkret bedeutet dies, dass die Teamer die Bundesbahn zur Amtshilfe für die Bahnfahrt des Störers auffordern können, d.h. der Bundesbahn obliegt dann die Aufsicht für den Rücktransport. Dies gilt allerdings nur, wenn die*

Teamer im Besitz eines gültigen Gruppenleiterausweises sind, der von einem Jugendverband ausgestellt wurde.

Frage: Bei unserer letzten Wanderwoche hat sich ein Teilnehmer kurzfristig abgemeldet und uns als Ersatz seinen Freund vorgeschlagen. Da wir bei unseren Wanderungen von den Teilnehmern eine gute Kondition erwarten und diese bei der Ersatzperson vermissten, haben wir den Vorschlag abgelehnt, was uns viel Ärger einbrachte. Können wir uns da auf ein Gesetz berufen?

Antwort: *Wenn jemand von einer Reise zurücktritt, hat er die Möglichkeit, eine Ersatzperson vorzuschlagen. Diese Person muss aber den Kriterien des Reiseveranstalters entsprechen. In diesem Fall ist eine Ablehnung berechtigt. Wäre die Ersatzperson aber sportlich fit, hätte der Veranstalter Probleme mit einer Ablehnung.*

Frage: Die Gruppen- und Clubleiter unserer Gemeinde machen jedes Jahr eine große Auslandsfahrt. Im letzen Jahr waren wir in Irland. Dort hatten wir für 14 Tage für alle ehrenamtlichen Mitarbeiter fünf Zigeunerwagen von einer Firma gemietet. Als wir dort ankamen, wurde uns gesagt, dass zwei Wagen nicht starten könnten, weil sie in Reparatur seien und erst in einer Woche wieder zur Verfügung stünden. Wir waren sehr enttäuscht. Einige wollten wieder zurückfahren, andere wollten ihr Reisegeld erstattet haben. Wie ist in einem solchen Fall die rechtliche Lage?

Antwort: *Die rechtliche Lage ist ziemlich kompliziert. Die Organisatoren der Fahrt hatten die Zigeunerwagen direkt über eine Agentur gebucht. Das erste Problem ist, dass dieser Fall nicht nach deutschem, sondern nach irischem Recht beurteilt wird. Gerichtsstand ist der Sitz des beklagten Veranstalters, also eine Stadt in Irland. Hier sein Recht zu bekommen ist sicherlich durch die andere Gesetzgebung und vor allem die räumliche Entfernung zum Heimatort schwierig. Selbstverständlich müssen die Teamer sofort handeln und den Vermittler auf Abhilfe drängen. Möglich wäre z.B., dass der Besitzer der Zigeunerwagen den Teilnehmern anbietet, ersatzweise eine Woche auf dem Reiterhof zu bleiben und kostenlosen Reitunterricht zu erhalten. Die Teilnehmer können dieses Ersatzangebot annehmen oder ankündigen, dass sie auf Grund der Nichteinhaltung des Vertrages klagen werden. Am besten hält man diese Willensäußerung schriftlich fest. Ratsam ist in einem solchen Fall, sich mit der deutschen Botschaft in Verbindung zu setzen und sich beraten zu lassen. Von ihr kann man auch die Empfehlung eines Rechtsbeistandes erhalten.*

Frage: Bei einer Kanufreizeit hatte ein Teilnehmer den Eindruck, dass die Kanuausrüstung nicht dem neuesten Stand entsprach und wir als Teamer nicht geeignet waren. Er empfand das ganze Unternehmen als unzumutbar und wollte nach Hause. Da er vorgab, sich im Reiserecht auszukennen, verlangte er von uns, dass wir für ihn alles für die Rückreise organisieren und sie sogar bezahlen müssten. War er im Recht?

Antwort: *Grundsätzlich hat der Teilnehmer das Recht auf Rückbeförderung, die der Veranstalter zu organisieren und zu finanzieren hat. Entscheidend und problematisch ist die Frage, ob es sich tatsächlich um einen erheblichen Mangel handelte, den er zu beweisen hat. Fehlbeurteilungen gehen zu seinen Lasten.*

Frage: Bei unserer letzten Italienfahrt mit Jugendlichen wurden uns nicht, wie versprochen und gebucht, jeweils Doppelzimmer zur Verfügung gestellt, sondern Vierbettzimmer. Da das Hotel ausgebucht war, konnte man uns keine anderen Zimmer anbieten. Einige Jugendliche waren sehr verärgert und wollten auf eigene Faust und auf unsere Kosten ein Doppelzimmer in einem anderen Hotel mieten. Wären sie mit ihrem Vorgehen im Recht?

Antwort: *Wenn es keine Alternative gibt, bleiben den Jugendlichen in der Tat zwei Möglichkeiten: 1. Sie bleiben in den Vierbettzimmern und weisen den Veranstalter darauf hin, dass sie von ihm einen entsprechenden Preisnachlass erwarten bzw. verlangen werden. 2. Sie mieten sich tatsächlich auf Kosten des Veranstalters in einem gleichwertigen Hotel ein Zweibettzimmer. Der Reiseveranstalter seinerseits hat die Möglichkeit, die Beschwerden an seinen Vertragspartner weiterzuleiten und sich bei ihm dafür schadlos zu halten. Allerdings muss er sich darauf einstellen, dass der Fall in Italien und nicht nach deutschem Recht behandelt wird (trotz der EU-Richtlinien).*

Frage: Als wir in unserem Ferienhaus ankamen und jeder sein Zimmer zugewiesen bekommen hatte, war ein Teilnehmer von seiner Bleibe enttäuscht, weil im Bad nach seiner Darstellung gar nichts funktionierte. „Kein warmes Wasser, die Dusche funktioniert nicht, der Ablauf ist verstopft." Er forderte von dem Team sofortige Abhilfe, sonst würde er sich in einem anderen Hotel ein Zimmer nehmen. Wir beruhigten ihn und erklärten, dass man im Ausland nicht deutsche Gründlichkeit erwarten dürfe. Aber selbstverständlich würden wir die Beschwerde noch am gleichen Tag an den Hotelbesitzer weiterreichen. Aber unser Teilnehmer bestand auf eine umgehende Abhilfe. Wie hätten wir uns verhalten sollen?

Antwort: *Der Teilnehmer hat ein Recht auf Abhilfe, jedoch muss er eine angemessene Frist für die Mängelbeseitigung einräumen. Auf eine sofortige Beseitigung wird er nicht bestehen können, eine oder zwei Stunden als Frist wären angemessen.*

Frage: Bei unserem letzten Zeltlager erlebten wir ein großes Malheur. Aus irgendeinem Grund war das Trinkwasser verseucht. Fast alle Lagerteilnehmer bekamen Durchfall. Nahezu eine ganze Woche lagen die Teilnehmer in ihren Zelten und waren zu schwach, auch nur das Geringste zu unternehmen. Am Ende des Lagers waren alle Teilnehmer gerade wieder so weit genesen, dass sie ohne Probleme die Heimreise antreten konnten. Für das Team war das Lager eine Strapaze und ein Alptraum. Wie verwundert waren die Mitarbeiter, als wenige Tage nach dem Lager von den Eltern eines Teilnehmers mit Einschreibebrief die Erstattung eines erheblichen Betrages vom Lagerpreis gefordert wurde. Falls diesem Wunsch nicht innerhalb von 14 Tagen nachgekommen würde, wollten sie vor Gericht gehen. Die Reaktion des Teams: Da quält man sich 14 Tage mit den Kindern ab und dann so etwas! Wie ist die rechtliche Lage?

Antwort: *Das Recht steht auf Seiten der Eltern. Sie können als Personensorgeberechtigte für ihr Kind Schadensersatz verlangen. So bitter es auch für die Teamer sein mag, sie sollten sich mit den Eltern gütlich einigen. Einen Gerichtsprozess würden sie auf jeden Fall verlieren.*

Frage: In unserem letzten Ferienlager lief nicht alles wie geplant, es gab Probleme, weil einige Kinder nicht zu begeistern und ziemlich unzufrieden waren. Wir konnten ihnen so ziemlich nichts recht machen. Aber Ende gut, alles gut. Am Schluss waren denn doch alle insgesamt mit dem Lager zufrieden, wie eine Feedback-Auswertung ergab. Also auch unsere Sorgenkinder. Darüber waren wir besonders froh.

14 Tage nach der Freizeit erhielten wir von den Eltern dieser Kinder einen Brief, in dem sie sich im Namen ihrer Kinder über das Lager beschwerten, und sie wollten tatsächlich Geld zurück. Wir fanden das unmöglich.

Antwort: *Die Eltern sind im Recht. Sie können eine spätere Geltungmachung der Gewährleistung, d.h. Schadensersatz fordern. Ihre Forderung ist auch in der vorgesehenen Frist eingegangen.*

Frage: Die Ausschreibung unserer Ferienlager sieht so aus: Wir entwerfen einen Prospekt, auf dem Ziele, Inhalte und das Programm der Freizeit ersichtlich sind, ferner werden organisatorische Dinge aufgeführt, z.B. Termine, Unkosten, Anmeldemodalitäten. Im Vergleich mit den Angeboten der Reisebüros fällt bei unseren Prospekten das Fehlen des Kleingedruckten positiv auf. Dadurch wird der Unterschied zwischen einem kommerziellen und einem jugendpflegerischen Angebot deutlich. In der Jugendarbeit brauchen wir keine juristischen Klauseln. Ist das richtig?

Antwort: *Wer eine Ferienfreizeit anbietet, ist nach dem Gesetz Reiseveranstalter. Er wird nach den allgemeinen Geschäftsbedingungen beurteilt. Folglich kommt ein Jugendarbeiter nicht umhin, seine Freizeiten auch entsprechend den allgemeinen Teilnahmebedingungen zu organisieren und sich daran zu orientieren. Diese Rahmenbedingungen müssen nicht unbedingt negativ gesehen werden. Sie bieten z.B. beiden Seiten - dem Anbieter wie dem Reisenden - Klarheit und Sicherheit. Jugendarbeiter, die ihre Ferienlager ausschreiben, ohne sich an die gesetzlichen Vorschriften zu halten, werden es in Zukunft sicher schwer haben, denn sie dürfen nicht damit rechnen, dass die Teilnehmer oder deren Eltern das Reiserecht nicht für* *sich in Anspruch nehmen. Deshalb müssen die Bedingungen bei der Ausschreibung bekannt gemacht bzw. auf dem Prospekt abgedruckt werden.*

Frage: Wenn sich bei uns Jugendliche für ein Lager anmelden, findet in der Regel ein mehr oder weniger ausführliches und informatives Gespräch statt. Ziel dieses Gespräches ist es, die Jugendlichen etwas näher kennen zu lernen. In einem solchen Gespräch äußern sie natürlich Wünsche und Erwartungen an ein Lager. Viele ihrer Wünsche können berücksichtigt werden, andere nicht. Müssen wir ihnen deutlich erklären, warum wir bestimmte Erwartungen nicht erfüllen können, oder dürfen wir davon ausgehen, dass alles, was nicht schriftlich festgehalten wurde, ohne Bedeutung ist? Müssen Absprachen und Vereinbarungen schriftlich festgehalten werden?

Antwort: *Mündlich getroffene Absprachen haben volle rechtliche Gültigkeit. Wenn der Teamer dem Jugendlichen mündlich versprochen hat, täglich schwimmen gehen zu dürfe, gilt diese Zusage auch. Wenn sich der Teamer im Lager nicht daran erinnert, der Jugendliche es aber - vielleicht weil Zeugen anwesend waren - beweisen kann, muss der Teamer den Jugendlichen täglich schwimmen gehen lassen. Wenn nicht, kann der Jugendliche den Mangel benennen und nach Ablauf des Lagers auf angemessene Entschädigung bestehen. Es ist also dringend zu empfehlen, alle Zusicherungen schriftlich festzuhalten.*

Frage: Wenn jemand von einer Freizeit zurücktreten will, so steht in unseren Prospekten, müsse er dies schriftlich tun. Als Entschädigung behalten wir allerdings 10,00 € ein. Wir wählen diese einfache Form und drücken uns nicht so kompliziert aus, wie es in Reiseprospekten oft geschieht. Verstoßen wir gegen rechtliche Vorschriften?

Antwort: *Gegen zwei gesetzliche Vorschriften wird hier verstoßen: Das Zurücktreten von einer Reise muss nicht schriftlich erfolgen. Allerdings ist die schriftliche Form vorzuziehen, um einen Nachweis in Händen zu haben. Der Hinweis, dass bei einer Abmeldung 10,00 € als Entschädigung einbehalten werden, ist rechtlich null und nichtig. Das Gesetz schreibt vor, den Betrag prozentual festzulegen (z.B. 10 % des Reisepreises). Die Verwaltungsgebühren können dagegen in €-Beträgen angegeben werden.*

Frage: Eine Ferienfreizeit zu planen ist ein Risiko, da man nie weiß, ob sich auch genügend Teilnehmer anmelden werden. Unter Umständen muss ich mit nur einem Teilnehmer das Lager durchführen, wenn sich sonst niemand angemeldet hat. Kann ich mich gegen diesen Sonderfall rechtlich absichern?

Antwort: *Dieses Beispiel zeigt, wie nützlich die allgemeinen Teilnahmebedingungen sein können. Die Veranstalter haben dadurch die Möglichkeit, eine Mindestteilnehmerzahl zu benennen; wenn diese nicht erreicht wird, kann die Fahrt abgesagt werden.*

Frage: Ein Teilnehmer drohte, uns nach der Freizeit auf Schadensersatz zu verklagen. Sein Onkel sei Rechtsanwalt und der würde das schon für ihn richtig erledigen. Wir dachten schon, dass der Jugendliche diese Drohung nicht wahr machen würde. Doch drei Wochen nach der Freizeit bekamen wir tatsächlich einen Brief, in dem der Teilnehmer Schadensersatzansprüche stellte. Ist das in diesem Zeitraum noch möglich?

Antwort: *Die Frist gilt einen Monat nach Ende der Freizeit, d.h. wenn nach drei Wochen die Ansprüche geltend gemacht werden, ist dies gemäß dem Reiserecht in Ordnung.*

Frage: Mit meiner Gruppe machte ich Ferien auf dem Bauernhof. Die Jugendlichen liebten es, auf dem Dachboden im Heu zu liegen und zu träumen. Zum Dachboden gelangte man über eine Leiter, die nicht mehr ganz stabil war. Einige Leitersprossen wirkten nicht besonders vertrauenserweckend. Dies wussten die Jugendlichen, suchten aber dennoch gerne ihren Lieblingsplatz auf. Ein Junge stürzte von der Leiter, da zwei Sprossen durchbrachen, und er verletzte sich schwer. Er musste nach Hause gebracht werden. Nun fordern die Eltern von uns Schadensersatz. Ist das richtig?

Antwort: *Hier liegen zwei rechtliche Probleme vor: Aufsichtspflicht und Reiserecht. Betrachtet man diesen Fall aus der Sicht des Reiserechts, hat der Jugendliche eine Mitwirkungspflicht, d.h. er hätte den Gruppenleiter über die gefährliche Leiter informieren müssen. Da dies nicht geschehen ist, verliert er seinen Minderungsanspruch.*

Frage: Wir haben mit einer Schülergruppe (14-17 Jahre) 14 Tage in Spanien Strand- und Erholungsurlaub durchgeführt. Wir wussten, dass es sich bei dem Hotel nur um ein Zwei-Sterne-Hotel handelte. Aber das war für uns nicht so ausschlaggebend, sondern die Nähe zum Strand. Wir konnten jedoch nicht ahnen, dass neben unserem Hotel eine Baustelle war, an der auch nachts mit viel Lärm gearbeitet wurde. Erholung am Strand und Nachtruhe waren nicht möglich. Einige Teilnehmer beschwerten sich bei uns und forderten Schadensersatz. Das Ganze tat uns zwar leid, aber wir konnten ja auch nichts ändern. Sollten wir denn noch dafür bezahlen, dass Schüler angeblich keine Erholung hätten?

Antwort: *Auch Schüler zählen zu den Anspruchsberechtigten und können in diesem Fall Schadensersatz fordern.*

Frage: Eine Jugendgruppe ist auf einer Kanufreizeit. Die Freizeit findet als Kanutour statt, d.h. die Gruppe hat keinen festen Aufenthaltsort. Bei einer Teilnehmerin gibt es während der Freizeit einen Todesfall in der Familie, und der Vater meldet sich beim Träger, um zu erfahren, wie er seine Tochter erreichen kann. Dort bekommt er die telefonische Auskunft, dass dies nicht möglich ist. Wie ist der rechtliche Stand? Muss man Zeiten angeben, an denen die Teilnehmer erreichbar sind?

Antwort: *In der Informationsverordnung ist geregelt, dass bei Reisen Minderjähriger mitgeteilt werden muss, wie die Teilnehmer vor Ort erreicht werden können. Fehlt ein solcher Hinweis, ist gegen die Informationspflicht verstoßen worden. Der Verstoß gegen die Informationsverordnung könnte dazu führen, dass ein Reisemangel vorliegt mit der Folge, dass eine Minderung des Reisepreises verlangt werden kann.*

Frage: Wir bieten von unserer Kirchengemeinde jedes Jahr für Kinder und Jugendliche zwei Freizeiten an. Bei der Anmeldung haben uns zwei Teilnehmer nach dem Sicherungsschein gefragt. Wir waren sehr überrascht. Was hat es mit dem Sicherungsschein auf sich?

Antwort: *Da der Träger eine Kirchengemeinde ist, d.h. eine Körperschaft des öffentlichen Rechts, entfällt die Pflicht zur Aushändigung eines Sicherungsscheines.*

Frage: Wir als Veranstalter von Ferienfreizeiten einer Kirchengemeinde sind sehr verunsichert. Mitarbeiter des Jugendferienwerkes des Landes-SportBundes NRW e.V. berichten bei einer gemeinsamen Schulung, dass sie einen Sicherungsschein ausgeben mussten. Stimmt das? Gilt dies dann nicht auch für uns?

Antwort: *Der LandesSportBund NRW e.V. ist kein Träger des öffentlichen Rechts. Er ist also nicht von der Sicherungspflicht befreit.*

Frage: Unser Jugendverband bietet Jugendlichen jedes Jahr mehrere Zeltlager an. Die Nachfrage ist recht groß. Wir geben auch zu jedem Lager einen Prospekt heraus. Gibt es Vorschriften, was in einem Prospekt alles enthalten sein muss?

Antwort: *Nach der Informationsverordnung müssen klare und genaue Angaben über bestimmte Punkte gemacht werden. An die im Prospekt gemachten Angaben hat sich der Veranstalter zu halten.*

Frage: Wir wissen, dass Teilnehmer Mängel einer Freizeit anzeigen und dafür nach der Freizeit einen Preisnachlass erhalten können. Dies bereitet uns für die Kalkulation des Lagers stets Probleme. Jetzt hörten wir, man muss die Teilnehmer sogar auf ihre Rechte im Fall von Mängeln hinweisen. Wir wären ja ganz schön dumm, schlafende Hunde zu wecken. Für einen Jugendverband dürfte das wohl auch gar nicht in Frage kommen.

Antwort: *Nach der Informationsverordnung ist der Reiseveranstalter tatsächlich verpflichtet, im Fall von auftretenden Mängeln den Teilnehmer auf seine Rechte hinzuweisen, ihn zu belehren, welche Handlungen er zur Sicherung eventueller Gewährleistungsansprüche vornehmen und welche Fristen er einhalten muss.*

Frage: Eine Pfarrgemeinde bietet jedes Jahr eine Ferienfreizeit für Kinder an. Dieses Angebot ist sehr beliebt, es werden immer viele Kinder ange-

meldet. Im Ferienlager hat es Anton (9 Jahre) sehr schwer, sich in das La-
gerleben einzufügen. Er ist sehr aggressiv und geht mit Messer und Stöcken
auf andere Kinder los. Die Betreuer versuchen ihr Bestes, aber nach einiger
Zeit sind auch sie am Ende. Sie kommen zu dem Schluss, dass es für Anton
besser sei, nach Hause zu fahren. Sie besprechen die Angelegenheit mit
dem Pfarrer der Gemeinde und den Eltern von Anton. Pädagogisch be-
zeichnen sie alle die Entscheidung als richtig. Wie sieht es jedoch vom
rechtlichen Standpunkt aus? Darf Anton nach Hause geschickt werden?

Antwort: *Für das Handeln der Betreuer gibt es nicht nur eine pädagogische, sondern auch eine rechtliche Grundlage. Der Veranstalter des Ferienlagers hat mit den Eltern einen Vertrag abgeschlossen. Beide Seiten
verpflichten sich, diesen einzuhalten. Die Probleme, die Anton verursacht,
entsprechen nicht dem Vertragsabschluss. Anton bricht durch sein Verhalten den Vertrag. Das Betreuerteam hat das Recht, ihn nach Hause zu schicken, wenn es ihm dies vorher angekündigt hat.*

Frage: Bei der Anmeldung zu einem Ferienlager fragt Peter (12 Jahre) einen Betreuer: „Dürfen wir auch allein in die Stadt gehen, nachts länger auf-
bleiben, allein in ein Gasthaus gehen und das tun, was uns Spaß macht?"
Der Betreuer möchte keine große Diskussion mit Peter anfangen, was er
darf und was nicht. Er glaubt, dass es sich schon klären werde. Peter jedoch
sagt er: „Natürlich, das gehört doch zu einem Lager. Lass sich überra-
schen." Im Lager ist nun Peter in der Tat überrascht. Von all den schönen
Zusagen trifft kaum etwas zu. Er beklagt sich bei den Teamern und ist sau-
er, dass sie ihm etwas vorgemacht haben. „Ihr habt es mir versprochen und
jetzt haltet ihr es nicht ein. Ich werde mich beschweren!" Nach dem Lager
beschweren sich die Eltern schriftlich, dass die vom Betreuer gemachten
Zusagen nicht eingehalten worden seien. Da das Lager deshalb nicht den
Erwartungen der Eltern und des Kindes entsprochen hat, fordern sie einen
erheblichen Betrag vom Reisegeld zurück. Der Betreuer, bei dem sich Peter
angemeldet hatte, kann sich nur schwach an Peters Fragen erinnern. Er hat
sie aber nicht ernst genommen, da sie unrealistisch gewesen seien. Er
verstand das Gespräch als erste Kontaktaufnahme und wollte Peter nicht
sofort bei der Anmeldung einen Vortrag über Erlaubtes und Unerlaubtes
halten. In keiner Weise habe er gedacht, dass es Peter ernst gemeint habe, er
habe die ganze Angelegenheit vergessen. Zudem liege ja auch nichts
Schriftliches über das Gespräch vor, so dass Peter im Nachhinein keine
Forderungen stellen könne. Können Peters Eltern, obwohl nichts schriftlich
festgehalten wurde, solche Forderungen stellen?

Antwort: *Nach dem Gesetz sind mündliche Nebenabsprachen gültig. Da
Peter sogar einen Zeugen hat - seine Mutter -, kann sich der Betreuer nicht
herausreden. Er hätte wissen müssen, dass er nichts versprechen darf, was
später nicht gehalten werden kann. Der Vertrag ist unter falschen Bedingungen zustande gekommen. Da das Gesetz den Verbraucher schützen will,*

kann Peter einen Teil des Reisepreises zurückfordern. Es ist ratsam, dass sich die Teamer mit Peter gütlich einigen und einen Betrag aushandeln, bevor dies ein Gericht tun muss.

Frage: Die Pfarrjugend St. Johann hat ein Ferienlager in der Schweiz geplant. Es handelt sich um ein Haus mit Selbstverpflegung. Da bestimmte Lebensmittel in der Schweiz recht teuer sind, kaufen die Köchinnen des Lagers bereits in Deutschland die meisten Lebensmittel preisgünstig im Großhandel ein. Die eingekauften Waren haben sie, in Kisten verpackt, im Bus etwas versteckt untergebracht. An der Grenze kontrolliert der Zöllner nicht nur die Ausweise, sondern auch das Gepäck und entdeckt die Kartons mit den Lebensmitteln. Er sieht darin einen Verstoß gegen die schweizerischen Zollbestimmungen. Man darf nur einen Tagesbedarf an Lebensmitteln einführen, der Rest muss verzollt werden. Durch diese unvorhergesehene Zahlung fehlt den Teamern, vor allem den Köchinnen, Geld. Sie beschließen, dass am Essen nicht gespart werden dürfe; das fehlende Geld müsse an Extras eingespart werden. Die geplante Seerundreise über den Vierwaldstättersee und die Stadtbesichtigung in Luzern werden aus dem Programm gestrichen. Nach der Freizeit erheben einige Eltern einen Minderungsanspruch, weil zwei Programmpunkte, die im Prospekt angekündigt waren, nicht durchgeführt wurden. Müssen die Lagerveranstalter den reklamierenden Eltern eine Preisermäßigung einräumen.

Antwort: *Die Forderung der Eltern besteht zu Recht. Wenn die Fahrten Gegenstand des Vertrages waren, haben die Teilnehmer auch einen Anspruch darauf. Fallen die Fahrten aus, handelt es sich um einen Reisemangel, ein Minderungsanspruch ist gerechtfertigt. Wenn der Freizeitträger das Haus von einem deutschen Gruppenreiseveranstalter gemietet hat, dann wäre zu prüfen, ob dieser seiner Informationspflicht genügt hat, wenn er die Gruppe nicht auf die Einführungsbestimmungen für Lebensmittel hingewiesen hat. Hierin könnte eine Verletzung der Informationspflicht als vertragliche Nebenpflicht liegen.*

Träfe das zu, könnte man sich wegen Schadensersatz an den Vertragspartner wenden.

Literatur

Barabas, F.: Sexualität und Recht. Frankfurt: Fachhochschulverlag 1998.

Bartl, H.: Mein Recht im Urlaub von A-Z. Bonn: Stollfuß Verlag 1980.

Bartl, H.: Reise- und Freizeitrecht. München: C.H. Beck Verlag 1985.

Bartl, H.: Reiserecht. Kommentar zum Reisevertragsgesetz. Bonn: Nomos Verlag 1981.

Beck, P.: Rechtsfragen für Jugendreiseleiter. Starnberg: Studienkreis für Tourismus e.V. 1975.

Berner, W.: Jugendgruppen organisieren. Reinbeck bei Hamburg: Rowohlt Verlag 1983.

Bindinger, H.: Handbuch des Reiserechts. München: Vogel Verlag 1986.

Blind, R.: Rechtsinformation für Gruppen- und Freizeitleiter. Stuttgart: Evangelisches Jugendwerk (Hrsg.)1985.

Christian, W. u.a.: Freizeitpädagogik, Sexualpädagogik, Recht. Düsseldorf: Gesellschaft zur Entwicklung sozialpädagogischer Praxismodelle (Hrsg.) 1984.

Christian, W.; Kosmale, J.-D.: Reiserecht für die Freizeitpraxis. Frankfurt: Bundesarbeitsgemeinschaft Evangelischer Jugendferiendienste e.V. (Hrsg.) 1988.

Christian, W.; Wende, W.: Das neue Reiserecht. Wuppertal: Evangelisches Jugendferienwerk Rheinland/Westfalen e.V. (Hrsg.) 1994.

Claussen, H.; Vent, H.: Aufsichtspflicht und Aufsichtspflichtverletzung unter besonderer Berücksichtigung der Situation im Heim. Wissenschaftliche Informationsschriften der Arbeitsgemeinschaft für Erziehungshilfe (AFET) e.V. Heft 9. Hannover: Bundesvereinigung 1987.

Eltzner, E. u.a.: Praxishilfe: Freizeiten. Gütersloh: Mohn Verlag 1980.

Führich, E.: Reiserecht von A-Z. Verbraucherschutz bei Pauschal- und Individualreisen. München: Beck/ Deutscher Taschenbuch Verlag 2000.

Führich, E.: Reiserecht. Handbuch des Reisevertrags-, Reiseversicherungs- und Individualreiserechts. Heidelberg: Müller Juristischer Verlag 1990.

Gernert, W.; Stoffers, M.: Das Gesetz zum Schutz der Jugend in der Öffentlichkeit. Kommentar. Hamm: Hoheneck Verlag 1985.

Gumpel, W.; Sonnen, B.-R.: Sexualstrafrecht als Grenze moderner Freizeitpädagogik. Band 2. Berlin: Amt für Jugendarbeit der Evangelischen Kirche Berlin-Brandenburg (Berlin-West)(Hrsg.) 1982.

Holz, G: Freizeiten. Grundsätze, Richtlinien, Hinweise. Düsseldorf: Amt für Jugendarbeit der Evangelischen Kirche im Rheinland (Hrsg.) 1979.

Jacobi, V.: Haftungs- und Versicherungsfragen in Einrichtungen der Wohlfahrtspflege. Freiburg: Lambertus Verlag 1984.

Jäger, H.; Schorsch, E. (Hrsg.): Sexualwissenschaft und Sexualstrafrecht. Stuttgart: Enke Verlag 1987.

Jugendhaus Düsseldorf e.V. (Hrsg.): Versicherungen. Düsseldorf: Jugendhaus Düsseldorf e.V., Carl-Mosters-Platz 1, 40477 Düsseldorf.

Killias, M.: Jugend und Sexualstrafrecht. Bern: Haupt Verlag 1979.

Kinderschutz und Jugendschutz in der Jugendhilfeplanung, Anspruch und Realität. Hrsg.: Bundesarbeitsgemeinschaft Kinder- und Jugendschutz e.V. Neuwied: Luchterhand Verlag 1996.

Kluge, N.: Sexualverhalten Jugendlicher heute. Weinheim: Juventa Verlag 1998.

Koch, F.: Sexualität, Erziehung und Gesellschaft: von der geschlechtlichen Unterweisung zur emanzipatorischen Sexualpädagogik. Frankfurt: Lang Verlag 2000.

Kosmale, J.-D.: Reisemotiv Flirt und Liebe. Nr. 6. Frankfurt: Bundesarbeitsgemeinschaft Evangelischer Jugendferiendienste e.V. (Hrsg.) 1988.

Landesjugendring Niedersachsen (Hrsg.):Versicherungen in der Jugendarbeit. Jugendversicherungsmodell des Landesjugendringes. Hannover 1982.

Marburger, H.: Jugendleiter und Recht. Stuttgart: Boornberg Verlag 1992.

Marburger, H.; Sielert, U.: Sexualerziehung in der Jugendarbeit. Frankfurt: Diesterweg Verlag 1980.

Sahliger, U.: Aufsichtspflicht und Haftung in der Kinder- und Jugendarbeit. Münster: Votum Verlag 1999.

Schieke, H.; Braunsteffer, H.: Kurzinformation über Arbeitsunfälle, Wegeunfälle, Berufskrankheiten. Berlin: Schmidt Verlag 1987.

Schleicher, H.: Jugend- und Familienrecht. München: Bardtenschlager Verlag 1977.

Schmitt-Wenkebach, R.: Das Haftungsrecht in der Jugendarbeit. Neuwied: Luchterhand Verlag 1978.

Scholz, R.: Jugendschutz. Gesetz zum Schutze der Jugend in der Öffentlichkeit. München: C.H. Beck Verlag 1985.

Seipp, P.: Rechts-ABC für den Jugendgruppenleiter. Neuwied: Luchterhand Verlag 1984.

Sonderinformationsdienst 6. (Hrsg.): ECCLESIA Versicherungsdienst GmbH, Postfach 1661, 4930 Detmold.

Sonnen, B.-R.: Sexualstrafrecht als Grenze moderner Freizeitpädagogik. Band 1. Berlin: Amt für Jugendarbeit der Evangelischen Kirche Berlin-Brandenburg (Hrsg.) 1978.

Storr, P.: Die Aufsichtspflicht der Sozialarbeiter und Sozialpädagogen. Regensburg: Walhalla und Praetoria Verlag 1990.

Student für Europa (Hrsg.): Betreuer-Richtlinien. Bad Soden: Student für Berlin e.V. 1978.

Tillmann, B.; Gernert, W. (Hrsg.): Jugendschutz in der Jugendhilfe. Opladen: Leske Verlag 1981.

Wagner, H.: Einführung in das Recht für Sozialarbeiter und Sozialpädagogen. Heidelberg: C.F. Müller Verlag 1985.

Weyers, H.-L.: Versicherungsvertragsrecht. Frankfurt: Metzner Verlag 1986.

Wirtz, Chr.: Reisen und Recht. Köln: Dreisam Verlag 1994.